中国对外经济发展研究报告（2021—2022）

国家发展和改革委员会对外经济研究所　著

Report on China's External
Economic Development

中国言实出版社

图书在版编目（CIP）数据

中国对外经济发展研究报告. 2021—2022／国家发展和改革委员会对外经济研究所著. --北京：中国言实出版社，2022. 10

ISBN 978 - 7 - 5171 - 4166 - 2

Ⅰ. ①中… Ⅱ. ①国… Ⅲ. ①对外经济 - 经济发展 - 研究报告 - 中国 - 2021 - 2022 Ⅳ. ①F125

中国版本图书馆 CIP 数据核字（2022）第 181109 号

中国对外经济发展研究报告（2021—2022）

责任编辑：史会美

责任校对：王建玲

出版发行：中国言实出版社

地　　址：北京市朝阳区北苑路 180 号加利大厦 5 号楼 105 室

邮　　编：100101

编辑部：北京市海淀区花园路 6 号院 B 座 6 层

邮　　编：100088

电　　话：64924853（总编室）　64924716（发行部）

网　　址：www. zgyscbs. cn　电子邮箱：zgyscbs@ 263. net

经　　销：新华书店

印　　刷：北京铭传印刷有限公司

版　　次：2022 年 12 月第 1 版　2022 年 12 月第 1 次印刷

规　　格：710 毫米 ×1000 毫米　1/16　　印张 19.25

字　　数：300 千字

定　　价：78.00 元

书　　号：ISBN 978 - 7 - 5171 - 4166 - 2

编　委　会

前言

　　《中国对外经济发展研究报告》是2011年起国家发展和改革委员会对外经济研究所推出的年度系列报告，是展示我所研究成果的重要学术品牌。本书紧紧围绕我国对外经济发展中的重大热点问题，集合了2021年以来全所干部职工撰写的20篇研究报告，分为"加快构建新发展格局研究""建设更高水平开放型经济新体制研究""积极参与全球治理体系改革和建设研究""大国博弈相关问题研究"等四个板块。

　　第一个板块是"加快构建新发展格局研究"。新发展格局不是封闭的国内循环，而是开放的国内国际双循环。这一板块研究了协同推进强大国内市场和贸易强国建设，分析了深入推进制度型开放、扩大高水平开放服务构建新发展格局的战略路径，专题论述了高质量办好冬奥会对构建新发展格局的重要意义，有助于更好把握双循环相互促进的辩证关系。

　　第二个板块是"建设更高水平开放型经济新体制研究"。建设更高水平开放型经济新体制，是坚持和完善社会主义基本经济制度的重要任务，是高水平社会主义市场经济体制的重要特征。这一板块研究了我国优化区域开放合作格局，走出去参与全球智能手机、石化等产业链创新链，保障我国油气进口安全，扩大服务贸易出口及气候变化背景下创新国际产能合作等问题，有助于更好把握新形势下建设更高水平开放型经济新体制的重要任务与举措。

第三个板块是"积极参与全球治理体系改革和建设研究"。积极参与全球治理体系改革和建设是我国扩大高水平开放的重要任务。这一板块探讨了主要经济体制度型开放路径对我国的启示,研究了 RCEP、国际数字税及贸易保护主义等重要问题,还对全球价值链分工模式对世界收入分配格局的影响进行了研究综述,有助于更好把握我国参与全球治理特别是新兴领域治理面临的形势与路径。

第四个板块是"大国博弈相关问题研究"。新形势下,妥善处理好大国关系是中国特色大国外交的关键任务之一。这一板块研究了中美汇率之争与人民币汇率形成机制改革、中美博弈下的人民币国际化,分析了美国重拾产业政策动向和美国国债扩张的外溢效应,专题探讨了日本自由贸易区战略等,有助于准确把握我与相关大国经济关系,为我发展积极创造更好外部环境。

2021 年是对外经济研究所科研成果丰硕的一年。这一年,我们坚持以习近平新时代中国特色社会主义思想为指导,继续紧紧围绕国家宏观决策和国家发展改革委中心工作,促进党建工作与业务工作深度融合发展,完成上级交办任务和重大课题研究 100 余项,形成上报 70 余篇政务信息,在核心期刊和主流媒体发表 40 余篇文章,创设"学研享"平台加强所内外学术交流,有效发挥了国家高端智库决策咨询和舆论宣传功能。科研是一个不断提高认识的过程,囿于各方面因素,本书成果难免存在不足之处,我们诚恳请教于方家,以期切磋琢磨,共同提高。

国家发展和改革委员会对外经济研究所

2022 年 12 月

目录

CONTENTS

PART III   Research on Active Participation in the Reform and Construction of Global Governance System

PART IV   Research on Issues on the Games of Big Countries

第一篇

加快构建新发展格局问题研究

第一章

协同推进强大国内市场和贸易强国建设

内容提要： 协同推进强大国内市场和贸易强国建设对于构建新发展格局具有重要的战略意义，是把握新发展阶段、贯彻新发展理念的重大理论和实践创新。本文首先从历史和国际视角分析了国内市场建设与国际贸易发展之间的关系，指出二者相辅相成。在此基础上，按照目标导向、问题导向的思路，从构建新发展格局的新要求出发，分析了建设强大国内市场、打造贸易强国存在的问题和困难，从其中归纳出协同二者的结合部和抓手，进而在产业支撑、增长动能、发展环境、空间布局等方面提出了相应的对策建议。

站在"两个一百年"奋斗目标的历史交汇点上，以习近平同志为核心的党中央统筹中华民族伟大复兴战略全局和世界百年未有之大变局，作出加快构建新发展格局的重大战略决策，明确了我国经济现代化的路径选择。这是把握新发展阶段，完整、准确、全面贯彻新发展理念的战略抉择，是赢得发展主动权、重塑我国发展优势、提升我国经济发展水平的战略部署。协同推进强大国内市场和贸易强国建设，是构建新发展格局的应有之意和必然要求，是坚持系统观念、推动经济高质量发展的重大创新性举措。

一、建设强大国内市场和贸易强国相辅相成

开放条件下的宏观经济是一个复杂的系统，消费、投资、进出口等变量间有着密切而内在的联系，从理论上讲建设国内市场和发展国际贸易是相辅相成、相互促进的，这也被我国和世界各国的发展实践所印证。

（一）贸易发展是国内市场建设的重要动力

无论出口还是进口贸易，无论货物还是服务贸易，都会直接创造就业，比如，我国仅加工贸易就吸纳就业约4000万人，外贸发展更是直接或间接带动就业1.8亿人。而就业恰恰是经济发展的基础，新冠肺炎疫情暴发后，国家实施了"六稳""六保"政策，其中稳定就业居于突出位置，原因就在于，就业稳住了，就稳住了居民消费、稳住了经济发展的基本盘。同时，进出口贸易还会通过设备投资等直接渠道以及政府税收等间接渠道，引致投资需求扩张。2021年我国有进出口实绩的外贸企业数量达到56.7万家，这些企业同时也是重要的投资主体。

改革开放之后，我国紧紧抓住经济全球化重大机遇，以加工贸易为突破口融入国际产业链、供应链，形成了市场和资源"两头在外"的发展模式，逐步成长为"世界工厂"。这对我国快速提升经济实力、改善人民生活发挥了重要作用，是进出口贸易能够带动国内市场建设的鲜明例证。20世纪70年代，"亚洲四小龙"利用自身的劳动力成本优势，大量出口劳动密集型产品，积极利用发达国家直接投资，也有力地带动了自身经济和社会发展。

（二）国内市场是国际市场的有力支撑

在开放型经济条件下，在比较优势的作用下，在经济全球化深入发展的今天，一国国内消费、投资需求扩张将会直接或间接地带动货物和服务进口增加。同时，投资在短期体现为需求，在中长期则体现为供给，而供给体系的完善和能力的提升必然可以创造新的需求，这其中当然也包含来自国际市场的需求也就是出口需求。国内市场对国际市场的支撑作用越强，后者对前者的延伸拓展作用也就越强，二者相辅相成，这也是大国经济的重要特征。

对于我国而言，在2008年国际金融危机爆发前，国内和国际市场的互动关系更多是单向而非双向的，主要是后者带动前者，而前者对后者的支撑作用则并不充分。其突出表现就是外贸依存度较高、经常项目顺差较大、外需对经济增长的推动作用较强，这主要是由当时的客观条件决定的。改革开放起步后，我国整体发展水平还比较低，为了解决资金和技术"双缺口"问题，不得不把更多的资源投入到外贸等涉外经济领域。国际金融危机爆发后，我国出口连续13个月负增长，给经济和社会发展带来很大压力，让我们清晰认识到大国经济必须国内市场和外贸都要"强"，而不能"一条腿短、一条腿长"。

（三）我国协同推进强大国内市场和贸易强国建设的基础和能力更加具备

经过40多年的改革开放，我国成为了世界第二大经济体、第一货物贸易大国、第一制造大国，全面建成14亿人的小康社会，人均国民生产总值超过1万美元，物质基础极大丰富，发展水平全面提升。2021年，我国国内生产总值达到114.4万亿元，按照平均汇率折算，约合17.73万亿美元，稳居世界第二；年末外汇储备余额3.25万亿美元，继续居世界第一。协同推进强大国内市场和贸易强国建设，实现"两强"联手，具备了更为坚实的基础。

在经历了国际金融危机、欧洲主权债务危机、新冠肺炎疫情等重大风险挑战洗礼之后，我国经济潜力足、韧性大、活力强、回旋空间大的基本特点更加凸显，虽然百年变局与世纪疫情下的世界充满不确定性、不稳定性，但我们有条件有能力发挥大国经济的规模效应和集聚效应，更好利用国内国际两个市场、两种资源，通过协同推进强大国内市场和贸易强国建设，加快构建新发展格局，实现更高质量、更有效率、更加公平、更可持续、更为安全发展。

二、构建新发展格局对建设强大国内市场和贸易强国提出了新的更高要求

近年来，我国国内市场建设和对外贸易发展都取得了显著进展，规模已经很大，但大而不强特征依然明显，与加快构建新发展格局的要求相比还有不小差距。从工作角度讲，以往建设国内市场和发展对外贸易更多是"分头"推进的，现在要转为"协同"推进，是宏观经济治理模式的一次重大理论和实践创新，也是一项复杂的系统工程，其中如何把握主攻方向至关重要。有必要按照目标导向、问题导向的思路，厘清建设"两强"的目标愿景和面临的困难挑战，从而找到"两强"的结合部，通过紧扣这些抓手开展工作，使"两强"进一步互动起来、协同起来，实现"两强"齐头并进，开拓构建新

发展格局新境界。

（一）构建新发展格局对建设强大国内市场提出的新要求

构建新发展格局，必须紧紧抓好经济循环畅通无阻这个关键所在，牢牢把握实现高水平自立自强这个最本质特征，坚持扩大内需这个战略基点，发挥国内大循环的主体作用，持续提升我国经济发展自主性和可持续性。

2022 年中央经济工作会议强调，坚持以经济建设为中心是党的基本路线的要求，全党都要聚精会神贯彻执行，推动经济实现质的稳步提升和量的合理增长。当前，我国经济发展面临需求收缩、供给冲击、预期转弱三重压力，经济下行压力依然不小。下好构建新发展格局这招先手棋，必须建设内需潜力能够持续、有效释放的强大国内市场，对要素资源形成强大吸引力和配置力，夯实国内国际双循环流转和产业关联畅通的坚实基础，形成巨大而持久的发展动能，持续提高我国发展的内生性和韧性，从而使中国号巨轮能够在惊涛骇浪中行稳致远。

近年来，我国内需潜力持续释放。2021 年，社会消费品零售总额 44.1 万亿元，比上年增长 12.5%，比 2019 年增长 8%，我国已是全球第二大消费市场；消费结构优化升级，养老、家政、旅游、文化等服务性消费快速增长，已占居民消费的"半壁江山"；网络消费等新模式、新业态蓬勃发展，2021 年，全国网上零售额比上年增长 14.1%，其中实物商品网上零售额增长 12%。居民消费不断扩容提质，消费已成为拉动经济增长的第一动力。同时，投资结构持续优化，围绕"两新一重"的重大项目扎实推进，生态环保、社会民生、城乡基础设施等领域的短板加快补齐，战略性新兴产业、高技术产业等投资保持较快增长。2021 年，高技术产业投资比上年增长 17.1%，比全部投资增速高 12.2 个百分点，拉动全部投资增长 1.2 个百分点；社会领域投资比上年增长 10.7%，其中，卫生、教育投资分别增长 24.5%、11.7%。

但也要看到，培育完整内需体系、形成扩大内需长效机制、实现国内市场由大到强仍然面临不少的困难和挑战。主要是：供给体系的质量和效益有待提升，多样化、个性化、高端化消费需求难以得到有效满足；城乡、地区、行业、城市内部的收入差距还比较大，制约居民消费潜力的释放；国内统一大市场尚不健全，资源要素流动还存在体制机制障碍，市场统一性和竞争公平性有待提升，消费环境还需净化和优化，市场配置资源的效率仍需提升；投融资体制还需改革创新，激发民间投资活力仍需进一步破题。

（二）构建新发展格局对建设贸易强国提出的新要求

新发展格局决不是封闭的国内循环，而是开放的国内国际双循环，只有进一步扩大对外开放，才能加速补齐要素、资源、营商环境等方面的短板和不足，进而以国际循环提升国内大循环的效率和水平。

改革开放之后相当长的时间，我国发展对外贸易的核心目标是出口创汇，从而可以进口发展急需的技术和产品。当前，我国发展进入新阶段，发展环境与条件较之以往出现很大变化，外贸发展的目标也需要与时俱进地动态调整。构建新发展格局要更多强调"以外辅内"的导向，也就是外循环为"用"、内循环为"本"。打造贸易强国这个贸易大国的升级版，就是要以贸易的"强"更有效地联通国内国际两个市场、更有效地配置国内国际两种资源，从而带动和服务国内大循环质量效益的提升，开启大国经济发展的新篇章。

改革开放特别是加入世贸组织以来，我国对外贸易整体保持较快增长。2019年货物贸易规模达到4.6万亿美元，是2001年的9倍多；2020年虽然遭受新冠肺炎疫情冲击，依然逆势增长1.7%；2021年更是达6.05万亿美元历史新高，稳居世界第一货物贸易大国。服务贸易规模连续8年保持世界第二位，2021年增长16.1%，服务贸易逆差大幅下降至2011年以来的最低值。同时，贸易结构得到优化，"十三五"期间对新兴市场出口占比、中西部地区出口占比、机电产品出口占比、一般贸易出口占比累计分别提高2.8、2.9、1.9、5.8个百分点。近年来，贸易新业态新模式快速发展，2021年跨境电商进出口、市场采购贸易分别增长达15%、32.1%，外贸综合服务企业超过1500家，海外仓数量超2000个。

但也要看到，我国对外贸易大而不强的特征依然十分明显，建设贸易强国仍然面临不少的困难和挑战。主要是：国际金融危机的"内伤"尚未治愈，新冠肺炎疫情的"外伤"又至，世界经济"内外伤"相互交织、复苏之路道阻且长，叠加保护主义、单边主义等因素，我国外需市场环境还将持续偏紧；我国劳动力成本优势逐渐弱化，以技术、品牌、质量、服务为核心的竞争新优势尚在培育，整体上仍处于国际产业链的中低端，在国际竞争中面临前有堵截、后有追兵的严峻形势，保持国际市场份额基本稳定的难度上升；进出口贸易的质量效益有待提升，进口与出口、货物与服务贸易、国际贸易与双向投资、不同区域间贸易发展仍存在不平衡的问题。

三、科学把握协同推进强大国内市场和贸易强国建设的着力点

建设强大国内市场和贸易强国的共同目标就是，通过更好地利用国内国际两个市场、两种资源，服务构建新发展格局和加快高质量发展。"两强"相互联系、相互依存，在实践中完全可以从二者的结合部入手，加以协同推进。

（一）强化产业支撑

强大国内市场的一个鲜明特征是供需高度适配、动态平衡，要求构建高质量供给体系、提高产业发展的质量，从而能够匹配、引导、创造需求，实现内生性增长。贸易强国不仅仅是进出口规模大，更重要的还在于产品"强"，也就是产品质量好、服务佳、附加值高、环境友好，而其基石就是现代化、高质量的产业体系。我国产业体系完备，但生产能力大而不强的特征明显，低端行业供给过剩问题犹存，中高端产业发展相对滞后，重要设备和零部件依然存在被"卡脖子"的风险。

因此，强化产业支撑是协同推进"两强"的关键突破口。要坚持供给侧结构性改革主线，继续推进"三去一降一补"，坚决去除无效和过剩供给，按照"巩固、增强、提升、畅通"八字方针改善供求关系，为"两强"腾挪出更多资源；实施创新驱动发展战略，提升自主创新能力，加强国家战略科技力量建设，强化企业创新主体地位，集中力量打好关键核心技术攻坚战，促进新技术产业化和规模化应用，加快科技自立自强；锻长板、补短板，大力发展先进制造业、战略性新兴产业和现代服务业，改造升级传统产业，打造创新驱动、协同发展的现代产业体系，为"两强"提供根本性支撑。

（二）培育增长动能

强大国内市场必然具备充沛的增长动能，能够不断拓展深度广度，容纳新技术、新产业、新业态、新模式发展催生的新需求，实现高质量、可持续

的扩张。贸易强国应当占有一个较为稳定的国际市场份额，拥有相对合理的内部结构和有效接续的发展动能，在国际环境的惊涛骇浪中表现出极强的韧性。近年来，网上消费、服务消费在我国居民消费中的比重不断上升，已经成为消费增长的重要新动能；同时，服务贸易、跨境电商等贸易新业态新模式较快发展，在贸易总值中的比重持续提高，为我国外贸发展注入了新鲜血液。

因此，可以将"两强"未来增长动能的重叠部分作为协同推进二者的有力抓手。要把握互联网和数字技术快速发展机遇，推动产业数字化和数字产业化，加快互联网、大数据、人工智能同产业深度融合，培育一批"专精特新"企业和制造业单项冠军企业，完善数字经济基础设施和配套支持政策，鼓励企业同步发展网络零售和跨境电商，建立健全数字经济治理体系，不断提升数字经济对"两强"的引领作用；扩大服务业对内对外开放，进一步放宽市场准入，完善提升服务业和服务贸易竞争力的支持政策，推动生产性服务业向专业化和价值链高端延伸，使高质量发展的服务业成为"两强"共同的强大动能。

（三）优化发展环境

强大国内市场必然是一个统一的大市场，要素资源可以跨行业、跨部门、跨区域自由流动和合理配置，生产、分配、流通、消费各环节能够有机衔接，从而形成经济循环顺畅、物质产品增加、社会财富积聚、人民福祉改善、经济实力增强之间相互强化的"正反馈"。建设贸易强国必然要求形成良好的贸易发展环境，在贸易自由化便利化方面达到国际先进水平，在规则、规制、管理、标准等制度领域具备较强的国际话语权和影响力。近年来，随着"放管服"等重点改革的深化，国家治理体系和治理能力现代化水平明显提高，但短板和弱项依然存在，剩下的都是难啃的"硬骨头"，依然制约着"两强"建设的深入推进。

因此，优化发展环境是协同"两强"的重要着力点。要用好以开放促改革、促创新、促发展这个"传家宝"，依托海南自贸港、自由贸易试验区等开放高地，积极对接国际高标准经贸规则，在深化要素流动型开放的同时，加快推进制度型开放，推动共建"一带一路"高质量发展，实现引进来和走出去的有机结合，深化国有企业、收入分配等领域改革，加强知识产权保护，完善内外贸一体化调控体系、推进同线同标同质，建设内外有机统一的高标准市场体系，使市场化、法治化、国际化的一流营商环境成为"两强"建设的有力保障。

（四）完善空间布局

强大国内市场必然具备很强的韧性，拥有合理的、错落有致的空间布局，处于一定地理区域内的消费中心城市、一般城市、县城、乡村能够实现互补协同发展，进而有序有效地拓展市场空间。建设贸易强国要求有效发挥各地区的比较优势，增强各个区域板块的有机互动，提升贸易中心城市的综合服务平台作用，形成复合型竞争优势。城市是消费、投资、贸易等经济活动共同的载体，城镇化质量高低对"两强"都有着重要的影响；同时东部沿海强、中西部地区弱，城市强、乡村弱，中心城市强、一般城市弱，既是我国生产力布局的短板，也是建设"两强"面临的共性问题。

因此，完善空间布局是协同推进"两强"的重要一招。要深入实施新型城镇化战略、加快农业转移人口市民化，增强"人"的因素对"两强"的支撑；发展壮大城市群和都市圈，优化提升超大特大城市功能，形成若干消费中心和贸易中心相叠加的发展高地；深入实施京津冀协同发展、长江经济带发展、粤港澳大湾区建设、长三角一体化发展、黄河流域生态保护和高质量发展等区域重大战略，深入推进西部大开发、东北全面振兴、中部地区崛起、东部率先发展，引导东部沿海地区的优质要素资源向中西部有序流动，使中西部地区成为"两强"建设的后劲之源。

参考文献：

[1] 习近平. 论把握新发展阶段、贯彻新发展理念、构建新发展格局［M］. 北京：中央文献出版社，2021 年 8 月.

[2] 国务院研究室编写组. 十三届全国人大四次会议《政府工作报告》辅导读本 2021［M］. 北京：人民出版社，2021 年 3 月.

[3] 国家发展和改革委员会.《中华人民共和国国民经济和社会发展第十四个五年规划和 2035 年远景目标纲要》辅导读本［M］. 北京：人民出版社，2021 年 3 月.

[4] 本书编写组.《中共中央关于制定国民经济和社会发展第十四个五年规划和二〇三五年远景目标的建议》辅导读本［M］. 北京：人民出版社，2020 年 11 月.

［5］中共中央宣传部. 习近平新时代中国特色社会主义思想学习纲要［M］. 北京：学习出版社、人民出版社，2019 年 6 月.

［6］本书编写组. 党的十九大报告辅导读本［M］. 北京：人民出版社，2017 年 10 月.

［7］世界银行，Global Economic Prospects，2022 年 1 月.

［8］国际货币基金组织，World Economic Outlook，2022 年 1 月.

［9］联合国，World Economy Situation and Prospects，2021 年 12 月.

［10］王一鸣. 科学把握构建新发展格局的逻辑［N］. 经济日报，2021 年 11 月 10 日.

［11］毕吉耀，张哲人. 以畅通国民经济循环为主构建新发展格局［N］. 经济日报，2020 年 9 月 17 日.

2022 年 6 月

第二章

稳步扩大制度型开放，加快构建新发展格局

内容提要： 制度、制度演进路径及传统，体现一国或地区比较竞争优势。改革开放 40 多年来我国取得举世瞩目的伟大成就，制度选择及制度安排无疑是重要的动力源。全球化进入调整期，作为世界第二大经济体，最大的发展中国家，积极参与全球经济治理体系的改革与完善，主动参与新一轮国际规制竞逐，提升双循环相互促进的制度质量。高质量共建"一带一路"和高标准实施《区域全面经济伙伴关系协定》（RCEP），更大范围更高能级增强在区域及全球产业链供应链和创新链中的影响力，服务构建新发展格局。

大国的对外开放和国际化进程构成全球化的一部分，是全球化调整的重要推动力。中国共产党领导下的对外开放取得辉煌成就，其制度选择及制度安排，无疑是重要的动力源。我国在百年变局下构建新发展格局，与时俱进地把握好制度型开放战略机遇，成为扩大开放、畅通内外循环的重大战略任务。

一、制度型开放的演进与实践

改革开放是中国的基本国策，是决定当代中国前途命运的关键一招。40 多年来，我国主动求变，以创新为统领，不断推动制度型开放走向深入。

（一）制度型开放演进历程

为顺应国际生产方式变革对制度需求与供给适配性的动态调整需要，对外开放不同阶段，政策目标和侧重点各不相同。相应地，开放的内涵、特征、任务也各有差异。

1. 小切口、灵活试、保安全

1979年，党中央国务院决定建立深圳、珠海、汕头、厦门4个经济特区，福建和广东成为全国最早实行对外开放的省份，为进一步扩大开放积累了经验，有力推动了中国改革开放和现代化进程。

2. 引进来、见实效、做贡献

2001年加入世贸后，中国从政策型开放进入市场型开放、规则"引进来"阶段，并主动降低商品关税。十年间关税总水平从2012年的9.8%降至2021年的7.4%，货物贸易占世界比重从2012年的10.4%提升到2021年的13.5%，全球货物贸易第一大国地位更加稳固。积极参与多边事务，从规则接受者逐步成为规则制定的重要参与者。

3. 建高地、测压力、强企业

21个自贸试验区，作为我国制度创新试验田、产业集聚牵引地、规制协调主战场，在稳中求进的总基调下，加快推进开放制度体系建设。截至2022年9月，广西自贸试验区累积入驻企业8.1万家，是设立前22倍，累积引进世界500强和中国500强企业57家，聚焦制度创新，推动建设高质量实施RCEP示范项目聚集区，广西取得良好成效。

4. 开新局、拓空间、优环境

党的十八大以来，我国参与国际规制合作与协调成效显著。《区域全面经济伙伴关系协定》（RCEP）生效实施，完成《中欧全面投资协定》（CAI）谈判，积极推进加入《全面与进步跨太平洋伙伴关系协定》（CPTPP）和《数字经济伙伴关系协定》（DEPA），持续推进"丝路电商"合作机制建设，积极拓展经贸合作领域，在双边、多边、区域合作和国际规则制定等诸多方面取得新成果。目前，我国共有跨境电商综合试验区132个，在拓展多元化市场空间、促进外贸稳中提质、改善制度环境方面发挥了重要作用。

（二）制度型开放的实践探索

党的十八大以来，中国加快推进制度型开放，推动高质量共建"一带一路"，在二十国集团（G20）、世贸组织中提出有关全球投资规则、促进投资自由化的主张，主动引领和参与制定高水平国际贸易投资规则。

一是从改革开放历程看，政策取向从推动货物贸易快速增长到促进出口结构由欧美依赖转向多元平衡。从总量看，2009 年，我国首次超过德国成为全球最大的出口国。自 2001 年加入 WTO 以来，我国始终维持净出口态势。2021 年，我国净出口创下了历史新高，达到了 6764.3 亿美元。从出口份额变化看，我国对美欧出口份额下滑明显，分别从 2001 年以来占比最高时的 21.6% 和 20.5 降至了 2021 年的 17.1% 和 15.4%。对东盟出口份额不断提升，从 2010 年的 8.8% 增长到了 2021 年的 14.4%。2022 年 1 月 1 日 RCEP 生效以来，仅前 8 个月我国对东盟的出口份额进一步提升到 15.4%，对美出口份额下降到 16.7%，RCEP 驱动力开始显现。

二是从产业开放进程看，从以工业、商业、建筑业开放为主，逐步扩大服务业开放。RCEP 中中国首次对制造业、农业、林业、渔业、采矿业等领域投资自由化做出负面清单承诺，推动区域内投资贸易联动。党的十八大以来，高质量共建"一带一路"加速推进，不仅塑造了全方位、宽领域、多渠道开放新格局，深化沿边与周边地区机制化合作，也推动我国与合作伙伴关系，从"边境"上的贸易联通向"边境"与"边境内"贸投联动转变，制度化合作水平不断提升，规制协调的正效应日益显现。

三是从规制能力建设看，积极参与国际合作机制建设，规制协调能力显著提升，制度化合作成为推动贸易投资转型升级的重要推动力，自贸区建设成为构建新发展格局、提升"双循环"制度质量的战略抓手。我国致力于构建面向全球的高标准自由贸易区网络。截至 2020 年 9 月 20 日，世界贸易组织统计全球共有 496 份区域贸易协定，其中 306 份处于生效状态。《区域全面经济伙伴关系协定》包含了高于世界贸易组织《贸易便利化协定》水平的增强条款。而 RCEP 成员之间所签署区域自贸协定中贸易便利化条款的部分标准则比 RCEP 更高。RCEP 是亚太地区经济一体化的重要成果，是统筹"边境"和"边境内"规则，发展中国家和发达国家共享发展机遇的成功案例。

也要看到，在商品和要素流动性开放取得可喜成就的同时，深化制度型开放面临新的挑战，需要更加重视统筹开放与安全，不断探索实践，主动迎变局、育新机、开新局。

二、制度型开放的内涵及思路

制度型开放是深度、双向开放，是深层次的制度性变革与创新，是"边境"和"边境内"规制协调的重要实现途径，是深度参与国际经济治理的必然要求。推进制度型开放，需要把握其内涵，处理好三大关系。

（一）从特征和要求看制度型开放的内涵

制度型开放是对外开放进入了新时代。通过规则、规制、管理、标准等一揽子工具箱 N 种组合式运用，继续深化边境开放和边境内开放，促进货物贸易便利化、投资自由化、保护知识产权、扩大服务业开放。加大力度虹吸国际人才持续流入留住，并形成规模也是制度型开放的题中要义。制度型开放的开放水平更高，开放领域更广，影响更为深远。一方面，需要与国际高标准规则、规制、管理、标准等对接，另一方面，文化对形成共识、规则制定及规则传播的影响力日益重要，成为制度型开放的重要内容之一。探索制定互利共赢的发展规则和多边投资规则，推动规则走出去，是中国积极参与全球经济治理体系改革和建设，推动乃至引领全球化调整，促进国内国际双循环相互促进，是中国推进制度型开放进程中参与国际规制协调的重要内容。

制度型开放为大市场的细分创造必要条件。不同于政策开放与市场开放，制度型开放更具系统性、战略性、引领性，又与市场化、法治化、国际化的深化进程密切相关。制度型开放，某种程度上要求各地在不同层次、不同领域，拿出具有地方特色的定制化、特色化、个性化服务产品，以合力发挥开放大市场对国内外资源的虹吸效应。各类市场主体、企业、社会组织、各级政府等积极作为，下足绣花功夫，专注、专业、更接地气，了解世情、国别与案例，找准对接接口。了解国情、省情、市情、县情，精准把脉基层需求，打通堵点、梗阻环节，精准服务好企业，才能彰显出制度型开放对统一大市场的强大牵引力，才能累积制度型开放的强大竞争优势。

（二）制度型开放的基本思路

制度型开放服务构建新发展格局是新时代的一场赶考，需要借助更高能级、更高制度质量的国际合作平台延伸触角，建立连接，高效互动。高质量共建"一带一路"和高标准推动 RCEP 落地,为我国构建新发展格局拓展了战略合作空间,是推动制度型开放走实走深,推动区域和全球治理,赢得国际规制竞逐主动的重要战略依托。从现有基础看,高质量共建"一带一路"进入建构规则、促进规制协调的制度性合作阶段。建设好境外经贸合作区,推动中国企业高质量、规模化和协同化"走出去",推动中国与沿线国家的标准互认互通,构建"一带一路"产业链供应链,助力营造良好国际合作环境;RCEP 落地实施,彰显"边境"和"边境内"规制协调进入快车道,是夯实周边,深化亚太区域合作,继加入世贸组织后又一重大制度型合作成果,对加快建设更高水平开放型经济新体制产生深远影响,对促进全球经济复苏、维护多边贸易体制发挥重要积极作用。

需要统筹处理好制度型开放三大关系。第一,开放与安全的关系。越是开放越要重视安全,统筹好发展和安全两件大事。构建新发展格局、推动制度型开放实现经济可持续增长,重塑国际贸易投资新格局,主动赢得制定新一轮国际经贸规则竞逐的主动权,是长期、系统、战略策略动态平衡、多元适配的过程。某种程度上,管控好外部风险、化危为机是畅通内循环的前置条件。我国地域广博、人口众多,发展水平和基础条件各不相同,制度型开放意味着制度建设任务繁重、艰巨,各地制度建设的特点、重点、形式和实现路径各有侧重。在推进制度型开放新实践中,将会出现多元、多层制度建设图谱,以此架起畅通周边、区域以及多边合作共赢的制度彩虹桥。第二,理论与道路的关系。实现中华民族伟大复兴,必须坚持走中国特色社会主义道路,不能完全照搬西方的全球化理论。人类文明在各个大陆演化进程,至少在殖民化滥觞全球之前本就是多元的,不只是遵循在产业资本时代西方经典理论家提出的生产方式升级理论而展开的。亲历被单极金融资本霸权强推的全球化及其向发展中国家转嫁制度成本的某些制度体系,深刻认识全球化的文化多元、价值多元、发展路径多元的本质属性,坚定不移推动经济全球化惠及更多发展中国家和最不发达经济体。通过畅通"双循环",为全球经济增长提供新动能;高质量共建"一带一路"团结更多合作伙伴参与地区及全球发展治理;借势 RCEP 引领规制协调更具文明、更加包容、更为高效。第三,制度与文化的关系。制度派生及其路径依赖理论,揭示了不同地理条件下的资源禀赋和要素条件，界定了近代全球化之前人类文明及制度的内生性与多元性，也决定了近代史上不同现代化的原始积累途径对东西方存在差异，由此形成了不同的制度安排和体系结构，并构成其后制度变迁的路径依赖。这也成为开展国别比较和区域比较研究的重要理论工具。中国基于本土化和国际化铺就的全球化路径，必然会在确保共同发展的同时，对全球资本化与制度致贫保持理性、清醒与修正。坚定道路自信、理论自信、制度自信和文化自信，走出一条合作共赢的全球化新路。高质量共建"一带一路"和RCEP规则体系，无不彰显了中国和合共生的文化生命力。

三、稳步扩大制度型开放，加快构建新发展格局的战略策略

（一）以高质量共建"一带一路"优化贸易投资新格局，团结广大发展中国家和新兴经济体参与地区和全球治理

面对新冠肺炎疫情延宕反复，共建"一带一路"展现强劲韧性和生机活力。基础设施硬联通扎实推进，规则标准软联通亮点纷呈，互帮互助心联通持续深入。东非、柬埔寨有了高速公路，哈萨克斯坦有了出海口，马尔代夫有了跨海大桥，老挝变为陆联国。中欧班列跑出逆风加速度，中老铁路、克罗地亚佩列沙茨大桥建成通车，雅万高铁、匈塞铁路、中泰铁路等重点项目建设稳步推进。截至2022年8月底，中国与"一带一路"沿线国家货物贸易额累计约12万亿美元，对沿线国家非金融类直接投资超过1400亿美元。截至2021年底，中国企业在共建国家建设的境外经贸合作园区累计投资超过430亿美元，为当地创造了34万多个就业岗位。中国已累计与30多个共建国家和地区签署"经认证的经营者"互认协议，贸易投资自由化便利化水平持续提升。近期统计数据显示，"一带一路"沿线国家和地区在建的重点基础设施项目有超过三分之一采用中国标准。

1. 加强政策协调，提升发展能力

政策沟通是规制能力和规则制定的基础性工作。秉持开放和包容，以双边机制为主轴，以积极参与国际宏观经济政策协调为突破口，以诸边合作为平台，在全球化新议题、发展规则建构方面，发挥建设性或引领性作用。利

用 WTO 贸易政策审议机制了解沿线国家的贸易政策和法律，帮助更多发展中成员熟悉国际贸易规则，加强发展能力建设，融入价值链合作。共建"一带一路"继续用好现有双边、多边，以及区域合作平台，加强沟通、对话和交流，对接需求，以项目为载体，以建园区为合作平台，一事一案，务实推进。对新兴经济体和最不发达国家而言，市场开放和政策协调除继续用好 WTO 平台外，"一带一路"是加强政策协调和自贸协定建设，推动规则互动的实践平台。继续重视海陆发展支点建设对国内区域协同的带动作用。目前，从向西开放看，一些基础较好的省市，如陕西省及西安市，应实施"以进促出"的聚人气聚英才开放策略，以"进人"为统领，精准引进发展硬科技需要的科技人才。可能之一，是引进全球高科技人才，尤其是中亚、中东等科技发展基础较好的国家或地区（含离退休）的高科技人才。RCEP 在自然人流动方面有较大突破，各地宜尽早研究落地方案。

2. 便利贸易畅通，提升合作效率

RCEP 实施，为降低关税、便利通关带来巨大福音。近年来，"丝路电商"已经成为拓展经贸合作的新亮点、助力高质量共建"一带一路"的新引擎。持续帮助更多 WTO 成员学习熟悉贸易便利化协定、RCEP 规则。推动海关便利化合作，降低贸易壁垒，配套降低投资壁垒。共建"一带一路"的对外投资需要开发性金融跟进。一些发展中国家整体环境欠佳，发展能力差异很大，合作内容并非整齐划一。有的可能需要在发展规划、法治建设及政策环境等开展广泛合作。作为发展中国家，任何项目启动实施，都要在可行性上做出综合考量，进行量体裁衣、定制化合作。通过建开发区、工业园等带动东道国的中小企业纳入含中国企业的地区或全球产业链、供应链，带动当地就业和经济增长，提升机制化、制度化合作水平。降低成本不仅包括一般意义上的贸易成本，还包括阻碍贸易便利化的非关税壁垒和摩擦成本。降低非关税壁垒很重要的一个成果是 WTO 的贸易便利化协定（TFA）实施落实。面对全球化调整和国内新旧动能转换，共建"一带一路"构建协同发展的区域价值链已成为中国装备制造业向高端升级的必由之路。境外经济合作园区应打造成为企业合作、产业转型、技术跃升的重要载体。

3. 加强设施联通，培育规制土壤

不论是传统贸易还是现代贸易，都离不开物流及其成本考量。基础设施的软、硬联通，是可能产生新技术、新标准、贸易投资新规则的领域，也是最有可能使规则体系化和特色化的领域，是构建发展合作规则的重要土壤和实践抓手。提升硬联通和软联通水平，既为全球化调整和各国经济发展注入动力，也可以在开发性金融、发展规则、技术标准、检验检疫、电子商务、快递、人员流动等诸多方面，研究制定相关规则，提高东道国与外界的物理联通、市场联通、法治意识，提升制度化合作水平。基础设施投资可以直接缓解当下多数新兴经济体发展瓶颈，与周边国家之间互联互通，改善对外贸易、国内生产和跨境物流环境，将与邻为善的合作理念变成"面包"和"钱包"。基础设施投资不仅通过提高家庭收入直接影响经济发展，而且通过改变消费、储蓄、投资方向，以及推动社会资源的积累等方式间接推动增长。在当前全球经济面临多重挑战背景下，基础设施投资更成为各国摆脱经济低迷、恢复长期经济增长的重要手段。疫情后的对外投资，需要注重与当地需要、民生经济改善紧密结合，新基建和数字经济领域优先投资布局，气候变化、绿色可再生能源等领域投资潜力巨大。

4. 增进文化交流，凝聚规则共识

习惯与规则是制度的一体两面。共建"一带一路"有助于凝聚周边及东南亚国家建构规则的文化共识。规则既是硬联通，更是以文化、习俗、习惯为底色，约束人们交易行为的软联通。文化底色决定了规则的生命力和影响力。文化在形成规则，从双边、区域向多边推进中有更强更韧的影响力，文化之于规则的作用显著上升。WTO 目前面临的困境，既是规则滞后，更折射出规则内嵌的美国优先理念、美式民主价值、二元对立文化的传播受阻。共建"一带一路"以及 RCEP，都蕴藏了中国文化中"和合"发展的理念和基因。共建"一带一路"是国际合作平台，不限地理远近、不分国家大小贫富，不奉行一规行天下，而是坚持共商共建发展规则。做好民心相通，从根本上抓住了规则赖以产生的文化土壤、生成路径和内容底色，利于规则顺畅传播，有效发挥制度对经济增长的正向溢出效应，可对 WTO 规则体系做出有益补充。网络及电子商务发展给 WTO 带来挑战，产业发展与国家安全如何平衡都是有待在多个层面、多个视角予以讨论的。

（二）以高标准推动 RCEP 落地，推动制度的集成变革，增强统一大市场、多层次市场需求对国际资源的牵引力，助力双循环在更大范围更高制度质量上相互促进

RCEP 是我国对外开放的里程碑，是应对变局构建新发展格局的战略机遇，是深化周边及亚太经济深度链接、畅通"双循环"的重要制度保障。推动 RCEP 在境内外落地实施，有助于中国发挥大市场的牵引作用，对某些优势领域规则先行先试，再向成员尤其是东南亚成员推广复制，提升制度化合作质量。落实 RCEP 有助于巩固我国在东南亚地区供需市场的双引擎地位。RCEP 生效实施造福企业和消费者，推动产业链价值链向高端攀升，增强区域抵抗风险的能力和韧性，有助于深化亚太经济合作。日本、韩国、新加坡、越南、菲律宾是实施 RCEP 的关键国别，宜深耕细作，对共建"一带一路"同国家区域重大战略、区域协调发展战略深度融合，畅通国内国际双循环具有十分重要的加持作用。应加强统筹协调，形成合力，有序推进。进一步提高东盟在 RCEP 实施、畅通内外循环中的核心、优势地位；高度重视日韩在落实 RCEP，提升我产业链供应链韧性的独特作用；紧紧扭住澳新在规则制定权、话语权中的关键纽带作用。

一是厘清思路，把准方向。RCEP 整体贸易便利化水平超过了 WTO 贸易便利化协定，简化了海关通关手续程序，鼓励成员加强标准、技术法规以及合格评定程序等信息交流与合作，大大降低了贸易成本，缩短了物流时间。由于各地外向型经济发展水平不同，其合作伙伴、国别降税和产品降税存在差异，需要根据自身产业发展和外向型经济情况，对标对表，精准研究 RCEP 规则、规制、管理和标准的具体化、本地化、特色化，使 RCEP 真正成为促进各地制度型开放的加速器，助力塑造竞争合作的新优势。研究制度型开放带来的本地的市场化、法治化、国际化的地方特色，推动形成市场畅通、规则有效、产业升级、区域联动的开放新局面。围绕供需信息、市场主体、产业发展、政策环境、法律风险等内容开展国别分析，主动加强国别和产业的实操性对接。落实进口出口并重政策，从合作基础中找缺口、找优势、找方向。广泛运用各种灵活的平台和媒介，开展多层级、多主题、多专题培训、

宣讲解读，熟练掌握 RCEP 内容，做到知表知里，会找会用。建立 RCEP 跨部门协调联动工作机制，合力推动政策举措落地见效。

二是优进优出，贸投联动。贸易便利化是 RCEP 的重要目标。RCEP 生效实施后，区域内 90% 以上的货物贸易最终实现零关税。RCEP 采取两种模式降税，建立 RCEP 国别、商品降税对比清单，形成降税国别清单、进出口商品名录，以便利企业使用。RCEP 生效实施，意味着思维方式、工作方式都要逐步调整。思维方式从粗放式、标准化到精细化、个性化服务转变，工作方式从工业化、流水线的作业模式向"一国一策"、"因品施策"精准服务转变。"烹小灶"式的精工细作，是制度型开放对个人能力提出的新要求。各地优势不同，重点合作国别不同，进出口结构调整方案和开放载体建设需要拿出绣花功夫细化落实。RCEP 实施，既有扩大进出口的有利机遇，也使国内市场竞争更为激烈。从根本上讲，是市场化法治化国际化水平、综合实力的系统性博弈。在制度型开放大背景下，谁的制度性变革步子走得快、迈得准，谁就能赢得国内外市场拓展的先机，赢得产业转型升级，构建贸易投资新格局的先手棋。服务业扩大开放，从贸易合作，向投资带动贸易、促进货物贸易与服务贸易融合发展，推动先进制造业和现代服务业融合发展，加快数字服务贸易发展，鼓励和支持外资投向高端服务业，特别是电信、教育、医疗、金融、法律等领域，以高水平利用外资吸引全球高端要素向国内集聚，尤其是国际高端科技人才加速向国内集聚，注入高质量发展活力。

三是建好平台，提升能级。东中西沿边地区开放基础不同，开放载体各异，制度型开放与 RCEP 相互加持，将推动各类国家级开放平台闪亮登场展开大比拼。研判促进企业、技术、人才、资金等资源向平台高效集聚的体制机制和制度变革，提升共建"一带一路"重要腹地的枢纽价值（中部地区），展现各美其美、美人之美、美美与共的共荣画卷，将是立己达人、造福一域的重要抓手，更是服务国家区域发展战略，促进区域协调发展的使命担当。实施自贸试验区提质升级行动，加大压力测试和制度创新，发挥区位、产业、创新、营商环境优势，提升开放、制造、市场化能级。加紧研判东中西等区域板块在 RCEP 下推动产业升级新机遇，园区建设新亮点、走廊建设的特色战略定位，走出市场化、法治化、国际化的地方特色。加强与 RCEP 成员国精准有效对接，加强教育培训合作。拓展"丝路电商"在 RCEP 成员间布局，充分发挥跨境电商综合试验区的牵引作用。在 RCEP 成员国共建、自建海外产业园、海外仓等模式。高度重视西部陆海门户国际物流通道建设，精准打造融入 RCEP 的新引擎。

四是制度变革，优化环境。RCEP 是一揽子开放规则，高于 WTO 中在贸易便利化、知识产权保护、缔约方法律法规程序方面的规定。建设亲商环境尤其是市场环境、规则环境、制度环境，是在此轮竞争中占据先机的不二法宝。深化服务业开放，持续推进制度型金融开放，推动由商品和要素流动型开放向规则等制度型开放转变，其核心就是在学习规则和参与规则制定过程中，更多使用市场化、法治化和国际化手段来推进开放。推进人民币资本项目可兑换和人民币国际化，必须以中共中央 国务院发布的《关于构建更加完善的要素市场化配置机制体制的意见》和《关于新时代加快完善社会主义市场经济体制的意见》为指引，做好制度型金融开放路径的顶层设计。加强资本市场基础制度建设，使国际金融资源服务国内的高质量发展和现代化建设，推动以信息披露为核心的注册制改革。落实好"十四五"规划纲要关于有序推进电信、互联网、教育、文化、医疗等领域相关业务开放。

五是主体对接，黏性合作。RCEP 旨在助力中小企业融入区域供应链产业链。服务业深度开放塑造了有利于中小企业直接融资的制度条件，更好联通国内国际两个市场、两种资源，充分利用原产地累积规则建强产业链。RCEP 生效实施，中日、日韩间首次达成深度的制度型贸投关系。日韩拥有雄厚的制造业基础，中日韩在电子信息、汽车制造等领域，互有刚性需求，日韩是我国产业升级、畅通"双循环"、提升外循环质量的战略支点。各地宜根据本地优势产业、集群特点精准招商，吸引日韩世界 500 强、行业领军企业、优秀人才等来国内投资兴业，设法联合日韩先进技术企业突破"卡脖子"关键核心技术，向数字链、智能供应链发展，不断增强企业活力和实力。科技创新推动传统优势产业转型、战略性新兴产业加快转型、现代服务业数字化转型，以创新和制度变革牵引三次产业整体跃升，支持龙头企业发展壮大，培育专精特新"小巨人"和"隐形冠军"企业。推动投资自由化，加强外商投资主体合法权益保护。大力挖掘境外人员和机构的资源优势，充分发挥境外企业、园区在推动企业"走出去"的桥梁纽带作用，持续完善境外服务网络建设。

参考文献：

［1］张宇燕. 经济发展与制度选择——对制度的经济分析［M］. 北京：中国人民大学出版社，2017.

［2］樊纲，郑宇劼，曹钟雄. 双循环：构建"十四五"新发展格局［M］. 北京：中信出版集团，2021.

［3］陈元，黄益平. 双循环：中国经济新格局［M］. 北京：人民日报出版社，2021.

［4］关秀丽. 中国经济国际化战略［M］. 北京：中国市场出版社，2011.

［5］关秀丽. 全球贸易增长低速徘徊［N］. 经济日报，2016 - 07 - 18.

［6］关秀丽. TPP 旨在遏制中国？［N］. 中国社会科学报，2015 - 10 - 29.

［7］关秀丽. 聚力推进对外开放走实走深［J］. 中国战略观察，2022 年 5 - 6 期.

［8］http：//www. customs. gov. cn.

［9］http：//www. stats. gov. cn.

［10］http：//www. mofcom. gov. cn.

［11］http：//www. wto. org.

2022 年 10 月

第三章

扩大高水平开放服务构建新发展格局

内容提要： 世界近代以来国际循环大致经历了三个阶段，当前其动力、模式和规则都在发生深刻的趋势性变化。构建新发展格局是我国适应这个趋势性变化，在新一轮国际合作和竞争中赢得主动的战略抉择。新发展格局不是封闭的国内循环，而是要更好地利用两个市场、两种资源畅通国内国际经济循环，既增强我国经济和世界经济的发展动能，又增强发展的主动权和安全性，让开放在新发展格局中发挥"利而不害"的重要作用。因此，要用足用好我国进入新发展阶段后的新优势新机遇，提高开放的质量和效益，以高水平开放促高质量发展，实现国内国际双循环相互促进。

一、世界近代以来国际循环大致经历了三个阶段

第一个阶段是殖民扩张和世界市场形成阶段。西方国家与殖民地半殖民地之间形成"中心－外围"的产业间分工结构，呈现后者提供原材料、前者提供工业制成品的循环，财富源源不断由"外围"流向"中心"。这种循环模式带来"外围"地区的财富枯竭与日益贫困，激起广大殖民地半殖民地的强烈反抗，必然不可持续。

第二个阶段是两个平行世界市场阶段。二战后，世界形成社会主义和资本主义两大阵营，在经济上形成两个平行的市场体系。主要资本主义国家之间建立产业内分工关系，以关贸总协定为基础削减关税与非关税壁垒，促进了商品和要素循环，推动了国际贸易发展。但是，广大社会主义国家并未参与这个循环，因此这个阶段国际循环的广度和深度都是有限的。

第三个阶段是经济全球化阶段。"冷战"结束后，各国普遍实施市场经济体制，扩大开放参与国际分工，世界经济进入真正的"大循环"，形成美欧提供消费市场和服务、东亚经济体提供工业制成品、资源富集国提供能矿资源的三角循环格局。这个阶段，我国以低要素成本为基础，抓住招商引资和扩大出口的重要机遇，形成"两头在外、大进大出"模式，成为国际循环的重要参与者，但总体处于分工中低端。这个阶段的国际循环看似繁荣畅通，实际隐含了内在的、自身难以克服的矛盾，最突出的是国家之间和阶层之间获益不均，全球贫富差距显著拉大。随着国际金融危机爆发，世界经济进入下行期，这个矛盾集中爆发出来，一些国家保护主义、单边主义上升，叠加新冠肺炎疫情影响，三角循环格局在需求、供给、流通等环节的堵点断点增多，国际循环亟待朝着更加包容、更为畅通、更有活力的方向发展。

二、当前国际循环变革调整呈现鲜明的趋势性特征，我国在国际循环中的位势也在深刻变化

当今世界正在经历百年未有之大变局，国际循环的变革调整是大变局的重要组成部分。从动因看，一是国际力量对比深刻变化，世界经济重心东移，特别是我国经济持续健康发展，推动共建"一带一路"，极大改变着全球消费和生产布局，这是国际循环变革调整的根本原因。二是新一轮科技革命和产业变革深入发展，推动新产业、新业态、新模式不断涌现，传统产业出现数字化、智能化、网络化的大规模颠覆性改造，技术和市场日益取代要素成本成为全球价值链布局的决定因素，过去国际循环的产业基础正在发生巨大变化。三是新冠肺炎疫情冲击下跨国公司加快调整供应链布局，服务贸易蓬勃兴起，对国际循环变革发生催化作用。在这三大动因作用下，国际循环的动力、模式和规则都将发生深刻的趋势性变化。

动力方面，我国成为推动国际循环畅通提质增效的重要力量。从需求看，当今世界最稀缺的资源是市场。世界经济长期疲弱带来的市场需求萎靡不振，是国际循环最大的堵点。我国已成长为全球第二大消费市场、第二大进口国，人均国民收入迈向高收入行列。"十四五"时期，随着我国深入实施扩大内需战略，向全球开放共享市场机遇，超大规模市场潜力将进一步释放，成为全

球资源要素的强大引力场。从供给看，一些发达经济体鼓动制造业回流，在产业链供应链方面人为"筑墙"、"脱钩"，从供给源头上给国际循环带来障碍。我国是全球第一大工业国，近年来涌现出了一批具有较强国际竞争力和影响力的跨国公司。"十四五"时期，随着我国支持企业高水平走出去，深化与共建"一带一路"国家产业链供应链合作，将为各国特别是发展中国家提供融入国际循环的更多机遇。

模式方面，三角循环格局仍将维持但愈加乏力，东亚、北美、欧洲三个区域循环体系渐趋成型。一方面，在新一轮科技革命和产业变革推动下，数字技术方兴未艾，智能制造、3D打印等全新生产方式涌现，跨境电商、远程服务、共享平台等广泛运用，深刻改变着制造业的发展模式。另一方面，新冠肺炎疫情冲击下跨国公司普遍意识到，生产基地与消费市场过远，大规模长距离的资源和货物供应容易受到扰乱甚至阻断。同时，在中美欧等主要消费市场，模仿型排浪式消费阶段基本结束，个性化多样化消费渐成主流。伴随这些趋势，跨国公司有必要也有条件加快供应链布局调整，缩短生产与消费的空间距离，尽可能贴近市场实现快速回应。由此，以我国为主要消费市场的东亚、以美国为主要消费市场的北美和以西欧发达国家为主要消费市场的欧洲，各自内部或形成生产、贸易、消费相对完整的循环体系。RCEP签署和美墨加协定达成，将为东亚和北美区域循环体系构建提供机制化的动能。

规则方面，美国等发达国家从"自由贸易"转向"公平贸易"，要求在劳工、国企、环保、补贴、知识产权等边境后规制领域实施向发达经济体看齐的标准，并力推这套规则进入WTO多边贸易体制。这套规则虽然一定程度上反映全球产业链供应链深入发展的要求，但更多的是少数发达经济体企图打造封闭排他的小圈子，在经贸规则方面给整个世界"带节奏"。我国坚持贸易和投资自由化便利化，坚持维护以世界贸易组织为核心的多边贸易体制，坚持真正的多边主义。同时，我国通过共建"一带一路"倡议，逐步探索形成"发展导向的互联互通"规则。这套规则以发展为导向，深化互联互通伙伴关系建设，加强基础设施"硬联通"、规则标准"软联通"以及与共建国家人民"心联通"，不强求边境后规制统一，更能灵活适应不同国家的国情和利益诉求，必将对国际循环的变革调整产生越来越强的影响力。

三、高水平开放应具备七个特征

更大范围开放。包括两层含义。一是国内更大范围开放。我国已经形成沿海沿江内陆沿边全面开放格局，但内陆沿边开放仍是短板，需要加大力度。二是国际更大范围开放。过去我国开放的对象主要是发达经济体，今后需要依托共建"一带一路"，更多扩大面向新兴市场和发展中国家的开放。

更广领域开放。我国制造业开放已达到较高水平，但服务业开放相对滞后，是未来扩大开放领域的重点，需要依托海南自贸港、自贸试验区、服务业扩大开放综合示范区等平台大力推进。同时，顺应新一轮科技革命和产业变革趋势，吸引集聚科技、人才等创新要素也是更高领域开放的题中之义。

更深层次开放。核心是由商品和要素流动型开放，深入到规则、规制、管理、标准等制度型开放；由减少关税等边境上壁垒，深入到减少边境后壁垒。

更高质量开放。在国际市场萎缩和我国比较优势变化的条件下，过去那种市场和资源"两头在外"、大进大出的开放模式已经很难持续，应当转向优进优出、纵深挖掘潜力，更加注重提升质量和效益，使开放走深走实、做细做精，实现内涵式增长。比如，出口要更加依靠技术、品牌、质量、服务而不是价格来提升竞争力，利用外资要更加依靠改善营商环境和保护知识产权，走出去要更加注重绿色、合规和增强产业链供应链主导力，共建"一带一路"要更加重视民生工程，实现高标准、可持续、惠民生目标，等等。

更趋平衡开放。过去，对外开放领域一些不平衡问题长期存在，成为畅通双循环需要解决的重要问题。比如，进出口不平衡不仅给国民经济运行带来压力，也给一些国家制造经贸摩擦提供口实；制造业开放与服务业开放不平衡，服务业开放相对滞后，对产业整体竞争力提升和人民生活水平改善形成制约。新发展阶段，要求对外开放更趋平衡，包括进出口平衡、制造业开放与服务业开放平衡、沿海开放与内陆沿边开放平衡、向发达经济体开放和向发展中国家开放平衡，等等。当然，这里的平衡并非绝对相等，而是要将差距控制在合理范围内，实现统筹协调、避免相互掣肘，共同服务于构建新发展格局。

更加主动开放。今后，我们可能要较长时期面对经济全球化的逆流。在此形势下，需要实施更加积极主动的开放战略，主动向全球开放市场，吸引集聚商品、技术、资本、人才等资源；主动扩大朋友圈，团结一切愿意与我们开展合作的国家、地区和企业；主动适应国际经贸规则重构新趋势，深化改革完善投资贸易自由化便利化制度体系，对冲外部环境趋紧带来的影响，将发展主动权牢牢掌握在自己手中。

更为安全开放。新发展格局是更为安全的发展格局。在外部风险挑战明显增多的情形下，越是开放越要重视安全，越要统筹好发展和安全这两件大事，这对我们自身竞争能力、开放监管能力、风险防控能力提出更高要求。需要逐步改变"一挡了之"、"一关了之"等传统安全思维，加快形成以事中事后监管为主的风险防控体系，通过更加精细的制度、规则和程序设计，实现高水平开放和安全之间的平衡。

四、推动高水平开放总体上应有五个坚持

坚持联通内外，促进双循环畅通无阻。立足国内大循环，充分发挥超大规模市场优势和内需潜力，协同推进强大国内市场和贸易强国建设，成为全球资源要素强大引力场，促进内需和外需、进口和出口、引进外资和对外投资协调发展。

坚持系统观念，完善全面开放新格局。加强统筹协调，实现引进来与走出去、沿海开放与内陆沿边开放、制造业领域开放与服务业领域开放、向发达国家开放与向发展中国家开放、多边开放与区域开放更好结合，增强对外开放的全面性系统性。

坚持更加主动，开拓合作共赢新局面。坚决反对保护主义、单边主义、霸权主义，实施更加积极主动的开放战略，加大海南自贸港、自贸试验区制度创新力度，推动共建"一带一路"高质量发展，构建面向全球的高标准自

由贸易区网络，加快推动构建相互尊重、公平正义、合作共赢的新型国际关系。

坚持衔接国际，稳步拓展制度型开放。适应引领国际经贸规则变化趋势，构建与国际通行规则相衔接的制度体系和监管模式，以构建公平竞争的市场环境为导向，深化相关领域规则、规制、管理和标准改革，推动对内改革和对外开放在更高层次更深程度上融合发展。

坚持开放安全，增强维护国家安全能力。坚持总体国家安全观，把安全发展贯穿对外开放各领域和全过程，将构建开放安全保障机制作为高质量利用外资、高水平走出去、对外贸易高质量发展等方面制度建设的主要内容之一，创新思路加强国际供应链保障合作，防范和化解在扩大开放过程中可能影响我国现代化进程的各种风险，筑牢国家安全屏障。

五、高质量引进来助力供给侧升级

改革开放以来，将外资企业引进来落地生根，是我国融入国际经济循环、以开放促发展促改革促创新的重要路径。在当前国际经济环境复杂严峻、一些发达经济体保护主义和单边主义抬头的趋势下，引进来对于国内国际双循环相互促进的意义更加重要，是我国拉住发达经济体跨国公司、深度参与国际产业链供应链的重点方向，是深化供给侧结构性改革、推动国内产业链供应链升级的重要途径，也是联结两个市场两种资源、深化高水平对外开放的重要途径。新形势下的引进来，要顺应我国比较优势和国际经济环境变化，实现两个转变。

一是从世界工厂向世界市场转变。世界经济增长动能依然不足，逆全球化和保护主义抬头，各国对市场的竞争日趋激烈，市场需求成为最稀缺的资源。谁掌握了市场需求，谁就在吸引投资方面掌握了最大主动权。我国拥有14亿多人口、人均 GDP 超过 1 万美元，新型工业化、信息化、城镇化和农业现代化持续推进，超大规模市场优势不断显现，这使我国成为市场导向型外资企业亲睐的投资沃土。目前，美欧日等发达经济体的不少跨国公司都将开拓中国市场作为最重要的战略。这就要求我们系统设计政策框架，通过扎实推进共同富裕、推进新型城镇化等措施，巩固提升世界上最庞大的中等收入消费群体，将内需潜力进一步释放出来，让超大规模国内市场成为吸引外资的强大引力场。

二是从政策优惠向营商环境竞争力转变。随着外资企业诉求深刻变化，优惠政策在良好营商环境中的重要性下降，经济运行的市场化法治化国际化水平成为良好营商环境的核心竞争力，包括扩大市场准入的开放度、增强市场竞争的有序性、提高知识产权保护的规范性等。这不仅是外资企业的要求，更是中国企业的要求。这就要求我国以海南自贸港、自贸试验区等改革开放新高地建设为主要抓手，在投资、贸易、金融、综合监管等方面对标国际高标准，形成市场配置资源新机制、经济运行管理新模式，通过向全国复制推广相关经验，营造市场化法治化国际化一流营商环境，极大降低市场主体面临的制度性交易成本。

要实现两个转变，推动高质量引进来，可从三个方面入手。

一是打造充满活力的市场需求环境。随着收入水平整体提高，我国居民的消费品质、消费结构转型升级，消费需求潜力很大，但仍面临收入分配差距较大、社会保障有待提升、消费环境有待改善等制约。应多措并举提高居民收入特别是中低收入群体收入，完善让居民安心放心消费的政策环境，将消费潜力释放出来。可考虑健全居民收入增长和经济增长同步机制，适应性提高社会保障水平，建立养老、医疗等基本保障随经济发展动态调整的机制。可探索国有企业上缴利润和增值收益直接惠及中低收入群体的体制机制。适时进一步提高个人所得税起征点。坚决打击各类侵害消费者权益的行为，净化消费环境。

二是打造不断开放的市场准入环境。市场准入制度是外商投资进入中国市场的第一道门槛，也是其对我国营商环境的"第一印象"。开放的市场准入环境，是良好营商环境的第一块"金字招牌"。应将放宽市场准入特别是服务业准入作为创造更有吸引力投资环境的重要任务，全面落实准入前国民待遇加负面清单的管理制度，继续修订外商投资负面清单，加快自贸试验区改革创新的复制推广。

三是打造规范高效的知识产权保护环境。当前，一些发达经济体对我知识产权保护提出关切。事实上，我国一直按照 WTO 承诺和完善社会主义市场经济体制的需要，主动加强知识产权保护，成就是有目共睹的，不容罔顾事实的否定。不过，也要客观承认我国在知识产权保护方面仍有改进提升空间，对此外资企业有要求，中国企业更有要求。下一步，应积极指导专利商标的综合执法，更好地打击各类知识产权侵权行为。加快完善知识产权侵权惩罚性赔偿制度，显著提升违法成本。深化知识产权国际合作，推动构建更加开放包容、平衡有效的知识产权国际规则。可考虑进一步完善知识产权保护中心布局，加快建立更加便捷、高效、低成本的维权渠道。

六、推动进出口协调发展和内外贸一体化

完善扩大进口体系。扩大进口是新发展阶段高水平开放的重要特征。一方面，扩大先进技术装备、关键零部件以及优质消费品和服务等进口，有利于优化我国生产要素供给、推动供给侧结构性改革，也有利于满足人民日益增长的美好生活需要，促进国内供需更高层次平衡。另一方面，在世界经济长期疲弱的态势下，通过扩大进口向全世界分享我国经济增长和结构转型升级带来的机遇，有利于为各国优质商品和服务提供有效市场需求，推动全球范围内的供需平衡。下一步，可着眼于满足居民消费升级，扩大优质消费品进口，充分发挥进博会、消博会等高端平台功能，培育若干国际消费中心城市，打造优质进口消费品集散枢纽。着眼于深化供给侧结构性改革，扩大先进技术设备和零部件进口。着眼于提高市场保障能力，扩大农产品及各类资源性产品进口，可将共建"一带一路"国家作为重点开拓的进口来源地，加快与有关国家签订水产品、水果、肉类等农产品准入议定书，适度增加优质特色农产品进口。

扩大高水平出口增强国际供给能力。出口是开放型经济条件下推动国内国际市场循环的重要途径。一方面，出口有利于缓释乃至消除国内过剩储蓄，促进国内储蓄与投资、供给与需求的平衡。另一方面，出口增加了国际供给，在国际市场上形成更加充分的竞争，推动国际市场供需平衡和循环。下一步，应强化出口竞争新优势，将产业转型升级作为提升出口质量和效益的根本出

路，加快制造业与服务业融合发展，大力提升科技创新、现代金融、人力资源等对制造和出口的服务能力，大力巩固和提升技术、品牌、质量、服务等出口竞争新优势。积极推动国际市场结构、国内区域布局、经营主体结构、商品结构和贸易方式等贸易结构优化。促进贸易与投资更加紧密结合，通过走出去的中国企业带动国内产品、技术、标准、服务出口，拓展海外市场。比如，共建"一带一路"国家基础设施建设需求较大，我国企业在当地核电、发电及输变电、轨道交通、工程机械、汽车制造等领域进行投资的同时，可带动国内相关领域大型成套设备、零部件、技术和服务出口。

大力发展新型贸易业态。跨境电商等新型贸易业态顺应新一轮科技革命和产业变革趋势，适应全球疫情防控常态化要求，也能够充分发挥我国数字经济优势，是新发展格局下外贸创新发展的亮点。可大力推动"互联网＋外贸"，支持企业更好地通过跨境电子商务扩大对外贸易，面向全国复制推广现有跨境电商综试区的制度创新经验，依托外贸转型升级基地培育一批跨境电商平台，支持跨境电商企业与境外企业强强联合，创新海外仓、体验店、配送网店等境外零售模式。推动出台支持外贸综合服务企业发展的政策措施，培育一批优质外贸综合服务企业。培育一批在信息化建设、智能化发展、多元化服务、本地化经营方面特色鲜明的代表性海外仓。鼓励海外仓企业整合国内外资源，向供应链上下游延伸服务。

完善内外贸一体化调控体系。内外贸形成相对独立的两个体系，是过去"两头在外、大进大出"开放模式的一个突出特点。促进内外贸一体化，是新发展阶段深化外贸创新发展的必然要求，是促进国内国际双循环最有特色的一个重点任务。可促进内外贸法律法规、监管体制、经营资质、质量标准、检验检疫、认证认可等相衔接。推动建立内外贸统一的质量技术标准，推进产品检验、计量检定、资质认证等结果互认。探索建立统一的内外贸企业信用平台。应大力推进内外贸同线同标同质，建设一批公共平台，发挥认证作为国内外市场统一评价制度的作用。进一步畅通进口商品流通渠道，大力支持境内流通企业整合进口和境内流通业务。

七、以高标准可持续惠民生为目标推动共建"一带一路"高质量发展

促进高质量互联互通。当前，经济全球化遭遇逆流，一些发达经济体保护主义抬头，坚持开放发展、建设互联互通的世界更加重要也更加紧迫。可加强基础设施"硬联通"，加大对基础设施项目的资金投入和智力支持，聚焦关键通道、关键节点、关键项目，推动陆海天网四位一体联通，深化传统基础设施项目合作，推进新型基础设施项目合作，建设高质量、可持续、抗风险、价格合理、包容可及的基础设施，擦亮中欧班列、"丝路海运"等品牌，积极稳妥推进货物"绿色通道"建设，维护区域产业链、供应链安全畅通运转。深化规则标准"软联通"，与更多国家商签自由贸易协定、投资保护协定、避免双重征税协定等，推动共建"一带一路"国家商建电子商务合作机制、贸易救济合作机制等，加强融资、贸易、能源、数字信息、农业等领域规则对接合作。积极推进与共建国家人民"心联通"，深化各领域各层次人文社会交流，使共建"一带一路"成为文明互学互鉴的桥梁与纽带。

推动高质量经贸合作。习近平总书记强调，发展是解决一切问题的总钥匙。推进"一带一路"建设，要聚焦发展这个根本性问题，释放各国发展潜力，实现经济大融合、发展大联动、成果大共享。经贸关系是国际关系的"压舱石"与"推进器"，需通过高质量经贸合作，打造政治互信、经济融合、文化包容的利益共同体、责任共同体、命运共同体。应以建设高水平国际运输通道为基础，以进博会、广交会、京交会等高质量经贸合作平台为载体，以完善贸易投资自由化便利化机制为保障，以发展"丝路电商"等新业态新模式为特色，向共建"一带一路"国家的优质商品、技术和要素开放市场，着力推动我国与共建"一带一路"国家贸易往来继续扩大、双向投资继续深化、产业合作继续拓展、多边合作继续迈进。在这个过程中，应坚持突出重点，针对不同合作伙伴、不同合作领域分类精准施策，引导各方面资源重点投向那些具有示范效应和标杆作用的建设项目，形成更多可视性成果。坚持共享发展，更好发挥贸易、投资、产业合作对于沿线国家和地区消除贫

困、增加就业、改善民生的作用，为当地经济社会发展作出更多贡献。应坚持国际标准，将"一带一路"贸易畅通与世贸组织规则更好地结合起来，加强贸易投资领域的经济技术合作和能力建设，全面均衡地促进经济、社会和环境可持续发展。

推动健康、绿色、数字、创新等新兴领域高质量合作。当前，全球疫情形势依然严峻，共建"一带一路"国家多数是发展中国家，与我国加强疫情防控和公共卫生合作的愿望强烈。应顺应各国人民保护生命安全和身体健康的期待，大力推动共建"一带一路"国家抗疫合作，增强疫苗、药物和医疗物资的可获得性、可及性和可负担性，改善卫生基础设施，提升沿线国家公共卫生能力，建设更紧密的卫生合作伙伴关系，打造健康丝绸之路，推动构建人类卫生健康共同体。

气候变化作为重要的非传统安全风险，对人类生产生活的影响也日益显著。随着全球100多个国家和地区发布碳中和目标，世界各国已经形成应对气候变化的国际共识。应以力争实现"双碳"目标为引领，将应对气候变化摆在绿色丝绸之路建设更加重要的位置，在加强自身生态文明建设的同时主动承担应对气候变化的国际责任，推动共建"一带一路"国家在应对气候变化、海洋合作、野生动物保护、荒漠化防治等领域的国际交流合作，使共建"一带一路"成为构建人与自然生命共同体的重要实践平台。

当今世界，数字经济蓬勃兴起，我国在这个领域具有比较雄厚的发展基础，与共建"一带一路"国家合作前景广阔。可充分发挥我国在5G等新一代信息技术的优势，针对与我国科技和数字经济合作潜力较大的共建"一带一路"重点合作方，实施一批以数字基础设施为主、数字产业为支撑的重大项目，大力发展"丝路电商"，构建数字合作格局。实施好科技创新行动计划，加强知识产权保护国际合作，打造开放、公平、公正、非歧视的科技发展环境。

强化高质量安全保障。世界进入动荡变革期，各种不稳定性不确定性明显增强，在共建"一带一路"中统筹发展与安全、强化安全保障机制建设的必要性与紧迫性日益显著。应高度重视风险防范，将强化安全风险防范机制作为系统性工程来抓，全面提高安全保障和应对风险的能力。完善监测和预警机制，探索针对对外投资企业的分类分级风险提示制度。加快与共建"一带一路"国家商签投资保护协定，为有效防控投资风险提供保障。探索创设服务于共建"一带一路"的外汇交易产品体系，帮助企业规避在沿线国家投资的汇率风险。通过强化高质量安全保障，推动"一带一路"项目更好地建设和运营，保障企业和人员更加安全放心地"走出去"，在当地实现持久发展。同时，应推动沿线国家秉持共同、综合、合作、可持续的安全观，有效应对各类风险和挑战，打造安全共同体。

八、扩大面向全球的高标准自由贸易区网络

从各国实践看，设立自由贸易区是推动国内国际循环相互促进的有效途径，已经被世界各国普遍采用。一方面，自由贸易区是由各参与方政府共同谈判达成的成果，反映了各方在货物贸易、服务贸易、投资、产业发展乃至技术标准等方面的主要诉求，其最终条款能够最大化反映各参与方的共同经济利益。另一方面，设立自由贸易区为贸易、投资、金融、科技等合作构建规范的法律框架，大幅消除各方开展经济合作的壁垒，对于打通经济循环特别是国际经济循环的堵点具有明显作用。根据 WTO 统计，截至 2019 年向 WTO 通报的有效 RTA 达 304 个，其中 2000 年后建立的占 72.3%。目前，我国已签协议的自贸协定，包括 RCEP 在内的有 21 个、正在谈判的有 10 个、正在研究的有 8 个，已初步形成符合我国国情和对外开放需要的自由贸易区网络。未来应按照既定战略，加快推进构建立足周边、辐射"一带一路"、面向全球的高标准自贸区网络，为双循环相互促进提供强大的贸易投资自由化动能。

一是扩大自贸区覆盖范围。周边层面，力争与中国所有毗邻国家和地区建立自由贸易区，不断深化经贸关系，构建合作共赢的周边大市场，近期以积极推进中日韩自贸区谈判作为主要抓手。"一带一路"层面，结合周边自由贸易区建设和推进国际产能合作，积极同共建"一带一路"国家商建自由贸易区，形成"一带一路"大市场。全球层面，争取同大部分新兴经济体、发展中大国、主要区域经济集团和发达国家建立自由贸易区，构建金砖国家大

市场、新兴经济体大市场和发展中国家大市场等，近期以亚太自贸区建设、中欧自贸区研究和谈判为主要抓手。

二是扩展自贸区议题范围。在与发达经济体的自贸区谈判中，参照国际通行规则及其发展趋势，结合中国发展水平和治理能力，加快推进知识产权保护、环境保护、电子商务、竞争政策、政府采购等新议题谈判。在与发展中国家的自贸区谈判中，适当纳入产业合作、发展合作、全球价值链等经济技术合作议题，推动我国与自由贸易伙伴的务实合作。

三是提升自贸区规则标准。在传统议题领域，关键是逐步将准入前国民待遇加负面清单模式推广应用到服务贸易和投资领域谈判中，提高服务和投资开放度。在新议题领域，关键是在知识产权、环境保护、电子商务等领域明确价值理念并形成可操作可落地的规则体系。应深入研究美墨加协定、CPTPP、欧日经济合作协定等发达经济体主导的自由贸易协定的规则标准，尽快形成符合中国国情并与国际接轨的自由贸易规则体系。

参考文献：

［1］中共中央宣传部，国家发展和改革委员会．习近平经济思想学习纲要［M］．北京：人民出版社、学习出版社，2022．

［2］世界贸易组织《世界贸易报告2018》《世界贸易报告2019》，www. wto. org.

［3］联合国贸发会议《数字经济报告2021》，www. unctad. org.

［4］王昌林．新发展格局［M］．北京：中信出版集团，2021．

［5］张燕生，裴长洪，毕吉耀，洪晓东，杨国华，宋泓．中国与世界贸易组织：回顾与展望［J］，国际经济评论，2022（01）．

［6］李大伟．"十四五"服务贸易加速 助力我国经济高质量发展［J］．中国外汇，2021（24）．

［7］杨长湧．全球经济治理结构的现状、挑战和演变前景［J］．全球化，2020（06）．

［8］杨长湧．适应引领国际循环变革调整新趋势［N］．经济日报，2021－5－19．

［9］李馥伊，杨长湧。携手构建人类命运共同体的伟大实践——论高质量共建"一带一路"［N］．经济日报，2021－11－9．

2022年10月

第四章

高质量办好冬奥会，推动构建新发展格局

内容提要： 北京是第一个同时成功举办夏季和冬季奥运会的"双奥之城"。2008 年第 29 届夏季奥运会在北京成功举办，带动了北京基础设施改造、环境治理和体育场馆建设，促进了全国的群众体育运动。国际奥委会前主席萨马兰奇认为，北京奥运会是所有奥运会中最好的一届奥运会，在未来应该是很少有其他举办城市可以做到这种程度。2022 年北京冬奥会成功举办，不仅见证了北京经济社会走向高质量发展之路，在推动构建新发展格局中走入快车道，也见证了中国成功应对新冠肺炎疫情冲击，引领新型全球化的大国责任担当，诠释了"相互理解、友谊长久、团结一致和公平竞争"的奥林匹克精神，体现了北京冬奥会"一起向未来"的人类共同愿景。北京冬奥组委还发布《北京 2022 年冬奥会和冬残奥会遗产案例报告集（2022）》。习近平主席指出，从 2008 年的"同一个世界，同一个梦想"到 2022 年的"一起向未来"，中国积极参与奥林匹克运动，坚持不懈弘扬奥林匹克精神，是奥林匹克理想的坚定追求者、行动派。国际奥委会主席托马斯·巴赫认为，北京冬奥会创造了历史，为奥运留下了一套全新的标准，将开启全球冰雪运动新篇章。办好北京冬奥会有利于加快构建新发展格局，引领新型全球化。

一、北京冬奥会是在新冠肺炎疫情肆虐两年后如期举办的一次全球体育盛会，意义非凡

（一）北京冬奥会如期举办，将为人类最终战胜新冠肺炎疫情提供巨大的信心

北京冬奥会能够如期举办，首先得益于中国成功控制住新冠肺炎疫情的

反复冲击，并为人类最终战胜新冠肺炎疫情积累宝贵经验。中国是最早受到新冠肺炎疫情冲击的国家，也是最早最快最有效控制住新冠肺炎疫情的大国，中国在应对新冠肺炎疫情方面的实践和积累的经验，也成为各国有效应对新冠肺炎疫情不断冲击的良方。中国疫苗接种率也遥遥领先大多数 G20 成员，不仅为北京成功举办冬奥会，也为中国社会经济的健康平稳运行打下了坚实的基础。2020 年中国成为 G20 中唯一实现正增长的经济体，2021 年中国又成为 G20 中增长最快的经济体。北京冬奥会的防疫安排措施也被认为是最经典最复杂也最周密的防疫计划。

中国经济的健康稳定为世界经济稳定和复苏提供了动力。北京冬奥会之前的两年，中国经济的稳定成为全球产业链供应链安全稳定的最基础因素，2020 年，中国纺织品，医疗器械和药品（包括口罩）等防疫物资出口增长 31%，在极端困难的情况下保证了全球防疫物资供应链稳定，为全球抗击疫情提供了最重要的物资保障。其中，2020 年中国出口口罩 2000 多亿个，相当于为中国之外的每个人提供了近 40 个口罩。2021 年，中国医疗仪器、器械等防疫物资出口继续保持稳定增长。中国还是对外提供疫苗最多的国家。疫情以来，中国已向 120 多个国家和国际组织提供超过 20 亿剂新冠肺炎疫苗。中国还将再向非洲国家提供 10 亿剂疫苗，其中，6 亿剂为无偿援助，还将无偿向东盟国家提供 1.5 亿剂疫苗。

我们同处一个地球家园，越是困难的时候越需要国际合作和大国担当。中国在应对全球新冠肺炎疫情中，敢于直面困难，没有实行鸵鸟政策、放弃专业建议，一次又一次地把宝贵的时间浪费在没完没了的政治内耗中；更没有捏造事实，造谣中伤，退出世界卫生组织，扰乱国际在抗疫情方面的合作，而是在自身也存在疫情反复冲击的困难情况下，向众多的国家特别是广大的发展中国家伸出援手，充分体现了大国担当。中国已向 150 多个国家和 13 个国际组织提供抗疫援助，为有需要的国家派出 36 个医疗专家组，积极支持并参与疫苗国际合作。中国政府承诺，将继续同各国分享疫情防控有益经验，向应对疫情能力薄弱的国家和地区提供力所能及的帮助，促进疫苗在发展中国家的可及性和可负担性，助力世界早日彻底战胜疫情。

（二）北京冬奥会成功举办，高度诠释了"相互理解、友谊长久、团结一致和公平竞争"的奥林匹克精神

北京冬奥会是在全球化遭遇挫折，各国保守主义、民粹主义、大国沙文主义抬头，世界面临百年未有之大变局的背景下，由最大的发展中经济体承办的一届全球体育盛会。新冠肺炎疫情导致南北差距扩大、大国关系紧张、地缘冲突风险加大，全球治理体系失灵，全球化遇到更多的困难，当今世界尤其需要唤醒"相互理解、友谊长久、团结一致和公平竞争"的奥林匹克精神。中国政府积极倡导的开放、包容、绿色、共赢的全球化理念，与现代奥林匹克精神高度切合，受到国际社会的广泛认同和支持。北京冬奥会"一起向未来"的口号更有利于凝聚全球共识，面对全球挑战，增进理解合作，共同开创人类美好未来，共同构建人类命运共同体。

现代奥林匹克运动强调各国平等，人人平等，公平竞争，平等相处，为解决当今世界纷繁复杂的国际关系提供了思想坐标。各国由于自然环境、社会历史、生活习惯、宗教文化、政治制度、发展道路的差异，形成了多样化的发展模式和价值认同。因此，国家无论大小、无论贫富、无论肤色、无论种族，都应该相互尊重，平等相处，互学互鉴，共克时艰，共铸辉煌。单边主义、霸权主义、长臂管辖、以强凌弱，既不能解决自己的困境，更不可能解决别国的问题，只会为世界不断制造灾难和混乱。

现代奥运会大多在大国举办，大国派出庞大的代表团，往往也排名金牌榜奖牌榜前列，大国更应该承担更多的责任和义务。在现代奥林匹克历史上，两次世界大战曾经严重干扰破坏了奥林匹克运动，冷战期间大国互相抵制也影响到奥林匹克大家庭的和谐。但是，大国在更多的情况下能够走到一起，现代奥林匹克精神将各国人民团结在一起，2008年北京夏季奥运会就是一个大国成功合作，相互尊重的典范。2022年在中国喜迎新春佳节之际，北京承办冬季奥运会，中国再次承担起大国责任，为各国运动员提供一个和平、公平、安全与和谐的竞技场所，也将成为全球化处于低潮时期人类团结协作公平竞争的又一个典范。

（三）北京冬奥会将会为新型全球化注入活力，为人类共同应对全球化挑战提供动能

全球化是人类经济社会发展的必然趋势，是任何人任何团体任何势力都无法改变的。全球化虽然也有低谷，也会遇到困难，也会遭受挫折，但在历史的长河中全球化不会逆转，任何一个国家都不应该为了自己或小圈子的利益最大化而开历史倒车。现代奥林匹克运动是人类文明进步的体现，也是全球化的结果，参加奥运会是每个运动员毕生的梦想，追求"更快、更高、更强、更团结"是奥林匹克运动的格言。2021 年 7 月，国际奥委会第 138 次全会投票决定将"更团结"加入奥林匹克格言中，反映了奥林匹克运动的时代要求，也为新型全球化注入活力。北京冬奥会"一起向未来"的口号也体现了现代奥林匹克运动"更快、更高、更强、更团结"的格言。

新冠肺炎疫情两年来，部分国家的政客不负责任、应对失当，导致自己国家内部付出了惨痛的代价，并累及绝大多数国家和地区。但是，与百年前的那场泛滥于欧美的西班牙大流感相比，世界变得更加团结、人类变得更加睿智、医疗卫生知识也更加丰富、科学技术和应对措施更加有效。尽管疫情的影响范围更大、时间更长，人类付出的生命代价总体上却要小得多，这在很大程度上归功于全球化的贡献，归功于全球的团结和协作。如果部分国家的政客能够少一份政治操弄，多一份责任，多一份国际协作，早一点采取有效的应对措施，人类本可以变得更加团结，世界卫生组织也本可以发挥更大的作用，自己国家内部生命健康的损失也就会小得多得多。北京冬奥会应对新冠肺炎疫情的高效组织措施受到国际社会的赞誉，反映了中国防控疫情措施的经验，也能为世界奉献一届"简约、安全、精彩"的体育盛会。

在积极筹办北京冬奥会的过程中，中国也在积极为应对全球挑战不断作出贡献，推动形成了一系列国际共识，体现了大国的责任担当。2020 年 9 月，习近平主席在第 75 届联合国大会上宣布，中国将提高国家自主贡献力度，采取更加有力的政策和措施，二氧化碳排放力争于 2030 年前达到峰值，努力争取 2060 年前实现碳中和。2021 年 10 月，中国支持联合国《生物多样性公约》第 15 次缔约方大会通过《昆明宣言》，提出共建地球生命共同体的倡议。2021 年 11 月在《联合国气候变化框架公约》第 26 次缔约方大会上，中国与

140 个国家领导人共同宣布加入《关于森林和土地利用的格拉斯哥领导人宣言》。这些行动和文件为国际社会团结应对全球性问题和挑战寻找答案,提供动能。

二、北京冬奥会有利于激活国内大循环,培育新的经济增长点

(一)北京冬奥会促进了北京社会经济的高质量发展,带动了京津冀协同发展

北京冬奥会愿景与主办城市长期发展目标高度契合,有利于北京建设弘扬中华文明与引领时代潮流的文化名城、中国特色社会主义先进文化之都、国际交往活跃国际化服务完善国际影响力凸显的国际交往之都,以及国际科技创新中心,也促进北京延庆、河北张家口等主办城市和区域的高质量发展,冰雪运动全面普及推广,城市基础设施加快升级,生态环境持续改善,冰雪产业快速发展,社会文明程度显著提升,奥林匹克精神落地生根,人民群众获得感和幸福感进一步增强。习近平主席指出,北京冬奥会是我国重要历史节点的重大标志性活动,是展现国家形象、促进国家发展、振奋民族精神的重要契机。

第一,北京冬奥会带动了群众体育运动的蓬勃发展。在奥运战略的带动下,北京全市经常参加体育锻炼的人口比例由 2001 年的 43.7% 增长到 2020 年的 50.18%,人数已超过 1000 万,体育场地由 2001 年的 3500 个增长到 2020 年的 3.5 万个。2016—2020 年,北京开展各级各类全民健身赛事活动 10 万余项次,参与人次达到 4816 万。截至 2020 年,共有冰雪场地 71 座,2016—2020 年全市冰雪运动参与人次累计达 2480 万,冰雪运动跨越式发展。

第二,北京冬奥会促进了北京社会经济的高质量发展。北京地区生产总值从 2015 年的 2.5 万亿元提升至 2021 年的 4 万亿元,成为全国率先进入 4 万亿元俱乐部的城市。2021 年,北京经济增长 8.5%,高于全国平均水平,冬奥会对经济社会发展的带动作用非常明显。北京朝阳围绕首都城市战略,提出高质量发展示范区、文化创新引领区、国际交往中心区、绿色宜居标杆区四大功能定位。北京延庆作为北京冬奥会三大赛区之一,大力发展特色文化

体育旅游产业，成功创建国家全域旅游示范区。2016 年至 2020 年旅游收入累计达到 320 多亿元，同比增长 30%。

第三，北京冬奥会带动了京津冀社会经济的协同发展。北京冬奥申办成功以来，京津冀三地交通基础设施更加完善，京张高铁将张家口纳入北京一小时交通圈；北京的智力资源、教育资源、科技资源借冬奥会契机向张家口等地渗透，提升了京张沿线冰雪产业整体创新能力；冬奥会市场开发签约 45 家赞助企业，其品牌价值促进了京张、京津冀的人流、物流、信息流、资金流的顺畅流通，有效促进了冰雪资源、旅游资源、文化资源在区域内的合理配置。北京朝阳、北京延庆、河北张家口、北京首钢园区在交通网络、基础设施、环境治理、公共服务和人文环境等方面形成亮点纷呈。张家口冰雪经济和绿色产业拉动就业、助力脱贫，12 个贫困县区、1970 个贫困村、93.9 万贫困人口全部脱贫。国家级贫困县河北张家口崇礼，成为中国滑雪之都和最有吸引力的高端滑雪圣地之一，2020 年崇礼冰雪旅游度假区获评国家级旅游度假区。

（二）北京冬奥会带动了全国冰雪产业的大发展，对促进国内大循环发挥着积极的作用

北京冬奥会从冰雪理念、冰雪文化、冰雪运动、冰雪旅游、冰雪装备、冰雪产业投融资等各方面提升了我国冰雪消费和冰雪产业发展水平。国家体育总局数据显示，参与冰雪运动的人数已达 3.46 亿。随着人民追求美好生活水平意愿的不断提升，将会继续带动运动、休闲、旅游消费观念的转变，冰雪运动和配套设施不断完善，冰雪运动从小众潮流向全年龄段、全地域、大众化延伸。"冷资源"转换为"热经济"。

第一，北京冬奥会推动我国冰雪运动初步形成"北冰南展西扩东进"格局。中国冰雪运动以往多在气候条件相对寒冷降雪比较多的东北西北开展，北京冬奥会申办成功，国家提出了"带动三亿人参与冰雪运动"口号，逐步形成冰雪运动"北冰南展西扩东进"格局。短道世界杯、花样滑冰世锦赛、冰球联赛、亚洲短道速滑大奖赛、花样滑冰俱乐部联赛等冰雪赛事逐渐在上海、广东、云南、成都、重庆、深圳、三亚等南方省市落地开花，让当地群众在当地就能感受冰雪运动的快乐。在各种赛事的带动下，很多南方省份从无到有，相继建立冰雪运动队伍，在全国甚至国际比赛中崭露头角。南方群众冬季体育活动也蓬勃开展，"大众冰雪季""大众欢乐冰雪周""冰雪进校园"等活动深入人心。

第二，在北京冬奥会带动下，中国冰雪产业快速成长。冰雪场地设施快速增长，冰雪活动类型日益丰富，覆盖人群范围逐渐扩大，初步形成以冰雪场地设施建设运营为基础，冰雪大众休闲健身和竞赛表演为核心，以冰雪体育旅游为带动，冰雪装备制造为支撑的冰雪产业体系。到 2020 年，中国滑冰场数量为 1187 个，占冰雪运动场地总数的 62.87%。其中，标准冰场数量是 2015 年的 3 倍多。室内外各类滑雪场超过 800 个，较 2015 年增幅达 40% 以上。中国冰雪产业总规模从 2015 年的 2700 亿元增长至 2020 年的 6000 亿元，平均增速为 14.3%。

第三，北京冬奥会带动冰雪产业全面发展，对促进国内大循环发挥了积极的作用。北京冬奥会使我国填补了冰雪场地的不少空白，让更多的群众切身感受到冰雪运动的魅力，直接带动了北方冬季冰雪旅游、冰雪体验以及相关消费，对培育新的消费热点，拉动投资，助力北方经济发展具有积极意义。北方冰雪旅游成为冬季旅游的重要组成部分，冰雪观光和滑雪休闲度假并重，吸引着全国各地的旅客。2020—2021 冰雪季，冰雪旅游人数达 2.3 亿人次，冰雪旅游收入 3900 亿元。相对于其他产业，我国冰雪产业起步较晚，发展并不平衡，未来仍具有巨大的发展空间。预计到 2025 年，我国冰雪产业规模有可能突破 1 万亿元。

（三）北京冬奥会有利于北方群众改变冬季生活运动工作理念，促进东北和西北地区更好地参与国内大循环

第一，北京冬奥会有利于我国北方群众改变生活观点，形成健康的生活习惯。文化的、历史的和传统的农业社会习惯导致我国北方大多数地区有猫冬的习惯，群众在冬天大多并不喜欢户外运动，更愿意把自己关在室内，缺乏节制地大吃大喝。随着人民生活水平在过去 40 多年的迅速改善，与营养饮食有关的肥胖类疾病和运动不足成为影响人民美好生活的健康隐患。同时，北方群众冬天不爱动的习惯也在潜移默化地影响到社会经济的发展，导致南北发展差距在扩大。北京冬奥会鼓励北方群众在冰雪季走向户外，也在吸引

南方群众前来旅游，有利于改变北方群众长期形成的生活习惯，形成更为健康的生活运动和工作理念。

第二，北京冬奥会有可能带动东北与西北地区发展，实现几大区域联动发展。改革开放以来，我国经济发展呈现出南北差异与东西不平衡态势。北方地区面临传统产业升级困难、资源型行业发展潜力枯竭、冬季气候严酷导致生活和生产成本较高的诸多挑战，资金和人才不断流向沿海和南方。随着中国成功跨越中等收入陷阱，产生了大规模冰雪运动需求的潜在消费人口，2020年滑雪运动参与人数已经超过2000万人。在从高速发展转向高质量发展的以需求供给转型为特征的经济结构调整中，如何创新区别于传统衣食住行消费形态的新型健康消费模式，冰雪产业是一个非常重要也值得期待的方向。北京冬奥会的举办，将为冰雪运动的普及和北方地区发展带来难得的契机。

第三，北京冬奥会为北方经济振兴注入活力，提高北方经济的整体效能。首先，北京冬奥会直接促进北方冰雪产业发展，带动旅游观光、餐饮、住宿、休闲等相关产业发展以及配套基础设施建设。其次，北方冰雪经济的发展不仅可以创造大量当地就业，还有助于提振当地消费，形成新的经济增长点。2018年、2019年冰雪季，吉林省接待游客和旅游收入分别比2015年、2016年冰雪季增长62%和86%。再次，冰雪经济还可以缩小北方经济的季节性差异，吸引来自沿海和南方发达地区的投资。最后，北京奥运会带来的冰雪经济的迅速发展，市场面向全国甚至东南亚地区，但北方经济，特别是东北将成为最主要的受益者。

三、北京冬奥会有利于促进国内国际双循环，引领新型全球化

（一）北京冬奥会有利于促进国内国际双循环

北京冬奥会秉持的"绿色、共享、开放、廉洁"理念与新时代国内发展理念高度契合，也受到国际社会的广泛认同，有利于促进国内国际双循环。

第一，"绿色、共享、开放、廉洁"体现了新发展理念。习近平主席指出，绿色、共享、开放、廉洁的办奥理念，是新发展理念在北京冬奥会筹办工作中的体现。绿色办奥，就要坚持生态优先、资源节约、环境友好，为冬

奥会打下美丽中国底色。共享办奥，就要坚持共同参与、共同尽力、共同享有，使冬奥会产生良好社会效应。开放办奥，就要坚持面向世界、面向未来、面向现代化，使冬奥会成为对外开放的助推器。廉洁办奥，就要勤俭节约、杜绝腐败、提高效率，坚持对兴奋剂问题零容忍，把冬奥会办得像冰雪一样纯洁无瑕。

第二，"绿色、共享、开放、廉洁"具有全球化价值，受到国际社会的认同。绿色低碳是人类应对气候变化、生物多样性保护、生态环境问题、自然灾害、南北差距、全球贫困和发展等问题，保护人类地球家园的共同选择。共享和开放是人类解决这些问题的基本准则，单边主义、霸权主义、大国沙文主义、长臂管辖无助于问题的解决，盛气凌人的优越感、封闭排他的小圈子只会使问题更加复杂。大国必须秉持负责任的态度、开放的心态，与国际社会一起通过共享共建共治来应对全球挑战。廉洁则是全球化时代共享共建共治的基本保障，对发展中国家尤为关键。

第三，北京奥运会有利于促进国内国际双循环。北京奥运会是新冠肺炎疫情暴发以来，由最大发展中国家举办的一次国际体育盛会，对于后疫情时代国际经贸合作和人文交流的恢复发展有着非常积极的意义。中国应对新冠肺炎疫情的成功经验有助于广大的发展中国家防控疫情，建立免疫屏障，妥善处理疫情防控和经济发展之间的关系。北京奥运会不仅有助于中国南方和北方，东部沿海和东北西北社会经济的联动发展，也有助于中国北方地区与国外的经贸合作和人文交流。

（二）北京冬奥会成功举办有助于构建新型大国竞争与合作关系

北京冬奥会的成功首先是各国运动健儿的成功，冬奥会赛场上的体育竞争则是一种基于规则的公平竞争，运动员在赛场内是竞争对手，在赛场外是好朋友，只要能登上奥运赛场都是一种成功和荣耀，站到领奖台上的运动员都是朋友。

第一，在现代社会，大国竞争更应该是一种公平竞争。这种竞争是一种基于共同规则的良性竞争，各国在不同的领域各有所长，在全球化浪潮中你追我赶，互学互鉴，共同推动人类社会向更快、更高、更强的目标迈进。不论是领跑者、追赶者，还是跟随者，各国在公平竞争中，取长补短，一起努力，共同进步。大国竞争中，领跑者、追赶者、追随者都是受益者，没有强有力的追赶者，领跑者就会倦怠，就会失去奔跑的方向和目标。领跑者被超越，变成了追赶者，才有可能重新激活其活力，更好地发展。赛场上没有常胜将军，无论是领跑者，还是追赶者，如果不尊重规则，就必然会被超越和淘汰。

第二，在现代社会，大国竞争更应该是一种合作竞争。这种合作竞争是一种基于共同利益基础上的互动合作，结果是双赢、多赢和共赢。奥运赛场上，运动员在激烈的对抗中享受比赛，带给观众更是一种赏心悦目的感觉盛宴，不管哪国运动员取得好成绩，所有观众都一起喝彩。现代奥运会是大国竞争合作的典范，运动员训练交流的时间多，竞争比赛的时间少，可以说没有合作，搞互相抵制搞冷战，就不可能有精彩比赛，也就很难出好成绩。教练员和运动员的跨国交流，也是一种合作，这种合作是为了更好地竞争。大国合作是为了更好地竞争，通过公平竞争给各国也给世界带来繁荣和希望。

第三，北京奥运会的成功有助于更好地构建新型大国关系。现代奥林匹克运动向世界传递的是和平、友谊、进步的人类共同愿望，现代奥林匹克运动里没有零和游戏，没有霸权主义和强权政治，更不存在修昔底德陷阱。大国无论是领跑者、追赶者，还是追随者，都应当共同承担大国责任，承载人类和平、友谊、进步的美好愿望。制裁、抵制和冷战不应该是现代社会的思维，更不可能解决全球性问题，只能将人类带向灾难，结果必然是害人害己。

（三）北京冬奥会有助于推动构建新型全球秩序

科学技术在进步，人类社会在发展，奥林匹克运动也在进步。历届奥运会都给人类留下了宝贵遗产。北京冬奥会是在全球化处于低谷期，人类面临前所未有的新冠肺炎疫情冲击下举办的一次盛会，给人类留下的遗产将更加珍贵，必将在推动构建新型全球秩序中发挥积极作用。

第一，奥运会的格局随着时代的变化在变化，全球秩序的格局也必然随着时代的变化而变化，各国应该互相尊重、互相适应，在对话中积极构建新的全球秩序。冬季奥运会的竞技项目传统上是富人的运动，发达国家在北京冬奥会上仍然垄断着大多数项目的奖牌。但是，大多数发展中国家和人民也有参与的权利和意愿，很多国家也派出了运动员。发展中国家的数量和人口占据多数，在构建新型全球秩序中也应该有更大的声音、发挥更大的作用，发达国家特别是大国也必须适应和尊重发展中国家的利益。

第二，奥林匹克运动为和平而生，因和平而兴，目标是实现人的全面发展。2021 年 12 月，联合国大会通过奥林匹克休战决议，呼吁国际社会通过体育促进和平，代表了各国人民追求和守卫和平的共同心愿。各国应该相互尊重、友好相待、对话协商，努力化解分歧、消弭冲突，坚守和平、发展、公平、正义、民主、自由的全人类共同价值，促进不同文明交流互鉴，共同构建人类命运共同体。

第三，奥运会"更高、更快、更强、更团结"精神超越政治，超越国境，应该成为新型全球化的一面旗帜。各国应该弘扬奥林匹克运动精神，继承奥林匹克遗产，坚持"绿色、共享、开放、廉洁"理念，团结应对国际社会共同挑战。新冠肺炎疫情仍在肆虐，气候变化、恐怖主义、南北差距、生物多样性保护等全球性问题层出不穷。大国必须放下偏见承担责任，践行真正的多边主义，维护以联合国为核心的国际体系，维护以国际法为基础的国际秩序，国际社会才能够团结合作，一起面向未来，共同建设和谐合作的国际大家庭，一起开创人类美好的未来。

2022 年 2 月

第二篇

推进高水平对外开放问题研究

第五章

"十四五"及更长时期我国优化区域开放
合作格局的基本思路和政策考虑

内容提要： 当下，世界之变、时代之变、历史之变正以前所未有的方式展开，国际经济、科技、文化、安全、政治等格局都在发生深刻调整。在此背景下，依托我国超大规模市场优势，以更大开放促更大改革，以高水平开放倒逼高难度改革，以全面开放推动全面改革，具有重大现实意义。其中，区域是我国实施更大范围、更宽领域、更深层次对外开放的空间载体，加快优化区域开放合作格局，促进形成优势互补、构建陆海内外联动、东西双向互济全面开放新格局，已是"十四五"时期乃至更长时期内我国经济工作的重中之重。

一、"十四五"及更长时期我国优化区域开放合作格局的政策内涵

习近平总书记强调，中国推动更高水平开放的脚步不会停滞。进入新时代，我国对外开放站在新的历史起点上，向着构建全面开放新格局的目标稳定迈进。在此背景下，加快推动优化区域开放合作格局的内涵和外延，可从四个方面来把握。

有先有后，大力度的区域开放。结合目前我国国情，优化区域开放合作格局宜继续按照"小区域—中区域—大区域"的开放次序来进行，有利于在共同利益驱动下达成开放协作的利益分配协议。对于已经赋予开放先行先试权的区域，需要在风险可控的前提之下，平衡好地方政府与中央相关职能部门权力和职责之间的关系，在贸易投资便利化、削减贸易投资壁垒、降低交

易时间成本以及集聚优势要素资源等方面赋予更大力度的综合授权方式。

纲举目张，高站位的区域开放。关门搞开放行不通、走不远；开门搞开放借鉴多、动力足。当前，我国市场规模巨大、潜力巨大，前景不可限量，优化区域开放合作新格局，要冲破利益固化的藩篱，冲破僵化观念的束缚，发挥好"倒逼效应"和"锁定效应"，以更大开放促更大改革，以高水平开放倒逼高难度改革，以全面开放推动全面改革，形成更多能够在全国层面带动开放的新动力源，打造区域间彼此协调、国内国际双循环相互促进的整体发展新优势。

问题导向，高质量的区域开放。按照我国国家战略整体布局，在制度建设上下功夫、在迈向全球价值链中高端上下功夫、在开放的内外联动上下功夫，着力构建以线串点、由点及面的区域均衡开放格局，培育形成孕育区域开放型现代产业体系的新生态，优化提升地区平台开放水平，强化开放相关基础设施支撑能力，降低开放相关产业配套、劳动力、物流成本，加大区域开放合作创新力度来提高开放质量和水平，进而构筑高质量区域开放新格局。

制度为本，实举措的区域开放。新时代，要以京津冀协同发展、长江经济带发展、粤港澳大湾区建设、长三角一体化发展等区域发展重大战略为引领，统筹解决财政、产业、土地、环保人才等政策的区域精准性和有效性，推动发达地区和欠发达地区发展，建立发达地区和欠发达地区开放联动机制，打造开放创新平台和开放新增长极，实现东中西部和东北地区共同发展。

二、"十四五"及更长时期我国优化区域开放合作格局的战略设计

对标新发展阶段、新发展理念和新发展格局的新要求，原先的"四板块"区域开放战略已无法满足新时代要求，必须要用区域发展重大战略来引领区域高水平开放。综合考虑，研究提出"一岛""两带""三群""四板块"的区域开放格局总体战略设计。其中，"一岛"是指海南自由贸易港，重点是建立健全高水平开放政策体系，打造层次更高、营商环境更优、辐射作用更强的对外开放新高地。"两带"是指推进长江经济带共抓大保护和黄河流域生态保护和高质量发展，推动长江经济带开发重点是围绕双向开放和协同开放的

总体思路，紧密衔接共建"一带一路"，以对外贸易优进优出、加工贸易梯度转移、加快发展服务贸易、加大对外投资力度、大力拓展国际合作；推动黄河流域开放重点是建立对接国际规则标准，吸引集聚全球优质要素，发挥丝绸之路经济带重要通道、节点作用优势，打造内陆开放高地，形成面向中亚南亚西亚国家的开放大通道。"三群"是指推进京津冀协同发展、长三角一体化发展以及粤港澳大湾区建设，京津冀协同发展开放重点是要推动市场一体化发展，促进要素优化配置和产业分工协同，形成一系列可复制、可推广的协同开放新机制；长三角一体化发展开放重点在要发挥上海自贸试验区新片区"试验田"作用，促进投资自由、贸易自由、资金自由、运输自由、人员从业自由，推进更深层次更宽领域更大力度的全方位高水平开放；粤港澳大湾区建设开放重点是要发挥香港、澳门的独特优势和广东对外开放先行优势，汇聚全球创新要素资源，依托前海、南沙、河套、横琴等重大开放平台，在设施联通、商贸投资、产业协同、科技教育等方面强化深度合作。

三、"十四五"及更长时期我国优化区域开放合作格局的重点任务

"一花独放不是春，百花齐放春满园。"我国对外开放的"来路"，昭示着新时代更高水平对外开放的"出路"，要深入学习领会习近平总书记关于对外开放的重要论述和指示批示精神，把新发展理念贯穿到对外开放全过程，用区域发展重大战略来引领区域高水平开放，以更宽广的视野、更高的目标要求、更有力的举措打造 21 世纪我国区域开放合作新格局。

（一）发挥海南自由贸易港制度集成创新优势，积极对接引领示范国际最高水平经贸规则，打造新发展格局背景下区域性开放合作最前沿门户

从区域开放合作视角来看，海南自由贸易港建设是连接两个市场、两种资源的重要门户，尤其是促进东南亚国家与我国双循环发展的关键通道，要以区域全面经济伙伴关系协定生效为契机，以区域开放合作和自由贸易投资为重点，构建高水平区域经济合作新网络。一是用好以"零关税"为基本特征的自由化便利化制度安排，特别是鼓励类产业企业生产的不含进口料件或

者含进口料件在海南自由贸易港加工增值超过 30%（含）的货物，经"二线"进入内地免征进口关税，照章征收进口环节增值税、消费税等政策，鼓励外资企业围绕《海南自由贸易港鼓励类产业目录（2020 年）》中高端加工制造在海南投资兴业。二是依托服务贸易"既准入又准营"为基本特征的自由化便利化政策举措，给予境外服务提供者国民待遇，重点破除跨境交付、境外消费、自然人移动等服务贸易模式下存在的政策壁垒，积极引进国外优质旅游、医疗、康养、文化、娱乐等行业，全面服务国内服务型消费大市场。三是用好数据领域开放相关政策，通过共建区域性数据交易所和区域性知识产权交易所等举措，打造我国与其他国家（特别是东南亚国家）优质生产要素的形成、交换、中转、配置的国际化大平台。四是打造欧亚经济"大循环"的重要节点，西部陆海新通道建成后，与中欧班列形成联动发展效应，将把欧洲、中亚、中国、东盟这欧亚四大市场紧密联结起来，推动欧洲的优质消费品、中国的工业制成品、中亚与东盟的能源资源和特色农产品在海南岛实现大流通大贸易，短期来看，可重点构建琼越贸易制造循环链条，着眼"海南岛＋越南＋国内国际市场"，推动与越南劳动力、土地及能源资源有效对接，加快中越中高端制造领域经贸合作；构建"一岛一湾一盟"循环链条。大湾区进行技术供给和复杂零部件制造、承接全球订单，海南岛进行加工、组装，面向东盟及其他市场扩大出口；构建"一岛一盟两腹地"循环链条，自东盟进口原材料等初级产品，在海南岛落地加工，通过西部陆海新通道销往西南和中南两个腹地市场。

（二）强化沪苏浙皖开放引领、破解赣鄂湘开放困局、提高川滇黔渝开放能级，实现下游长三角地区、中游城市群、上游成渝地区双城经济圈深度开放"串联"，让"龙头抬起来、龙身动起来、龙尾摇起来"

从区域开放合作视角来看，长江经济带三大流域性城市群横跨东中西，是我国经济高水平开放的强有力支撑，能够为我国新一轮区域开放开发探索新路、提供示范。一是要以上海为龙头进一步发挥长三角地区的开放引领作用，建设好发展好上海自贸试验区临港新片区，重点围绕制度创新、平台打造、产业发展等三大领域，对标国际上公认的竞争力最强的自由贸易园区，打造更具国际市场影响力和竞争力的特殊经济功能区。同时，以上海自贸试验区为主要平台探索边境后规制领域改革创新，在上海自贸试验区内暂停实施《政府采购法实施条例》《招标投标法实施条例》等法律法规，并借鉴WTO《政府采购协定》的相关规则标准，制定透明度高、可操作性强的政府采购和招投标规则体系。借鉴澳大利亚等经济体的经验，对是否贯彻"竞争中性"原则制定科学评价体系，并对上海自贸试验区开展评估工作，为进一步在全国范围内落实"竞争中性"原则做准备。二是在赣鄂湘打造长三角劳动密集型加工贸易转移的集中承载地和集聚区，在湖北、江西等与沪苏浙毗邻的省份，选择3—5个交通便利、要素成本较低、产业基础较好的三线城市，系统设计财税、金融、土地、劳工政策，从税收优惠、银行信贷、土地供给、职工住房等方面给予全方位支持，形成成本洼地。此外，以提升中欧班列为抓手破解区域开放过程中的物流运输难题，支持汉新欧等出口班列探索中途集拼箱，与新疆、甘肃等沿途地区建立合作机制，增强中欧班列的辐射带动作用，扩大回程货物运输，支持中欧班列与欧洲中小企业建立稳定供货机制，重点瞄准汽车、零部件、食品等增加进口。三是推动成渝地区建设成为具有全国影响力的区域开放新窗口，以重庆、成都两大都市区为核心载体，以区域合作改革开放创新示范区为引领，以平台、通道、枢纽、区域合作开放领域、高质量发展和区域一体化发展体制机制改革创新为抓手，带动成渝地区双城经济圈协同联动、一体发展，在国家高水平开放重点推进领域体现"新"，在区域开放发展成就方面走在前列体现"高"，突出在西部陆海新通道建设运营、西部金融中心合作共建、区域一体化市场体制机制创新实施等方面创新引领、走在西部和全国前列。

（三）增强丝绸之路经济带通道节点作用，鼓励支持西安、郑州、济南等沿黄9省区大城市吸引集聚国际国内优质生产要素，积极对接先进经贸规则，打造内陆地区对外开放新高地

从区域开放合作视角来看，西安、郑州、济南等沿黄流域重点内陆城市对于打造东西互济、陆海联动的开放新格局具有重要地位。一是条件成熟时，在沿黄9省区新设自由贸易试验区。全面推广以贸易便利化为重点的贸易监管制度和以政府职能转变为核心的事中事后监管制度等国内自由贸易试验区

可复制可推广的改革试点经验。突出黄河地理属性，拓展优化海关特殊监管区域业务形态，因地制宜、错位发展，推动海关特殊监管区域功能和区域整合优化，近期可考虑条件较为成熟的中国（甘肃）自由贸易试验区、中国（宁夏）自由贸易试验区。二是将西安、郑州、兰州等沿黄9省区大城市打造成为面向中亚南亚西亚的重要支点，借助上海合作组织等多边平台，深耕与哈萨克斯坦等中亚国家国际产能合作。强化与西亚国家在能源矿产资源和装备制造业领域合作，重点拓展有色金属、机电高新、特色农产品等出口市场。密切与新亚欧大陆桥经济走廊沿线国家经贸合作，加快提升与中东欧十七国经贸合作规模和水平。积极对接与西欧发达国家技术合作机制，全面参与高端装备、新材料、生物医药等领域创新合作。三是积极承接产业转移，大力提升与京津冀地区、粤港澳大湾区、长三角城市群在区域合作、科技创新、企业培育、产业园区等领域合作。吸引更多东部企业和优秀人才来黄河流域城市投资兴业，吸引更多货源借道中欧班列走向世界。主动承接台湾地区电子信息、精密机械等产业转移，吸引更高水平台资建立制造业基地和研发中心。鼓励企业和港澳企业互相参加展会，开展产品项目推介活动，共同开拓国际市场。积极引进日韩出口商和企业，扩大日韩优质产品和服务进口。四是健全区域间开放合作机制，深度融入西部陆海新通道，鼓励探索贸易物流新规则，建立跨部门、跨区域大通关协作机制，推动形成沿黄城市政策集成创新协同试验区，打造江铁联运、海铁联运开放新高地。强化战略协同和规划对接，加强城市群和城市间内部紧密合作，推进沿黄流域产业开放共赢，携手打造区域发展新增长极。

（四）做深做细做实北京新一轮服务业扩大开放综合试点，建设京津冀高水平参与共建"一带一路"高质量发展的协同机制，打造全国制度型开放的先锋队、示范区和带路人

从区域开放合作视角来看，京津冀地区开放发展的重心在北京，关键是京津冀三地如何做到开放政策协同。一是将服务业扩大开放综合试点示范区和园区政策有序推广至京津冀地区。在京津冀试点进一步缩减外资准入负面清单，2035年基本取消对外资具体业务和经营活动、市场准入、外资股比、业务经历等的限制。加快建设一批专业服务业扩大开放综合试点示范区和示

范园区，支持专业服务机构开展国际合作。二是领先其他省市，率先推进知识产权保护全面和国际高水平接轨。研究加强对人工智能、移动互联网、区块链等新业态新领域的知识产权保护。推动电子商务平台经营者落实管理责任，建立有效运用专利权评价报告快速处置实用新型和外观设计专利侵权的投诉处理机制。加强电子商务领域专项监测，充分利用电子商务平台大数据推动线上线下联动执法，探索建立电子商务领域知识产权保护长效机制。三是全面提升现有开放平台的层级，推动经济管理审批权限下放，制定发布相应的赋权清单，支持北京经开区、大兴机场临空经济区以及北京CBD等平台稳妥高效用好相关权限，提升综合服务能力。关键是要在大兴机场临空经济区尽可能复制海南自贸港特别是海南自贸港海口机场临空经济区的相关政策，大力促进其与"一带一路"重点沿线国家发展空陆多式联运。在通州新中心重点打造专业服务、金融、文化创意、科技研发等知识密集型服务业开放合作发展平台，重点面向"一带一路"重点沿线国家提供高水平生产性服务和信息技术服务。四是完善京津冀交通基础设施互联互通，打造京津冀面向"一带一路"的一体化大通道，关键是要发挥京津冀地区向北联结中蒙俄经济走廊、向西联通欧亚大陆桥、向东连接海上丝绸之路、向南连接新欧亚大陆桥的交通枢纽优势，形成京津冀三地面向"一带一路"的一体化大通道，提升对外开放协同竞争力。

（五）紧扣"一体化""高质量"，用一体化的思路和举措打破行政壁垒、提高政策协同，以开放促产业转型，以开放强要素投入，以开放优营商环境，以开放塑城市品质，推动长三角率先在全国形成新发展格局

从区域开放合作视角来看，推动长三角一体化关键是要发挥各地区比较优势，推动贸易和投资便利化，实现更合理分工，凝聚更强大的开放合力。一是将浦东打造成为国内大循环的中心节点和国内国际双循环的战略链接，加快推动规则、规制、管理、标准等制度型开放，提供高水平制度供给、高质量产品供给、高效率资金供给，更好参与国际合作和竞争。发挥中国（上海）自由贸易试验区临港新片区作用，对标最高标准、最高水平，实行更大程度的压力测试，在贸易、投资、金融、人员、数据等重点领域率先实现突

破。二是将苏州打造成为新发展格局的节点城市。充分体现"中国制造看江苏"的责任担当，在国家和省的大战略、大布局中找准定位，积极探索打造江苏省自主可控产业链培育"试验田"，提高在"国内大循环"中的"唯一性"和"不可替代性"。对与上海等其他长三角区域城市之间的货物流通实施特殊管理政策，推进内外贸实现一体化。支持跨国公司、贸易公司建立和发展全球或区域贸易网络，打造具有较大影响力的国家离岸贸易中心。三是支持浙江自贸试验区探索建设油气等大宗商品特色自由贸易港，依托油气全产业链优势，大力推进体制机制改革创新，集聚国内外优质要素资源，打造大宗商品储运中转加工交易中心和国际物流枢纽岛，成为大宗商品国际大循环的重要节点和国内大循环的重要支点，增强我国对大宗商品的全球配置能力。

（六）依托港澳、面向世界，多策划战略战役性开放，多推动创造型、引领型开放，构建形成新的开放政策优势，率先构建 21 世纪开放型经济新体制，推动粤港澳大湾区迈向全球开放最前沿

从区域开放合作视角来看，推动粤港澳大湾区高水平开放关键是要发挥港澳优势，强化深圳前海、广州南沙、珠海横琴等重大合作平台作用，深化珠三角九市与港澳全面务实合作，促进人员、物资、资金、信息便捷有序流动，打造成为新时代高水平开放的窗口。一是鼓励前海打造粤港深度合作先行区，联动香港构建开放型、创新型产业体系，加快迈向全球价值链高端，支持香港巩固和提升国际金融、航运、贸易中心和国际航空枢纽地位，推进深港市场一体化，加强规则相互衔接，探索协调协同发展新模式，引领带动粤港澳全面合作。二是用好国家金融业对外开放试验示范窗口和跨境人民币业务创新试验区的先行先试功能，允许香港证券、保险及其他金融企业独资经营，开展离岸货币、证券和其他金融衍生产品的交易业务，与港澳同业搭建具有国际市场竞争力协同合作平台，打造高标准国家金融开放试验区。三是高水平对接融入"海上丝绸之路"，支持企业以港口为龙头和切入点，重点布局海上丝绸之路的新兴市场和战略要地，在港口腹地集中力量开发产业园区、物流园区、自由贸易区等，促进我国产业集群在当地落地生根。以前海蛇口片区为圆心，构建辐射泛珠三角及中国 – 东盟自贸区的国际供应链网络。四是营造粤港澳特色且可比肩国际一流的营商环境，研究对接《政府采

购协定》，设计一套完备科学、面向国际市场的政府采购制度，率先试点向港澳开放政府采购市场。除涉及国家安全、国家经济命脉或承担重大专项任务外，探索发展混合所有制经济。探索建立国有企业信息披露制度，建立非上市国有企业财务与经营有关信息的公开制度。探索设立竞争政策委员会，接受市场主体投诉，履行监督职能，对不公平竞争行为有权责令停止、改正和实施处罚。

（七）发挥独特资源优势、地缘优势和区位优势，鼓励支持 9 个重点开发开放试验区、17 个边境经济合作区和 3 个跨境经济合作区等沿边重点地区开发开放，使其成为共建"一带一路"的先手棋和排头兵

从区域开放合作视角来看，重点开发开放试验区、沿边国家级口岸、边境城市、边境经济合作区和跨境经济合作区等沿边重点地区是我国深化与周边国家和地区合作的重要平台，是沿边地区经济社会发展的重要支撑，在区域开放发展大局中具有十分重要的地位。一是准确把握国际经贸规则发展的新趋势，按照高标准国际经贸规则积极扩大对外开放和深化国内改革。支持边境经贸区建设，培育发展边境贸易市场，打造辐射周边地区的商贸中心，逐步消除区域间贸易壁垒，对标高标准自贸区边境内规则深化国内改革，在营商环境已经有了较大改善的基础上，进一步推动在通关便利化、监管一致性等方面的改革，建设高标准区域经贸规则体系，推动中国参与地区多边、双边、诸边合作，达到正和博弈，互利共赢局面。尝试培养边境贸易新业态，降低交易成本，拓宽贸易渠道，扩大贸易规模。二是建立金融辐射中心，提升资本流通便利性。为确保沿边地区金融资本的双向流动，未来应进一步扩大金融开放力度，除落实各项金融开放承诺措施外，逐步减少影响外资机构非有机增长和有机增长的各种限制因素，为提升信息透明度创造条件。加快人民币国际化进程，开展人民币跨境结算业务，提升人民币跨境流通便利。适度拓宽边境转移支付方式，支持灵活交易手段，鼓励跨境数字贸易活动。建立符合国际惯例的开放型投融资体系，提升项目融资便利度，引导金融资源流向产出效率更高的领域，确保金融体系的资源配置效率，为实体经济发展提供更高质量、更有效率的金融服务。三是加快口岸硬件建设，提升口岸服务水平。完善"一带一路"在内陆地区的口岸支点布局，加快沿边地区开

放步伐，提升沿海地区口岸开放水平。推进港口边检管理改革，简化边检行政许可申请，促进人员货物通关便利化。加大基础设施建设投入力度，鼓励外资参与边境基础设施建设和项目运营。不断提高服务水平，推动港口边检管理改革，加强国际贸易"单一窗口"建设，积极推进与周边国家投资贸易自由、人员往来便利，推进跨境合作，探索沿边地区制度创新、科技创新等先行先试政策，不断提升对外口岸对外开放水平。

（八）按照"项目为本、高效务实、量身定做"原则，以"接地气、行动力、全面性、包容性"为目标，拓展深化次区域合作机制，充分发挥平台引领作用，打造新时期区域经济合作新亮点

从区域开放合作视角来看，依托次区域合作机制，落实次区域相关行动计划，在优先领域启动一批重大合作项目，促进各次区域相互借鉴、相互协作、相互促进，有利于提升我国区域开放整体水平。一是完善国际次区域合作协调机制。以共建"一带一路"为重点，实行更加积极主动的开放战略，推动构建互利共赢的国际区域次区域合作新机制。充分发挥"一带一路"国际合作高峰论坛、上海合作组织、中非合作论坛、中俄东北－远东合作、长江－伏尔加河合作、中国－东盟合作、东盟与中日韩合作、中日韩合作、澜沧江－湄公河合作、图们江地区开发合作等国际区域合作机制作用，整合现有对话、协商与合作的次区域合作机制，并完善形成更为长效和务实的区域次区域合作机制。二是鼓励企业作为市场主体积极参与国际次区域合作。各地政府可通过财税优惠等相关政策手段鼓励企业积极参与国际区域次区域项目合作，鼓励企业对我国国际合作的重点国家和重点城市进行投资，鼓励企业成立或通过已有商会"走出去"，降低境外投资合作风险、提高投融资效率。建立企业、商会、政府多层次对话机制，及时解决企业参与国际合作的难点痛点。加快建立完善"不可靠实体清单"制度，提高企业参与国际合作的信息透明度和安全性。积极推进沿边地区投资自由化和便利化，完善投资安全保障，建立、健全投资风险防范机制，吸引更多的民间投资参与次区域合作。三是充分发挥国家重点开发开放平台在国际合作中的作用。推进云南勐腊（磨憨）、广西百色等沿边重点开发开放试验区建设与改革，创新对外投资方式，聚焦重点国别和领域，优化国别产业布局，培育一批发展前景好、

功能定位准的境外经贸合作区，增强现有边境经济合作区的活力，加快推进跨境经济合作区重点项目落地，更好发挥境外产能合作园区、经贸合作区在国际次区域合作中的带动作用。四是强化亚洲基础设施投资银行等国际性金融机构和国家开发银行、进出口银行等国内政策性金融机构在国际合作中的作用。加快落实第二届"一带一路"国际合作高峰论坛、中非合作论坛等重要国际交往活动中所达成的多边和双边协定和成果，推动多边开发融资合作中心的落地并尽快启动国际合作投资项目，推动中国－拉美开发性金融合作机制对"一带一路"相关国家的投融资业务进展，加快国家开发银行、进出口银行与瑞穗银行等国际同业机构的第三方市场合作进程，进一步拓宽次区域合作的投融资渠道。

四、"十四五"及更长时期我国优化区域开放合作格局的政策保障

（一）逐步在重点开放区域加大改革授权力度

除海南自由贸易港"一揽子"制度集成创新和改革授权之外，在其他重点开放区域也宜有阶段分步骤给予特殊政策授权，包括：外商投资负面清单自主制定权、对外投资管理权、双多边贸易谈判权、国际规则提案权等。逐步允许地方在外商投资、对外投资、双园建设、港口物流等方面，开展差别化的自主探索。在国家层面，鼓励和支持条件成熟的区域参与双多边国际合作。在开放平台层面，建立政策沟通和项目对接平台和机制，加强信息沟通、资源共享，加快推进重点项目建设。在地区层面，建立政府、企业、社会三方沟通协作机制，形成与国有、民营和外资企业之间的对话机制，广泛调动社会团体、民间人士和社会各界的积极性，带动各方面的资源主动参与区域高水平对外开放。

（二）出台更具区域特色的重大开放政策体系

在开放水平相对较低的区域，逐步在西北、西南等地区实现区域自贸试验区全覆盖，全域实施负面清单。结合不同区域特征和经济社会发展水平，优先推进要素市场化改革，让国有企业改革走在前面、民营经济能获得更优惠的政策支持。在开放水平相对较高的区域，推动试点打造高水平开放试验

田，特别是探索放宽外商投资影视、互联网等管制，在放开电影院、演出经纪机构的基础上，推进电信、互联网、文化、教育等服务业领域有序开放，发挥国家改革开放风险和压力试验的功能，探索一定程度和范围内开放战略实施中各类风险（如国别风险、信用风险、市场风险、合规风险）压力测试的路径，全面提高防范和化解重大风险的能力。

（三）谋划储备实施一批重大战略性开放行动

例如，在重点区域加快实施基础设施"补短板、提效能"行动，推动精准化运输组织和运输服务等"软实力"同步实质性提升，实现快速便捷通达。港口整合升级行动，积极推广上海、宁波舟山、深圳、广州等港口发展经验，引入战略合作者，在重点区域培育一批港口经营、运输物流、中介组织、金融信息等市场主体。内陆性组织通道建设行动，精准对接以国内大循环为主体、国内国际双循环相互促进的新发展格局构建，围绕内需市场战略性拓展，打通更多内陆无水港。开放通道沿线联合大招商大引资行动，如可针对产业基础较好、互补性较强的西部陆海新通道，以沿陆海新通道构筑全产业链为原则，推动通道沿线主要城市组成联合招商团队，明确分工定位，针对新一代信息技术、汽车、机械装备等价值链较长、配套环节较多的行业重点赴欧美、日韩进行招商引资，共同打造高质量开放通道沿线产业发展带。

（四）重视发挥新发展格局背景下西部独特位势

西部地区包括 12 个省级行政区，我国 5 个少数民族自治区全在西部，新时代推动西部大开发形成新格局不仅仅是 678 万平方公里的国土繁荣，更是关乎未来我国深层次改革和高水平开放的重要事项。从战略角度来看，我国西部地区正由内陆地理上的边缘逐步走向对外开放国际合作的中心，正成为继北美经济圈、欧盟经济圈、东亚经济圈后全球第四大经济圈——中西南经济圈的中心区。优化区域开放合作新格局，要推动西部从"后方"变"前沿"，推动广西、云南、贵州甚至整个西南地区重点开展与东南亚合作，推动新疆、青海、甘肃、宁夏、陕西甚至整个西北地区重点开展与中亚合作，推动新疆、内蒙古重点开展与俄罗斯和蒙古国合作。

2022 年 7 月

第六章

我国企业走出去参与全球智能手机产业链创新链重塑的思考

内容提要：中国是全球最大的智能手机生产国，智能手机产量占全球比重近90%。从全球手机产业链布局来看，中国企业广泛布局于手机制造业产业链的中后段，在部分零组件生产环节和组装环节占据主导，而在芯片等关键零部件和环节存在明显瓶颈。当前，全球疫情冲击下芯片供货紧张，智能手机产业链面临严峻考验；美欧等发达国家及其盟友正在推进排除我国在外的芯片供应链战略，严重威胁我国产业链安全；亚太地区为智能手机产业链全球布局的重心，各方对其争夺博弈将更趋激烈。建议推动我国企业走出去参与全球智能手机产业链创新链重塑，大力支持以技术升级和关键零部件技术突破为目标的创新链走出去，着力加强以增强智能手机产业链韧性、实现区域化为目标的龙头企业走出去，有效推动以拓展新兴智能手机市场为目标和降低劳动力等要素成本为目标走出去，提高智能手机产业链国际竞争力与韧性，塑造智能手机产业国际竞争新优势。

一、全球智能手机产业链创新链的总体情况及我国参与情况

近年来，全球智能手机市场呈现快速发展的趋势。智能手机是消费电子中最大的产业，也是移动互联网最重要的推手和受益行业，并成为过去十年增量最大的科技产业终端产品。国际数据公司（IDC）发布数据显示，全球智能手机的出货量从2010年的3.05亿部，迅速增长到2015年的14.38亿部，达到高峰。2020年受疫情影响，全球智能手机出货量为12.8亿，同比下降

6.6%，市场规模达 5000 亿美元以上，其中中国市场智能手机出货量为 2.96 亿部，占全球智能手机市场的 22.9%。2020 年为 5G 手机元年，未来全球智能手机将持续处于 5G 换机潮中，叠加疫情后经济复苏因素，IDC 预测 2021 年全球智能手机出货量增速将达到 7.7%，增长至 13.8 亿台，2022 年将延续增长趋势，出货量有望达到 14.3 亿台，增速达 3.8%。

根据国际数据公司（IDC）数据，2021 年上半年全球智能手机出货量排名三星保持第一，小米上升至第二。国内手机市场整体出货量保持快速增长。市场分析机构 DIGITIMES 公布数据显示，2021 年第四季度全球智能手机出货量达 3.771 亿部，同比下降 5%。2021 年全年智能手机出货量达 13.193 亿部，同比增长 6%。根据 Canalys 官网，苹果在 2021 年第四季度智能手机出货量占全球出货量的 22%，主要来自于对 iPhone 13 的强劲需求的拉动，但 2021 年第四季度整体出货量仅增长了 1%，原因在于供应链问题和新冠肺炎疫情反弹的影响。三星排名第二，对比三季度的出货量第一排名下滑，市场份额为 20%。小米以 12% 的份额保持了第三的位置。OPPO 和 vivo 分别以 9% 和 8% 的份额排名第四、第五。2020 年 9 月美国对华为"麒麟"芯片全面断供，受到美出口管制实体清单打压的持续影响，华为在 2020 年四季度市场份额迭出全球前 5 名。2021 年一季度、二季度华为全球智能手机市场份额分别降低至 4.3%、3.1%。二季度，华为智能手机市场份额排名第 8。

表 1　2020 年四季度及 2021 年四季度全球主要智能手机市场份额

厂商	2020 年四季度	2021 年四季度
苹果	23%	22%
三星	17%	20%
小米	12%	12%
OPPO	10%	9%
vivo	9%	8%

数据来源：Canalys 官网。

展望未来 5 至 10 年，全球智能手机出货量复合增速可达 1%—2% 之间。增长的主要驱动力来自于发展中国家和地区（如印度、非洲等）由功能机向智能手机的转换。另外，中国智能手机高端占比提高，也会为智能手机市场规模的提升提供动力。

（一）全球智能手机产业链国际分工模式

1. 全球智能手机竞争格局总体趋稳定

综合全球各大智能手机厂商 2017—2021 年季度出货量排名，总体竞争格局较为稳定。三星出货量始终稳定在第 1—2 名之间，年度出货量保持第一。苹果出货量集中于第四季度，2017 年、2019 年、2020 年及 2021 年第四季度出货量均为第一。2019 年华为手机出货量受美国出口管制实体清单打压，随后排名逐渐下滑。小米智能手机出货量排名保持稳定上升的趋势，由 2017 年一季度的第六名，在华为受供应链封锁导致出货量下滑后已上升至排名全球第二。OPPO、vivo 出货量基本保持第 5—6 名间波动。全球市场呈现"六强争霸"局面：三星、苹果具有供应链优势，小米相对具有供应链生态优势。

2. 智能手机产业链的上中下游分布

手机终端产业链从上游到下游主要包括以下环节：上游手机芯片设计和制造，操作存储系统开发、零部件生产。中游手机产品的代工、生产。下游不同渠道手机产品的销售及后端手机的维修、回购等延伸交易价值链。

从制造层面看，手机制造产业链上游芯片、PCB、显示屏、电池、摄像头等是手机生产中重要的原材料和配件，外壳是技术含量相对较低的环节。手机芯片则是所有产业链环节中最为核心的关键环节。长期以来，我国智能手机主要依赖高通等芯片的进口。2019 年以来，美国对芯片技术"卡脖子"制约了手机行业的发展，对我国智能手机产业链造成严峻考验。

表 2　我国智能手机产业链上游相关企业优势分析

类别	企业名称	优势分析
操作系统	苹果 iOS	内置的安全性：iOS 专门设计了低层级的硬件和固件功能，用以防止恶意软件和病毒；同时还设计有高层级的 OS 功能，有助于在访问个人信息和企业数据时确保安全性

续表

类别	企业名称	优势分析
操作系统	谷歌安卓	领域拓展:第一部 Android 智能手机发布于 2008 年 10 月。Android 逐渐扩展到平板电脑及其他领域上,如电视、数码相机、游戏机、智能手表等。2011 年第一季度,Android 在全球的市场份额首次超过塞班系统,跃居全球第一
芯片	台积电	台积公司为全球 400 多个客户提供服务,生产超过 7000 多种的芯片,被广泛地运用在计算机产品、通讯产品与消费类电子产品等多样应用领域
芯片	高通	技术研发领先。高通的基础科技赋能了整个移动生态系统,每一台 3G、4G 和 5G 智能手机中都有其发明。高通公司是全球 3G、4G 与 5G 技术研发的领先企业,目前已经向全球多家制造商提供技术使用授权,涉及了世界上所有电信设备和消费电子设备的品牌
存储	三星	业务范围广泛。中国三星在华设立的机构有 155 个,雇佣员工数量达 102000 余名,业务涉及电子、金融、贸易、重工业、建筑、化工、服装、毛纺织、广告等诸多领域
存储	三星	生产基地优势。中国三星电子在北京、天津、上海、江苏、广东、成都、山东、海南、辽宁、香港、台湾等地区设立了数十家生产和销售部门,主要生产半导体、移动电话、显示器、笔记本、电视机、电冰箱、空调、数码摄像机以及 IT 产品等。另外中国三星电子还设立了北京通信技术研究所、苏州半导体研究所、杭州半导体研究所、南京电子研发中心、上海设计研究所等研究中心,积极推进产购销的本地化
存储	海力士	技术进步。海力士半导体以超卓的技术和持续不断的研究投资为基础,每年都在开辟已步入纳米级超微细技术领域的半导体技术的崭新领域
零部件	京东方	研发能力强。世界知识产权组织(WIPO)发布 2017 年全球国际专利申请(PCT)情况,京东方以 1818 件 PCT 申请位列全球第七,较上年提升一位
零部件	京东方	服务体系覆盖。BOE(京东方)子公司遍布美国、德国、英国、法国、瑞士、日本、韩国、新加坡、印度、俄罗斯、巴西、阿联酋等 19 个国家和地区,服务体系覆盖欧、美、亚、非等全球主要地区
零部件	比亚迪	自主研发、自主生产、自主品牌发展路线。比亚迪股份公司创立于 1995 年,由 20 多人的规模起步,2003 年成长为全球第二大充电电池生产商,同年组建比亚迪汽车。此后,比亚迪拓展了手机壳制造的先进工艺,并成为领军企业

数据来源:观研天下整理。

3. 智能手机产业链的全球分布

从全球来看，智能手机产业链主要分布在美国、韩国、日本、中国等地。其中，美国以品牌和技术为核心，韩国和日本以核心零部件和技术为优势，中国是全球手机产业链最为完善的市场和生产基地。全球手机产业转移路径首先是从美国、韩国、日本等发达国家向中国转移，主要是由于中国的劳动力成本较低，且劳动力供应充足。其二，中国市场广阔，综合考虑生产销售各环节，直接将产能规划在中国可以实现利润最大化。其三，将组装、非核心部件转移到中国，本土国家集中人力、资本进行创新研发助推企业可持续发展。

在智能手机产业链中，美国、韩国、日本、中国台湾等地主要是布局芯片、触摸屏模组、PCB、图像传感器等。我国龙头企业主要是手机外壳（比亚迪）、LCD 显示屏模组（京东方）。此外，在手机电池的正极材料、负极材料、隔膜和电解液，PCB 以及摄像头等产业链环节也有企业布局，但并非主流供货企业。主要包括手机电池领域的湖南杉杉、上海杉杉、中科科技、江苏国泰；PCB 领域的珠海方正；摄像头领域的比亚迪等。

4. 智能手机芯片的全球分布格局

（1）5G 智能手机芯片

第一世界仍以苹果、三星为主，华为暂时受限。①苹果 AP 芯片自供；②三星自供为主；③华为自研芯片因美国禁令暂时难以代工生产。第二世界高通为通用龙头，联发科迅速赶上。高通、联发科均供应 OPPO、vivo、小米、荣耀等安卓品牌。高通 5nm 芯片主要由三星代工，良率受限，部分高端芯片产品缺货严重。联发科当前最先进芯片采用台积电 6nm 工艺，2021 年或将发布新一代产品采用台积电 5nm 工艺，产能及良率得以保障。第三世界市场为王：紫光展锐、ASR 等以中低端应用为主，5G 变局有望带来发展机遇。

（2）4G 智能手机芯片

第一世界芯片自供、降维打击，包括苹果、华为、三星等。第二世界标准引领、品牌溢价，典型代表如高通。第三世界中低端为主、市场为王，联发科、紫光展锐、ASR 等。

综合来看，根据 Counterpoint 预测，2021 年全球智能手机 SOC 市场中联发科以 37% 的份额排名第一；高通市场份额为 31%，排名第二；苹果市场份额为 16%，排名第三；三星市场份额为 8%，排名第四；紫光展锐市场份额为 6%，排名第五；华为海思份额快速下滑，2020 年为 10%，2021 年约为 2%，排名第六。

5. 三种不同的智能手机供应链模式

智能手机品牌的制造模式大致分为三类。一是以苹果为代表的 OEM（Original Equipment Manufacturing）模式，即手机品牌主要负责产品的研发设计，由富士康、比亚迪电子等组装代工厂负责手机的制造。从智能手机出货量的维度衡量，更多手机品牌采用 OEM 的模式。二是以 vivo 为典型，手机产品的设计和组装都由手机品牌自主完成。三是 ODM（Original Design Manufacturing）模式，即手机品牌提出手机产品的要求，而 ODM 厂商如闻泰、华勤等负责手机的研发、设计和组装制造的全部流程，主要由于组装和代工厂相对强大的资源整合能力和制造能力。

从供应链管理看，OEM 及内部组装模式下，手机品牌会直接监控和管理相当大比例的关键零部件。相对来说，手机品牌对于组装厂的话语权更大，对于供应链的把控能力更强。以苹果为例，其供应商数量逐年增加，目前大概在 700—800 家之间，核心供应商的数量是 200 家。苹果增加供应商数量，一方面来自于新功能催生新的硬件供应商，例如面部识别的零部件。另一方面来自于苹果对同一个零部件引入不同供应商的策略（如声学器件），来保持连续稳定的供应和平衡零部件的成本。因此，虽然苹果不直接制造生产 iPhone，但是对供应链有着较强的管控能力。

（二）我国智能手机企业走出去参与全球产业链情况

中国目前是全球最大智能手机生产国，智能手机产量占全球比重近 90%，不仅消化国内庞大需求，还出口七成国内生产的智能手机供应全球市场。从全球手机产业链布局来看，中国企业广泛布局于手机制造业产业链的中后段，主要在部分零组件生产环节和组装环节占据主导。从智能手机产业链布局的中长期趋势看，基于近年来的成本提升、关税上行事实和服务当地的效率需求，我国部分产业链及组装环节存在外迁趋势。从长期发展看，受益于工程师红利，预计未来国内的以智能手机为代表的消费电子产业也将主动进行结构化升级和转型。未来 5—10 年，国内企业将聚焦在更高附加值的产业链环节，组装以及部分低附加值零部件产业将向东南亚及共建"一带一路"国家合理转移。

表 3　我国主要手机企业走出去情况

企业	走出去情况
小米	小米集团积极拓展智能手机海外市场,并在西欧等市场推动智能手机产品高端化战略,同时快速拓展线下渠道与新零售模式。在新加坡、印度尼西亚、意大利、荷兰等国家均设立了全资子公司,主要从事智能手机及生态链企业产品批发零售,以及销售智能硬件等业务。小米视印度等为潜力巨大的市场,在印度、印度尼西亚均有投资,在当地生产智能手机
传音	传音控股海外投资的主要方向包括埃塞俄比亚、印度、孟加拉国等新兴市场国家建设自有工厂。非洲是传音控股走出去取得良好成果的地区。传音控股重视产品设计本地化、产销本地化和人才本地化。传音控股售后服务品牌 Carlcare 在全球拥有 2000 多个售后服务网点(含第三方合作网点),在海外建立了 7 大售后维修中心。传音全球销售网络也已经覆盖尼日利亚、肯尼亚、坦桑尼亚、埃塞俄比亚、埃及、阿联酋(迪拜)、印度、巴基斯坦、印度尼西亚、越南、孟加拉国等 70 多个国家和地区
OPPO	目前 OPPO 已经覆盖了中国、东南亚、南亚、中东、非洲和大洋洲各个区域共计 30 个国家和地区市场,在东南亚、印度等市场均保持高速增长。OPPO 不仅仅在积极扩大海外市场,还在海外积极设计研发基地,开展技术性合作,增强技术储备。在日本东京、美国硅谷也成立了研究中心,与东莞总部共同研发前沿技术

资料来源：作者根据公开资料整理。

二、我国企业走出去参与全球智能手机产业链创新链重塑的机遇和挑战

（一）主要机遇

1. 5G 技术的成熟与逐步普及为 5G 智能手机获得增长的黄金期

大数据、人工智能、物联网等技术的发展及移动互联网的普及为智能手

机的发展提供较大的支持，也为智能手机的更新换代提供了新需求。2020年是5G商用元年，为5G手机的市场化发展提供了基础支持。各国纷纷出台政策，积极推进5G通讯建设，降低或取消手机流量及漫游等费用，推动了手机需求的增加，为手机行业的发展助力。

2020年，国内市场5G手机累计出货量1.63亿部，占当年智能手机出货量的55.08%，上市新机型累计218款，占比47.08%。2021年第一季度，国内市场5G手机出货量为6984.6万部，占该阶段智能手机出货量的72.62%，上市新机型64款，占比52.46%。5G手机未来发展迎来广阔空间。

2. 泛太平洋、撒哈拉以南非洲、拉丁美洲等发展中国家手机用户进入活跃发展期，拥有巨大的市场潜力，为智能手机产业链创新链走出去提供了重大机遇

从智能手机活跃用户的地区分布看，2020年泛太平洋地区智能手机用户规模集中，用户总数为19.24亿户，占全球用户总数的55.24%。未来得益于智能手机普及率提高和移动互联网基础设施的改善，中南亚、撒哈拉以南非洲、东南亚和拉丁美洲等新兴地区将为智能手机的增长提供充沛动力。

3. 手机软件服务增值体系不断完善，为智能手机产业链创造了新发展机遇

智能手机在中国和海外发达地区的渗透率已经接近饱和。智能手机拥有巨大流量，以及超强使用黏性。其不仅与用户平时的衣食住行息息相关，而且还兼具部分生产力的功能。智能手机的软件服务增值业务模式已经具有相当的体系，且十分成熟。因此，智能手机厂商除了通过出售硬件获取利润外，也可通过广告、游戏渠道分发、应用内购买等多种方式，从消费者C端和企业B端（如广告商、游戏开发商、运营商等）获得高毛利率的软件服务收入。

以小米和苹果为例，软件服务的收入大约为智能手机收入的15%—40%。按照智能手机5000亿美元硬件规模收入和20%的增值软件服务比例计算，智能手机带来的软件服务市场规模约在1000亿美元。这个规模体量已经和目前电动汽车的总规模相当。而由智能手机这个最大消费电子终端平台衍生出的市场规模则更为庞大，互联网巨头如腾讯、阿里巴巴等，都是移动互联网平台最大受益者。

（二）主要挑战

1. 全球疫情冲击下芯片供货紧张，智能手机产业链面临严峻考验

芯片供货周期拉长、价格上涨，预计缺芯问题将持续较长时间。2021年以来，受美国出现极端天气、日本发生地震火灾等影响，众多企业的生产线被迫停产。此外，受疫情冲击，国际物流严重受阻，航运、空运等均出现了效率下降、成本上升问题，"一柜难求""一机难求"短期内难以解决。半导体行业整体芯片缺货，高通、联发科等主要手机芯片厂商均受影响，内存芯片、CIS芯片、PMIC芯片、射频芯片等手机周边芯片同样面临供货周期拉长、价格上涨。先进制程产能紧缺、下游应用竞争共同加剧芯片缺货。芯片紧缺影响到下游手机厂商出货，小米、OPPO或将部分转单联发科。

短期内芯片供应受新冠肺炎疫情、自然灾害等因素冲击。从短期因素看，新冠肺炎疫情叠加自然灾害导致产能不足、供给不畅。芯片行业全球分工明确，美欧日等发达国家均是芯片产业链供应链的重要环节。但是受疫情反复的影响，目前发达国家的芯片行业仍处于产能恢复期，产能利用率恢复到75%左右，仍未达到疫情前水平。从中长期看，全球产能高度集中，成熟制程扩产严重不足。根据IC Insights数据，全球前五大晶圆厂产能集中度由2009年的36%提升至2020年的54%，前十大晶圆厂产能集中度由2009年的54%提升至2020年的70%。中国的芯片生产仍高度依赖台积电、联电等的晶圆供给。近年来，这些龙头企业普遍选择投资扩建先进制程产能，因此导致成熟制程产能变得相对不足。

2. 中美贸易战升级至产业链供应链层面，美国对我进一步强化供应链审查等措施

美国本土化、盟友化的芯片产业链战略扰动全球智能手机产业链发展模式。美欧日等国均积极争取晶圆产能本土化以保障芯片供应链安全，并努力吸引日韩和中国台湾等外商投资。拜登政府执政后，发布行政命令，要求美国政府全面审查关键供应链，以确保美国在技术和原料方面不依赖包括中国在内的其他国家。美国正在通过供应链安全审查等制度构建把中国排除在外的芯片产业链，其产业链将由本土企业以及盟友企业构建。

美欧等发达国家及其盟友正在推进排除我国在外的芯片供应链战略，严

重威胁我国产业链安全。美国国会参议院通过《创新与竞争法案》，对禁止进口强迫劳动产品、解决数字贸易的审查问题和相关障碍等问题做出规定。美国供应链审查报告再次强调供应链可持续性以及遵守劳工和环境标准的重要性。该法案将对全球芯片产业链布局产生明显影响，并加刷恶化我国芯片产业链发展的国际环境。

3. 亚太地区为智能手机产业链全球布局的重心，各方对其争夺博弈将更趋激烈

亚洲成为中美双方博弈的焦点，亚洲产业链布局的重要性尤为凸显。据统计，2020 年亚太地区半导体市场规模达 3033.2 亿美元，占全球比重高达70%；美洲和欧洲占比为 30%。其中，2020 年中国半导体行业市场规模为1517 亿美元，占全球 34.5%；日本占 8%。中国大陆、日本、韩国和中国台湾，占据全球半导体总收入前六大国家（地区）的四席，拥有多家跨国半导体巨头。在新冠肺炎疫情冲击以及美国供应链安全战略围堵下，全球产业链分布可能进一步向区域化和本土化分布转型。中美在科技领域的竞争博弈可能促使全球芯片企业在生产、设计和销售环节分化为多个发展阵营。我国在亚洲的产业链布局对于未来芯片产业的发展非常重要。

三、我国企业走出去参与全球智能手机产业链创新链重塑的总体思路

当今世界正经历百年未有之大变局，我国进入向第二个百年奋斗目标进军的新发展阶段。新冠肺炎疫情全球大流行使百年未有之大变局加速演进。世界进入动荡变革期，国际国内发展环境深刻变化。国际经济、科技、文化、安全、政治等格局都在发生深刻调整。世界经济低迷，全球产业链供应链因非经济因素而面临冲击。在此背景下，我国企业走出去参与智能手机产业链创新链重塑的总体思路是：以加快构建以国内大循环为主体、国内国际双循环相互促进的新发展格局为统领，塑造我国国际合作和竞争新优势为核心目标，以深化改革、创新体制为动力，抓住机遇，迎接挑战，把产业链创新链国际化布局同国内产业结构升级结合起来，以突破关键技术、稳固产业链供应链、开拓国际市场为导向，大力推进有条件的企业"走出去"，积极开展跨

国经营，大力支持以技术升级和关键零部件技术突破为目标的创新链走出去，着力加强以增强智能手机产业链韧性、实现区域化为目标的龙头企业走出去，有效推动以拓展新兴智能手机市场为目标和降低劳动力等要素成本为目标的企业走出去。

四、我国企业走出去参与全球智能手机产业链创新链重塑的具体任务

（一）以拓展新兴智能手机市场为目标，以新建手机组装企业为重点任务

目前东南亚、南亚、非洲、拉美等新兴市场智能手机市场普及率相对较低，功能手机仍占据较高的市场份额，甚至还有一定比例尚未使用手机设备的人口。整体看，上述地区仍处于功能手机向智能手机的过渡阶段。随着经济发展水平和人均消费能力的提升，通讯技术设施的不断完善，在手机智能化发展的大趋势下，以非洲、印度等为代表的主要新兴市场是未来全球智能手机销量增长的主要动力。据 IDC 统计，2017—2022 年非洲、印度智能手机复合年增长率分别达 5.3%、0.5%。手机组装方面，全球约 70% 的手机在中国大陆组装，其余产能分布在印度、越南、印度尼西亚等东南亚地区以及巴西等地。以印度为例，国内已有 OPPO、小米、华为、vivo、联想、金立、中兴、传音、一加等手机品牌在印度本土设厂。手机 ODM 厂商作为手机品牌商重要的代工生产企业，也纷纷在印度设厂运营。截止目前，约有 15 家 ODM 厂商在印度设厂，以富士康、闻尚、海派、与德通讯等企业为代表。除此之外，华星光电和同兴达液晶显示模组生产企业也在印度设厂。

以拓展新兴市场为目标的走出去项目，应将东南亚、南亚、非洲、拉美作为主要发展方向，以新建绿地投资或并购现有企业为主要方式，积极建立手机组装企业，以及部分零部件配套企业。以当地市场为主要目标的投资生产适应当地需求层次的智能手机。在新兴市场国家高效率形成产能，以满足当地市场对于智能手机需求的快速增长。

（二）以降低劳动力等要素成本为目标，实现我国具备成熟技术且相对低附加值的智能手机制造环节走出去

随着我国国内劳动力成本以及土地、原材料等成本不断上升，手机产业正加速向越南、印度等地区转移。越南、印度、印度尼西亚等地区多年经营电子产业，相对中国，其制造能力及产业链完善程度仍有不小差距，但在综合经营成本（尤其是人工成本低廉）及服务本地市场方面，具有较强的优势。在中美贸易摩擦及东南亚政府大力扶持的背景下，手机产业将加速向越南、印度等东南亚南亚地区转移。可以重点考虑推动我国技术较为成熟的产业链环节走出去，主要包括手机外壳制造、手机摄像头以及其他附加值相对较低零部件等领域。着重考虑在劳动力成本、土地成本、税收成本相对较低的国家开展相关领域投资。

（三）以增强智能手机产业链韧性、实现区域化为目标，由龙头企业带动在东南亚、南亚以及"一带一路"共建国家合理布局产业链环节

应积极增强我国智能产业链韧性，以供应链多元化、区域化、安全化为主要目标，在东南亚、南亚以及"一带一路"共建国家中选择产业基础良好、地理位置优良、安全性优秀的国家重点布局。在产业环节的选择方面，应以我国已经较为成熟，且具有技术优势、具备龙头企业的领域进行对外投资。具体而言，可以鼓励京东方、比亚迪等龙头企业，针对手机显示屏、手机外壳、PCB、手机电池以及其他零部件的生产环节开展对外投资。通过在相关区域内的合理产业布局，逐步形成我国智能手机产业链稳固韧性，同时增强区域内对我国经济技术依赖程度，最终实现区域内相关方均可分享智能手机产业链韧性带来的收益，从而进一步达到稳固产业链的目的。

（四）以技术升级和关键零部件技术突破为目标，以参与创新链构建为目的，在关键技术相关国家投资科技创新研发机构

在以手机芯片为代表的关键零部件及核心技术方面，我国仍存在明显的发展瓶颈，该领域应作为智能手机创新链构建和布局的核心环节。当前我国智能手机芯片主要由高通、联发科、英伟达等供应。应积极推进创新链向美国、欧洲以及日韩相关领域延伸，支持我国芯片企业在技术先进地区设立研

发创新中心，与先进技术企业广泛建立合作渠道，拓宽合作领域，大力推动智能手机芯片技术的合作与创新发展。

五、我国企业走出去参与全球智能手机产业链创新链的政策建议

（一）引导银行等金融机构对智能手机走出去重点项目优先给予支持

强化重大项目银政企对接。对于智能手机重点任务、重点领域相关的走出去企业和项目给予支持。鼓励政策性银行提供低成本、中长期资金支持。鼓励符合条件的企业发行企业债券、公司债券、资产证券化产品，提高直接融资比重。加大与国家级基金的对接力度，加大对智能手机重点环节走出去项目的支持力度。积极推进科技金融服务。鼓励银行对智能手机领域企业走出去重点项目在贷款利率、期限、额度上给予政策倾斜，尤其是需要关注以技术升级和关键零部件技术突破为目标，以参与创新链构建为目的，在关键技术领先国家投资科技创新研发机构的走出去项目。鼓励智能手机产业链重点环节的科技创新和科技成果转化，支持商业银行探索开展知识产权质押贷款新模式，为智能手机领域企业走出去提供便利化的科技金融服务。

（二）进一步发挥骨干龙头企业走出去的引领带动作用

智能手机龙头企业作为走出去的主体力量，应深入参与到与"一带一路"沿线国家产业合作中，带动我国智能手机设备、技术、标准和品牌走出去，占领产业制高点，增强话语权。当前，我国智能手机产业已经实现从单一产业链环节走出去转变为多链条、多环节"抱团"出海的态势，以小米、OPPO、vivo、传音控股等为代表的智能手机产业在沿线国家开展深度合作并取得良好收益。未来，应加大政策支持力度，建立沟通机制，发挥龙头骨干企业的积极性，鼓励带动一批企业和机构，深化在国际并购、标准制定与技术研发等领域的合作。

（三）充分发挥各类中介机构在走出去中的支撑协调作用

在我国智能手机企业走出去的过程中，充分发挥各类中介机构的支撑协调作用。针对我国当前智能手机企业走出去面临的国际化服务体系欠缺问题，

可由政府有关部门牵头，各个驻外商会和驻外经贸机构等积极参与，组织建立一批专业化的涉外中介组织，为企业走出去提供战略规划、法律、信息、咨询、知识产权和认证等多种服务。我国应鼓励各类行业协会在智能手机企业走出去中最大限度地发挥作用，鼓励行业协会深入了解国外市场需求、东道国产业发展政策、主要竞争对手情况等信息，支持中介机构在更多重点区域设立办事处。同时，各中介组织应主动加强行业自律，维护我国智能手机企业走出去的市场竞争秩序。

参考文献：

[1] 王建平. 电子信息产业强国战略研究 [J]. 华中科技大学，2007年.

[2] 卢明华，李国平，杨小兵. 从产业链角度论中国电子信息产业发展 [J]. 中国科技论坛，2004（04）.

[3] 卢明华，李国平. 全球电子信息产业价值链及对我国的启示 [J]. 北京大学学报，2004（04）.

[4] 任家华. 中国电子信息企业创新升级——基于全球价值链的研究 [M]. 成都：西南财经大学出版社，2009年.

[5] 黄烨菁. 信息技术产业的国际化发展 [M]. 上海：上海社会科学院出版社，2009年.

[6] 简必希. 中国电子信息产业出口研究 [J]. 数量经济技术研究，2010（08）.

[7] 刘芳，郭朝先. 中国电子信息产业国际竞争力的多维度比较分析 [J]. 经济研究参考，2013（51）.

[8] 吴利华，纪静. 中美电子信息制造产业环境比较分析 [J]. 科学研究，2014（02）.

[9] 李莎，蒋丽. 全球电子信息产业价值链对我国的启示 [J]. 信息与电脑（理论版），2015（17）.

[10] 华为集团. 华为投资控股有限公司2020年年度报告 [R]. 2020年.

[11] 小米集团. 小米集团2020年度报告 [R]. 2020年.

2022年3月

第七章

我国企业走出去参与全球石化产业链创新链重塑的路径、方向和措施研究

内容提要：从石油化工全球产业链供应链看，当前，我国石化企业主要处于全球石化产业链供应链大宗中间产品制造环节，在原材料供应和少数高附加值化工产品研发制造环节我国处于相对劣势地位。从我国石化企业综合实力看，中石油、中石化、台塑等一批石化企业在全球具有绝对领先优势，国际竞争力很强，但从诸多关键细分领域看，我国石化企业成长为全球化工龙头仍需时日。"碳中和"和疫情背景下，我国企业走出去参与全球石化产业链创新链重塑面临机遇和挑战，但机遇整体大于挑战。亟须通过"走出去"，保障海外资源供应稳定可控、向全球价值链高附加值环节攀升、加快传统石化海外产能的绿色转型升级、开拓新兴市场补足国际巨头转型升级带来的供需缺口。

一、全球石化产业链创新链的总体情况及我国参与情况

全球石油和化工行业产业链长、涉及面广、产品众多，且上下游关联非常紧密。一般而言，整个石油和化工产业链大致可分为9个子行业，包括石油开采、石油化工、煤炭化工、农用化工、化学纤维、化学原料、塑料及制品、橡胶及制品、其他化学制品。其中，狭义的石油化工行业处于整个产业链的中游，主要指以石油和低碳烷烃（乙烷、丙烷等）为原料，生产油品（汽油、煤油、柴油、燃料油、润滑油、石蜡、沥青等）和石化产品（"三烯"、"三苯"、合成树脂、合成橡胶等）的加工工业。化肥、碱、橡胶，以

及通过"三烯"、"三苯"生产的一些精细化学品,属于广义石油化工的范畴。考虑到石油化工行业处在整个产业链的中游环节,且整个产业链细分子行业众多,本文主要围绕狭义石油化工行业进行阐述和分析,并适当扩充至上下游密切相关产业。

(一) 国际分工

我国石化企业主要处于全球石化产业链大宗中间产品制造环节,但相关产品不能完全满足国内需求,在高附加值、高技术含量的高端中间品环节短板尤为明显。

从油品生产看,我国是全球成品油主要出口方。2019 年,我国成品油出口量全年达到 5536 万吨,同比增长 20.15%。2020 年,受疫情严重冲击,我国成品油出口量仍然高达 4574.29 万吨。随着国内炼油产能陆续释放投产,成品油出口量预计将保持快速增长。中石油经研院统计数据显示,不考虑去产能影响,预计 2025 年我国炼油能力将达到 10.2 亿吨/年,超越美国成为世界第一大炼油国。从石化产品看,根据 TC 指数测算结果,我国在甲醇、乙烯、丙烯等主要化工产品的生产上均无显著优势,在化肥、芳烃方面劣势反而非常显著。根据 CEFIC 数据,我国聚乙烯、聚丙烯、乙二醇对外依存度较高,2019 年,我国聚乙烯(PE)、聚丙烯(PP)、二甲苯(PX)、乙二醇(EG)、苯二甲酸(PTA)的对外依存度分别为 48.1%、12%、51%、59.2%、11%,缺口主要为东南亚和中东的低成本通用产品以及来自欧洲、日本、美国的高附加值产品。

表 1　我国主要化工产品的贸易竞争力指数 (2002 年以来)

	2020 年	2015 年	2007 年	2002 年
甲醇	− 0.47	− 0.64	− 0.78	− 0.85
乙烯	− 0.03	− 0.04	− 0.06	− 0.05
丙烯	− 0.43	− 0.49	− 0.67	− 0.80
芳烃	− 0.72	− 0.57	− 0.39	− 0.62
化肥	− 0.80	− 0.90	− 0.97	− 0.88

资料来源:作者测算。

表 2　我国在全球主要化工品中产能占比情况（2019 年）

行业	化工品	我国产能（万吨/年）	我国产能占全球比重	行业	化工品	我国产能（万吨/年）	我国产能占全球比重
基础化工	乙烯	2854	<10%	聚氨酯	MDI	387	45%
	丙烯	3927	<10%		TDI	122	37%
	聚乙烯	1906	14%		乙二酸	264	52%
	聚丙烯	2446	27%		环氧丙烷	332	34%
	PX	2053	25%		PC	166	16%
	PVC	2550	43%	煤化工	醋酸	925	43%
	苯	1409	14%		甲醇	8812	60%
	甲苯	1648	32%	炭黑	炭黑	824	55%
	苯乙烯	931	27%	化肥	尿素	7390	32%
	丙烯酸	336	39%	钛白粉	钛白粉	399	48%
合成橡胶	顺丁橡胶	154	33%	有机硅	有机硅	328	52%
	丁苯橡胶	170	<10%	维生素	VA	2	36%
化纤	己内酰胺	405	51%		VE	10	77%
	粘胶短线	474	70%	氨基酸	蛋氨酸	37	19%
	氨纶	86	65%		谷氨酸	—	产能基本在中国
	涤纶长丝	4061	64%		赖氨酸	—	产能基本在中国
	乙二醇	1076	31%		苏氨酸	—	产能基本在中国
	PTA	4856	63%	农药	草铵膦	4	80%
氯碱	纯碱	3247	44%		草甘膦	86	91%
	PVC	2550	51%	其他	尼龙6切片	507	73%
	烧碱	4168	43%		味精	280	产能基本在中国
氯化工	R22	85	—		饲料	—	21%
	R32	56	—		PPS	—	22%

资料来源：整理自百川资讯、卓创资讯、中金公司。

在原材料供应环节我国劣势尤为明显，特别是原油、天然气等主要原料。原油方面，我国原油较为匮乏，在全球排名并不靠前。根据已探明储量，我国石油储量位居全球第十三位，占全球石油储量比重为 1.45%。我国是石油消费大国且需求量保持刚性增长。依据当年石油消费量，2019 年时可开采年限仅为 5 年左右。我国石油自给能力不强，2019 年对外依存度攀升至 73%。石油供应振动势必会影响整个石化产业链，进而波及以石化产品为能源和原材料的国民经济各部门经济效益。天然气方面，根据已探明储量，我国天然气储量占全球约为 3.02%，天然气人均资源占有量不到世界平均水平的10%。但我国天然气消费增长迅猛，供需缺口扩大。近 10 年，我国天然气消费量年增速 16%，明显高于 10.9% 的产量增速。2019 年，我国天然气对外依存度升至 50%，进口集中度从 26% 升至 41%，特别是自澳大利亚进口占全部进口比重从 10% 跃升至 25%。其他原料方面，如天然橡胶、钾盐等生产橡胶、化肥的主要原料，我国也大量依靠进口。2019 年，我国钾盐和天然橡胶对外依存度分别为 43%、75%。

表3　化工产业关键原材料国内储量和国内消费量占比（%）

	国内储量占全球储量之比	国内储量和 2015 年国内消费量之比	国内储量和 2019 年消费量之比
石油	1.4%	6.5	5.1
天然气	3.0%	29.9	18.0
钾盐	28.2%	65.5	56.2

资料来源：wind，笔者测算得到。

我国在少数高附加值化工产品研发制造环节国际竞争力不足。在化工全球价值链中，精细化工等属于综合性较强的技术密集型环节，生产过程工艺流程长、单元反应多、原料复杂、中间过程控制要求严格，而且应用涉及多领域、多学科的理论知识和专业技能，包括多步合成、分离技术、分析测试、性能筛选、复配技术、剂型研制、商品化加工、应用开发和技术服务等。一般而言，可以将精细化工行业研发创新分为模仿级、优化级、创新级和平台级四个等级。目前我国精细化工行业处于优化层次，大部分精细化工企业仅能掌握少数的有机合成反应，这是因为在未达到平台级的精细化工合成能力之前，每生产一个新品类的化学品，都需要面对并攻克大量并不熟悉的化学反应，短期研发的性价比较低，因此相对于改进工艺降低成本这样短平快的研发方向，大部分企业并不愿意下这样的"笨功夫"。

（二）龙头企业

从综合实力看，我国石化企业在全球具有绝对领先优势，国际竞争力很强。我国石化产业集中度高，企业多为规模较大、综合实力强的大型集团，在全球具有很强竞争力。根据美国化学与工程新闻发布的《2020 年全球化工品销售额前 50 名化工企业》，我国中石化、万华化学、台塑 4 家企业入围，分别位居第二、六、十三、二十六、二十九、三十二位。其中，万华化学已成为聚氨酯（MDI）行业全球龙头企业，并引领研发全球 MDI 第七代技术。根据彭博数据，2019 全球 MDI 产能为 865 万吨，前五大厂商产能占比为 84.51%，分别为万华化学、巴斯夫、科思创、陶氏和亨斯迈。同时，万华化学正加速拉开与竞争对手的差距，对全球 MDI 市场的把控力日益增强。

表 4　全球前 25 强化工企业（按销售额计算，2020 年）

名次	公司名称	销售额（百万美元）
1	巴斯夫	66594
2	中国石化	63244
3	陶氏	42951
4	利安德巴塞尔	34727
5	沙特基础工业公司	32488
6	英力士	32103
7	埃克森美孚化工	27416
8	LG 化学	24793
9	杜邦	21512

续表

名次	公司名称	销售额（百万美元）
10	住友化学	20480
11	东丽集团	20378
12	印度瑞来斯实业	20376
13	三菱化学	19679
14	默克集团	18134
15	宣伟	17901
16	SK 创新	15804
17	巴西布拉斯科	15497
18	PPG	15146
19	艺康	14906
20	赢创	14716
21	信越化学	14203
22	科思创	13935
23	TT 全球化学	13872
24	拜耳	13315
25	乐天化学	13099
26	索尔维	12605

资料来源：美国化学与工程新闻网站。

表5　全球前15位炼油公司（2019年，万吨/年）

排名	公司名称	炼油能力
1	中石化	29470
2	中石油	25060
3	埃克森美孚	23620
4	沙特阿美石油	15580

续表

排名	公司名称	炼油能力
5	荷兰皇家壳牌	14565
6	委内瑞拉国家石油	12375
7	巴西石油	11380
8	伊朗国家石油	10705
9	道达尔	10105
10	俄罗斯石油	9540
11	BP 公司	9450
12	墨西哥国家石油	9050
13	俄罗斯鲁克石油	8495
14	雪佛龙	8135
15	俄罗斯天然气	5830

资料来源：《中国石油和化工大宗产品报告（2020 年版）》。

从诸多关键细分领域看，我国石化企业成长为全球化工龙头仍需时日。在化工各子行业的高附加值领域，一直以来，我国企业处于相对弱势地位。但随着国内化工企业资本开支规模加大、气变背景下国际化工巨头纷纷转型升级，以及海外巨头受疫情冲击缩减资本开支，在我国国内处于领先地位的化工企业有望在未来成为该细分领域全球化工龙头。目前，在基础化工板块，我国宝丰能源、华鲁恒升、鲁西化工、龙蟒佰利、中华国际等企业正在加大投资，原有产业上下游向新材料、高端材料领域延伸；在石化化工领域，我国荣盛石化、恒力石化、东方盛虹资本等企业扩大投资向大炼化项目、聚酯产业链、烯烃及下游高附加值材料配套项目延伸。例如，万华化学未来三年将主要投资年产量 1 万吨锂电池材料、年产量 6 万吨生物降解材料项目；鲁西化工将投资乙烯下游一体化、高端氟材料一体化项目；中华国际将向碳三及下游高性能材料冶炼项目延伸。

表6　我国主要上市化工企业营收情况（2020年）

名次	公司名称	营业总收入（亿元）	净利润（亿元）	所在省份
1	中国石化	21059	329	北京
2	恒力石化	1523	134	辽宁
3	荣盛石化	1072	73	浙江
4	恒逸石化	864	30	广西
5	中泰化学	842	1.5	新疆
6	上海石化	747	6.3	上海
7	万华化学	734	100	山东
8	中化国际	541	3	上海
9	云天化	521	2.7	云南
10	桐昆股份	458	28	浙江

资料来源：整理自上市公司年度报告。

（三）走出去情况

我国石油化工企业对外投资主要集中于获取资源类的油气勘探开发或钾盐矿开发等项目，规避贸易摩擦、获取竞争优势的轮胎、农药、染料等项目，以及适应当地市场需求或利用当地资源的炼油加工、改性塑料、特种树脂加工等项目。欧美、日韩属于高度市场化的国家，虽然投资成本较大，但投资风险相对较低，市场也比较成熟。东盟国家、非洲及其他发展中国家投资成本较低，有一定市场需求，但存在各种各样的投资风险，风险等级较高。目前，我国化工进出口贸易及投资项目主要集中在欧美、日韩和东盟国家，澳大利亚、俄罗斯、巴西等国家增长较快。总体而言，我国石油化工企业对外投资项目还较小，投资规模不大，走出去步伐缓慢。

与埃克森美孚、壳牌、BP石油等国际巨头相比，我国石化企业的国际化水平还不高。除中石油、中石化外，民营炼化企业只有恒逸石化和恒源石化两家企业在海外拥有炼厂。其中，恒逸石化是自建炼厂，恒源石化则是通过并购壳牌马来西亚炼油公司完成出海。对于国企来说，2015年之前国内石化政策保护性很强，向外发展的动力有限；对于民企来说，2017 年政府放开行业进入壁垒，民营资本找到了良好出口，更多聚焦国内扩大投资。但是随着新项目陆续投产，国内炼化产能开始出现过剩的压力，再加上碳中和目标提出，国内炼化项目的审批开始收紧。整体看，2017 年以来的行业变革，使国内炼化行业人才、技术等方面的竞争力得到飞速提升，实际已经具备了向外发展的能力。

表 7　中石油、中石化海外炼化项目一览

公司	炼厂	产能(万吨)	股份	备注
中石油	苏丹喀土穆炼厂	500	50%	与苏丹能矿部合作建设
	阿尔及利亚阿达尔炼厂	60	70%	与阿尔及利亚国家石油合建
	乍得恩贾梅纳炼厂	100	60%	与乍得石油部合建
	尼日尔津德尔炼厂	100		
	新加坡炼油公司	1500	50%	2009 年收购
	日本大阪炼厂	500	49%	
	哈萨克斯坦奇姆肯特炼厂	1000	50%	与哈萨克斯坦国家石油天然气公司合建
	英国格兰杰莫斯炼厂	1000	51%	2011 年收购自英力士
	法国拉瓦莱炼厂	1000	51%	2011 年收购自英力士
中石化	俄罗斯 Primorsky 炼厂			具体情况未知
	沙特延布炼厂	2000	37.50%	与沙特阿美合建
	南非穆托姆博炼油项目	2000		与南非国家石油公司合建
	巴西 Premium1 炼厂	1500		与巴西国家石油公司合建

资料来源：根据公司官网数据整理。

二、我国企业走出去参与石化产业链创新链重塑的机遇和挑战

（一）主要机遇

一是碳减排背景下国际巨头能源转型留下全球供给缺口。在全球碳减排的背景下，埃克森美孚、壳牌、BP 石油等国际巨头开启转型之路，纷纷剥离

或关停旗下炼厂。如，壳牌永久关闭了位于菲律宾的日产 11 万桶的 Tabangao 炼厂，还将位于新加坡的日产 50 万吨的技术先进的 PulauBukom 炼厂原油加工能力削减了一半；BP 计划从 2019 年起的 10 年内将旗下炼化产能减少 30%；美孚自 2000 年起，陆续剥离了 22 家炼厂。巨头转身为国内企业留下了巨大的空当，特别是化工品的可持续化和可再生化技术还远不如新能源技术成熟，而化工需求却还将持续增长，这将为国内炼化企业到海外扩张提供良好机遇。据东方证券测算，能源企业出海投资一套 2000 万吨炼油和 150 万吨乙烯项目，约 6 年即可收回投资，之后能持续收入正现金流。如果能够投资建设化工型炼厂，则经营周期将远长于投资回收期，即使远期能源和材料都全面可持续化，也是有价值的投资。

表 8　全球主要化工企业转型升级情况（2021 年）

公司	地址	项目	产能（万桶/天）
Holly Frontier	Cheyenne	转产生物柴油	4.5
Marathon	Martinez	转产可再生能源	16.1
Marathon	Dickinson	转产生物柴油	1.9
Marathon	Gallup	永久关停	2.6
PBF 能源	Paulsboro	暂时关停	18
Phillips 66	Rodeo	转产可再生能源	14
壳牌	Convent	永久关停	24
道达尔	Grandpuis	转产可再生能源	10.1
壳牌	Tabangao	永久关停	11
贡沃	安特卫普	永久关停	11
Pertonineos	Grangemouth	可能关闭	20
Petron	Bataan	可能永久关闭	18

资料来源：ICIS。

二是民营资本入局提升了我国石化行业走出去综合竞争力。近年来，我国开放了石油化工行业准入门槛，恒力和荣盛为代表的民营企业进入炼油行业，开启了多元竞争的格局，行业竞争力有所提升。第一，民企自身不具备炼化行业人才，通过高薪挖人的方式使行业人才发生了流动。第二，民企项目都是新项目，普遍采用了更先进的理念和技术。第三，资本通过国内项目识别到炼化投资的优势。对有动力继续发展的企业，未来也更容易获取资金支持。因此，在"双碳"背景下，虽然国内对炼化投资新建项目的审批趋严，但向海外发展的条件已经基本完备。

三是新兴和转型国家对石化产品的需求潜力巨大。共建"一带一路"沿线重点国家，东南亚地区等存在较大炼油和化工品供给缺口。目前，东南亚汽柴煤等成品油产量缺口达1.1亿吨。东南亚人口众多，成品油需求增长潜力大。同时，相关地区也在积极寻求产业升级，避免在全球供应链中仅扮演资源供应国的角色。当地政府对于有助于产业升级的项目均有一定的税收优惠，如越南和泰国对满足条件的企业分别给予"四免九减半"和"八免三减半"的税收优惠。因此，大炼化企业若转移至东南亚将助力当地的产业升级，提升成品油和化工品的自给率，大概率会获得当地政府的税收支持。

表 9　东南亚国家现有炼厂产能

所在国家	炼油厂	集团公司	产能（千桶/天）
文莱	Serta	Shell	12
	Pulau Muara Besar	浙江恒逸	160
印度尼西亚	Balkpapan	Pertamina	260
	Balongan	Pertamina	125
	Cepu	Pertamina	10
	Cllacap	Pertamina	348
	Dumai	Pertamina	170
	Musl	Pertamina	134
	Tuban	TPPI	100

续表

国家	炼油厂	集团公司	产能（千桶/天）
马来西亚	Kertih	Petronas	121
	Meraka	Petronas	100
	Meraka 2 期	Petronas	170
	Port Dickson	恒源石化	113
	Port Dickson	San Migue	86
	Rapid	Petronas	300
	Terennganu	Kemaman Bttumen	25
缅甸	Chauk	Myanmer Government	6
	Thanbayakan	Myanmer Government	25
	Thanlyin	Myanmer Government	26
菲律宾	Limay	Petronas	180
	Tabangao	Shell	112
新加坡	Jurong	Exxon Mobil	592
	Jurong Island	Jurang Arorntics	110
	Pulau Bukom	Shell	500
	Palau Merlimau	Sigapore Petroleum	290
泰国	Bangchak	BCP	139
	Map Ta Phut	IRPC（PTT）	215
	Map Ta Phut	PTTGC（PTT）	282
	Map Ta Phut	SPRC（Chevron/CNPC）	175
	Sriacha	Exxon Mobil	170
	Sriacha	Thai Oil	307
越南	Dung Quat	Pertrovietnam	136
	Nghi Son	Nghi Son	200

资料来源：作者根据公开资料整理。

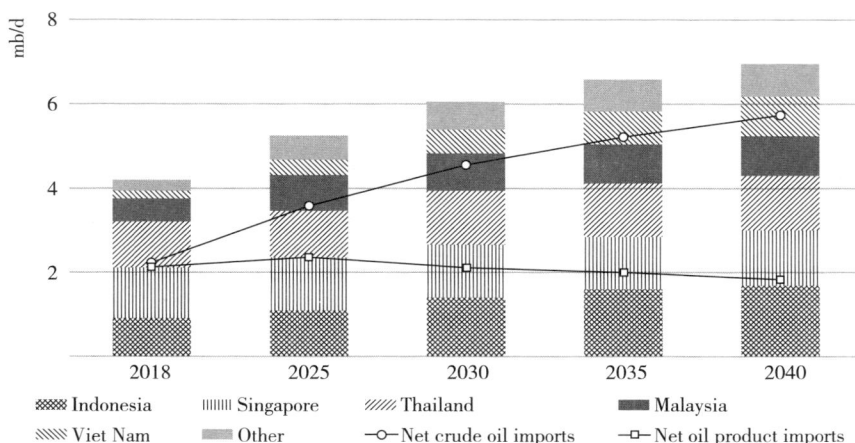

图1　东南亚地区炼油产能及炼化产品净需求（百万桶/天）

资料来源：IEA。

（二）主要挑战

一是"碳中和"时代临近，全球石化市场将逐渐萎缩。随着"碳中和"时代的临近，海外石化巨头已经对能源消费从化石燃料转向可再生能源形成了共识。BP在其能源展望报告中指出，未来30年石油需求将呈现下降趋势，2050年全球石油需求将下降至约3500万桶/天，较目前1亿桶/天的需求下降超60%。为应对全球能源系统结构可能出现的根本性转变，国际巨头都相应推出能源转型计划，剥离或关停旗下炼化项目。近期的一些事件也表明，海外石化巨头在上游领域的退出速度可能会超预期，如以1号引擎为代表的投资者因对美孚应对气候变化举措和坚守传统能源路线的不满，提出重组董事会的要求，并成功拿下至少两个席位；荷兰海牙法院以"助长了全球气候变化"为由，正式命令壳牌在2030年底前将其二氧化碳排放量在2019年的水平基础上减少45%，而壳牌原先的目标是20%。

专栏　传统石油化工企业加速向综合能源供应商转变

2020年，BP公司宣布将通过逐步降低油气产量和炼油产能作为其优化投资组合的手段之一，以提高企业中长期竞争力。根据BP计划，未来

十年，公司将通过资产剥离、削减等多种措施令油气产量在 2019 年基础上减少 4 成，且公司表示不会尝试在尚未开展上游活动的国家进行勘探。形成鲜明对比的是，BP 的氢能战略目标是在 2030 年前占据全球氢气核心市场 10% 的份额。氢资源方面以蓝氢生产帮助氢能供应的快速增长，不完全依赖于可再生能源；绿氢化则视地域而行。BP 同时重视生物能源领域的发展，着重于生物燃料、沼气、生物喷气式飞机和生物质精炼厂，以此来满足航空、海运、重型货车等运输行业的低碳能源需求。

2020 年，中石油提出在"十四五"及今后一个时期，锚定"建设世界一流综合性国际能源公司"的战略目标不动摇，明确"两个阶段、各三步走"的战略路径，实现从"生产型"到"经营型"转变。中石化提出，加快构建以能源资源为基础、以洁净油品和现代化工为两翼、以新能源新材料新经济为重要增长极的"一基两翼三新"产业格局，分三步把中石化打造成为世界领先洁净能源化工公司。

碳中和背景下，国际油气、石化市场面临严峻挑战，全球油气龙头公司的战略转型方向成为关注焦点。通过研究上述公司的经营模式和战略转型方向，可以得出三点结论：一是现有传统油气产业是支持新能源转型发展的基石；二是通过公司合作，取长补短，传统油气资源和化工企业可以快速布局新能源产业；三是龙头企业应加强与政府的密切协作，从能源政策的实施者转变为推行者。

二是新冠肺炎疫情持续反复增加我国石化企业"走出去"难度和不确定性。其一，上游原材料供应不稳定。根据 Rystad Energy 报告，新冠肺炎疫情给全球石化产业造成重大冲击，仅石油开采等上游环节的损失就高达 2850 亿美元。报告认为，尽管自 2022 年起全球主要石化企业将逐渐恢复产能，但是未来一段时间内会达到疫情前的水平。其中，页岩行业受影响最大。Rystad 估算，2019 年上游勘探开发投资约 5300 亿美元，但 2020 年仅为 3820 亿美元，预计至 2025 年上游投资额将上升到略高于 4800 亿美元。其二，企业正常投资经营面临极大不确定性。在疫情较长期影响下，我石化企业境外机构和人员安全风险上升，我在外人员感染疫情的风险升高。与此同时，我石化企业走出去重点国家大多为国家治理水平不高的发展中国家，疫情隔离措施进一步降低当地政府行政和沟通效率，导致大型项目暂停。此外，我在外企业还面临技术和设备进口困难、人员跨境流动受阻、出口产品海运不畅等问题，对我石化企业走出去造成了较大威胁。其三，我石化企业重点布局国家整体看综合实力不强，经济韧性有限，疫情更造成投资目的地经济大幅滑坡、通胀高企、失业率激增、社会局势动荡，导致石化企业下游市场和最终消费市场严重萎缩，挫伤企业盈利和持续经营能力。

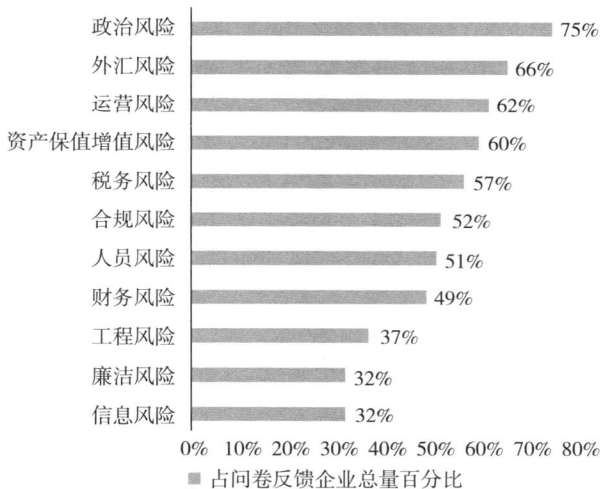

图 2　企业境外投资关注的风险类型

资料来源：普华永道《2019 年"一带一路"境外投资风险防控现状与对策》。

三是美西方加大对华遏制力度不利于我国石化企业参与全球产业合作。其一，中美战略竞争引发的政策风险长期存在。当前，美国及其盟友对华战略转向竞争与遏制为主，我所处的国际环境将长期趋紧。海外中资企业位于我国对外经济合作的最前沿，尤其是石化企业多为国有企业，所在领域多为资源垄断性行业，更是频频遭受东道国出于政治目的而"量身定制"的重大政策调整。目前看，相关政策风险可能长期都会存在，我国企业不得不付出极高的成本进入东道国市场或在当地维持正常运营。其二，地缘政治局势动荡引致安全隐患增加。我石化企业"走出去"重点区域，如共建"一带一路"沿线国家、东盟国家等属于地缘局势复杂严峻地区，中美博弈背景下一些大国更是屡屡制造事端、推波助澜，海外中资企业客观上成为东道国政府对华施压、民间发泄情绪、"暴力反华"、"极端反华"的首要目标，不仅正常经营受到严重干扰，甚至被针对性地打砸抢烧。其三，美西方把气候变化作为与我战略博弈的"新筹码"，"把减排问题政治化"倾向逐渐明朗，而我走出去石化企业部分从事高碳生产活动，这实际是由东道国经济发展阶段所决定的，然而我海外高碳项目常被"一刀切"地攻击，美欧利用舆论造势、法律诉讼、煽动抗议、资金封锁等形式阻挠项目的顺利进行。

三、我国企业走出去参与石化产业链创新链重塑的总体思路

在各国加快推进"碳中和"和全球新冠肺炎疫情持续反复背景下，我国企业走出去参与石油化工产业链创新链重塑面临新机遇新挑战，但总体来看，机遇大于挑战。从海外布局的目的看，我国石化企业走出去要达到三个目的。一是确保我国油气资源开发、石化产品加工产业链供应链稳定，增强我国石化供给体系韧性。加强海外油气供应能力建设，掌控石油、天然气、天然橡胶等重要化工原材料来源，强化产业链安全保障。二是更好地服务大国外交战略。与重点国家发挥各自优势，联合打造协同性强、抗风险能力强的重大石化项目，开创大国能源合作新局面。要借布局海外实现企业自身的价值链升级和绿色转型。三是加快我国化工产品由通用化工产品为主向特种化工、精细化工、战略新材料等高利润、高附加值产品转型升级，补齐我国石化企业在新型合成材料、工程塑料等研发和生产方面的短板弱项。四是要占领发展中国家和新兴市场广大化工市场，补足国际巨头绿色转型后留下的巨大需求缺口，大幅提高我国企业的经营绩效和综合实力。

结合这四个目的看，亚太地区应成为我国石化企业走出去首选方向。目前，尽管海外石化龙头已经纷纷向综合能源供应商转型升级，但达到传统石化产品的需求拐点还需要时间。比如，摩根斯丹利预测成品油需求将在本世纪 20 年代中后期达峰。特别是在东南亚和澳洲，目前仍有巨大的成品油供给缺口需要满足，澳洲 2019 年进口成品油约 840 万吨，2020 年疫情影响下仍进

口 690 万吨，但这些地区的新增产能却非常少，甚至还有产能在退出，海外巨头转型和实际需求错配将使得成品油中短期的景气度维持较好水平，这也为国内企业出海投资创造了机遇。

国际巨头在退出上游链环节的同时，由于炼化一体化项目中炼油和化工无法割裂，化工品产能实质上也会受到连带影响。甚至连上游项目中供给相对独立的轻烃化工在海外的扩产也随着巨头战略变化而明显放缓。2020 年全球乙烯总产能升至 1.97 亿吨/年，仅净增 700 万吨/年，且新增产能大部分来自中国，北美乙烷制乙烯新增项目明显减少，进度也非常缓慢。然而化工品需求并不会消失，普遍预测全球化工品需求直到 2050 年仍将维持增长。海外巨头已经选择剥离上游石化，所以只能将希望寄托在提升塑料、化纤的回收利用水平，或寻找可持续原料，来代替原生塑料和化纤的生产。但是再生化学品和可持续原料的技术与风电、光伏、锂电等新能源技术相比还远未成熟，需求和生活方式的转型期也需要更长的时间，这对于国内企业来说打开了中长期的成长可能性，通过技术进步、投资实践，国内炼化一体化已经有能力将成品油收率压缩到较低水平，产品以化工品为主，即使在碳中和情境下也具备结构性的生存和获利空间。

总体看，目前全球石化行业还处在重大转变的早期阶段。BP 报告认为，到 2050 年全球炼油产能需求将下降至约 3500 万桶/天。考虑到目前全球前十大炼厂的产能之和大约 732 万桶/天，剩下的需求仍旧能够容得下至少 70 座 2000 万吨级的炼厂，而现在全球炼厂的平均规模在 754 万吨/年，淘汰落后产能的需求还很大。极端情况下，即便我国出海炼厂到 2050 年真的被迫关闭，项目在全球"碳中和"目标实现前收回成本也是大概率事件。因此，我国石化企业通过"走出去"参与创新链产业链重塑既具有必要性也具有可行性。

四、我国企业走出去参与石化产业链创新链重塑的具体任务

（一）保障石化关键原料海外供应稳定

我国虽然是石化产业大国，但发展石油化工所需要的原材料如原油、天然气等均相当匮乏。以原油为例，我国是世界上最大的石油进口国，同时又

是石油消费大国且需求量保持刚性增长，石油进口渠道多元化布局效果不显著，进口集中度已从 2015 年的 39% 升至 2019 年的 63.5%，且伊朗、伊拉克等主要进口来源国局势较为动荡，一旦因军事冲突或西方制裁出现产量减小、出口政策调整等都会对我原油进口产生重要影响。此外，石油进口通道隐患较多。当前，我国进口石油主要有两条路线，一条途经马六甲海峡、霍尔木兹海峡，另一条途经马六甲海峡、亚丁湾。美国在马六甲海峡、霍尔木兹海峡有大量驻军，亚丁湾海盗猖獗，我石油运输风险较高。即便在极端情况下尽可能用陆上通道，也有近 44% 的石油进口只能由海上运输完成。

因此，针对精炼、石化、基础色料产业、化肥、氯碱等成本敏感型石化细分行业，建议通过走出去就近布局原材料富集地和主要目的地市场，以购买海外资源、绿地投资、设立海外研发中心等方式，以中东、北美、中亚、东南亚、拉美为重点方向，保障主要原材料稳定供应，并降低生产运输成本。针对橡胶、轮胎等资源依赖型石化细分行业，建议就近布局东盟国家如泰国、越南、缅甸、印尼等原料富集地，建设丙烷脱氢、顺丁橡胶、润滑油调和、丁辛醇、丙烯酸、精细深冷胶粉等天然气副产品深加工产业链。

（二）推动石化产业向高附加值环节跃升

目前，我国石化产品先进产能短缺尤为突出，基本呈现出低端产品市场竞争激烈甚至产能过剩、高端产品严重依赖进口的局面。国内高端聚烯烃，如高透明聚丙烯、高抗冲聚丙烯、聚烯烃管材、茂金属聚烯烃、辛烯共聚聚乙烯等，自给率不足 40%，需要大量依赖进口。其中，茂金属聚烯烃、辛烯共聚聚乙烯等自给率甚至不足 10%。我国合成橡胶产业同样存在常规产品同质化无序竞争、装置开工率低，而高性能产品依赖进口的局面。主要原因在于我国科技创新能力和产业化水平与国外先进水平差距较大，体现在基础研究和前瞻性研究工作薄弱、以企业为主体的产学研创新体系尚未完全建立、研究力量分散、创新成果转化率不高等方面。同时由于投入大、见效慢，也存在企业开发投入力度和意愿不强的因素。

通过企业走出去，兼并收购国际大型化工企业、创办试验中心和海外研发中心、跨国人员交流等方式，加快我国化工产品由通用化工产品为主向特种化工、精细化工、战略新材料等高利润、高附加值产品和通用化工产品并重转型升级，补齐我国石化企业在新型合成材料、工程塑料、特种化学品、高附加值中间原料、氟硅材料、高性能纤维、高性能改性环氧树脂、高端电子化学品研发和生产方面的短板弱项，满足下游市场对高端产品性能的特殊要求，我国石化企业增强专业化、批量化、定制化服务能力。海外工程商业模式逐渐从项目建设转向附加值更高的项目设计和 EPC 服务。

（三）加快传统石化海外产能的绿色转型升级

与国际互联网领先企业形成战略合作伙伴关系，从"数字化转型"突围，推动高碳化工企业实现净零排放目标。不仅将数字技术运用在勘探开发、生产、炼化、加油站等传统油气领域，更要通过与国际互联网企业的合作，力争在净零排放领域突围，实现"数字化转型"和"清洁能源转型"的并轨发展。充分发挥互联网公司在数字技术、平台、软件方面的优势，和大型石化集团在应用场景、专业知识，以及深化提升数字技术的载体和抓手方面的优势，强强联合，面向未来，加快零净排放新兴技术及数字解决方案的研发。围绕安全生产、绿色制造、污染防治等重点，更好地落实 ESG 管理，加快推进海外产能原料优化、能源梯级利用、可循环、流程再造等工艺技术及装备研发应用，加快推进单位产品碳排放达到国际先进水平。

（四）开拓新兴市场补足国际巨头转型升级带来的供需缺口

市场需求方面，根据 Trade Map 统计数据，东盟十国（ASEAN）油品存在较大供需缺口。2019 年，东盟十国油品净进口额为 326 亿美元，其中，排名靠前的是印度尼西亚、新加坡、菲律宾，分别达到 2090、1250、1900 万吨，亚太地区中，澳大利亚油品缺口也较大，2019 年净进口 158 亿美元。化工品方面，东盟地区也存在较大缺口。以塑料及其制品为例，2019 年，东盟十国净进口额为 106 亿美元，其中越南、印度尼西亚和菲律宾的缺口最大。亚太其他地区中澳大利亚和印度也存在缺口，韩国、中国、中国台湾、日本是净出口地。

发展基础方面，东南亚地区整体炼化发展相对滞后，但有一定工业基础和资源保障。2009—2019 年，亚太地区炼厂产能增长最快的地区是中国、印度、韩国；日本和澳大利亚在逐步退出炼化行业；印度尼西亚、泰国、马来西亚、越南等东南亚国家油气储量相对丰富，有明显的资源保障优势以及一定的炼化工业基础和配套，其近 10 年炼厂产能有所增加，但总体炼化规模仍偏小。例如，印度尼西亚现有主要炼厂 7 座，总加工能力约 1200 千桶/天，其中 6 座由印度尼西亚国家石油公司 Pertamina 经营，目前只能满足国内 50% 的油品需求。

表 10　亚太地区重点国家塑料及其制品贸易情况（单位：百万美元）

国家	2019 年	2020 年	2019 年		2020 年	
	贸易盈余	贸易盈余	出口额	进口额	出口额	进口额
越南	−11031	−9671	4842	15873	5481	15152
印度尼西亚	−6331	−4552	2453	8785	2603	7155
菲律宾	−2687	−2264	1025	3711	895	3159
缅甸	−750	−726	67	817	46	772
柬埔寨	−516	−528	240	756	309	837
老挝	−114	−150	61	175	40	191
文莱	−51	−53	1	52	0	53
马来西亚	660	401	9595	8935	8182	7781
泰国	4098	3273	13355	9257	11864	8590
新加坡	6100	5722	14605	8506	12911	7189
ASEAN 合计	−10622	−8547	46244	56866	42331	50878
澳大利亚	−5023	−5055	824	5848	654	6159
日本	9043	10583	25218	16175	25556	14973
中国台湾	12594	10920	19867	7273	18574	7654
韩国	21078	20078	32595	11517	31562	11484
中国	12809	25370	84387	71578	96411	71041
印度	−7272	−5376	7351	14623	6598	11975

资料来源：Trade Map。

五、支持我国企业走出去参与石化产业链创新链的政策建议

（一）建立完善石化走出去跨部级协调机制

随着国际石化合作项目不断增多，建议组建由发改委牵头，外交部，能源局，商务部，科工局，海关，中石油，中石化，中海油，政策性、开发性和商业性金融机构，信用保险组织等共同组成石化"走出去"跨部级协调机制，针对石化项目推介以及石化产品出口中存在的问题，定期协调，研究对策，加快项目决策和审批流程，有效发挥国家外交、产业、财税等组合拳优势，同时防止无序竞争，形成合力。

（二）将绿色石化合作纳入金砖合作、APEC、"16＋1合作"等多边合作议题

进一步发挥好能源外交引导作用，深化国际能源合作机制，为石化企业走出去创造良好氛围。积极主动参与国际能源安全、能源政策和能源协调等多边交流与机制，强化与主要能源大国的战略对话与合作。

（三）加强石化与其他行业的协同走出去

结合合作国家的具体需求与资源情况，考虑石化项目合作的溢出效应，鼓励石化与常规电力、农粮渔、基础建设、矿产等领域国企间组成利益共同体共同参与国际项目竞争，视具体情况，采取"石化＋其他产业"或者"其他产业＋石化"的商业模式，国内相关主管部门要简化审批程序，增强该商业模式的可落地实施性。推动主权投资基金、各类专项基金、政策性银行等与石油企业建立利益共同体，强化与资源国政府及国家石油公司的战略合作。

（四）强化政策性金融服务石化企业走出去能力

应构建以国家主权信用为支撑、以市场化融资为主渠道、多样化融资为补充的政策性金融融资机制。在石化企业重点走出去区域或国家设置海外分行、代表处、代理行等方式，通过联合贷款、股权投资、债券发行以及多元化金融产品及服务合作，夯实服务企业走出去的本土化能力。

（五）财税引导化工企业在我国境外经贸合作国进行投资

目前，我国企业已经在国外建立上百个境外经贸合作区，这些境外经贸

合作区都是经过层层筛选出来的优质资源，很多中国企业也已在当地投资。建议相关部委发布"十四五"时期石化企业走出去指导意见，明确提出支持建立海外石化产业园区的政策措施，为企业开展国际化经营营造良好环境。

参考文献：

［1］江小涓，孟丽君．内循环为主、外循环赋能与更高水平双循环——国际经验与中国实践［J］．管理世界，2021，37（01）．

［2］杨连星，罗玉辉．中国对外直接投资与全球价值链升级［J］．数量经济技术经济研究，2017，34（06）．

［3］刘斌，王杰，魏倩．中国对外直接投资的发展趋势与政策展望［J］．国际经济评论，2011（02）．

［4］周吉平．中国石油天然气集团公司"走出去"的实践与经验［J］．世界经济研究，2004（03）．

［5］张述存．"一带一路"战略下优化中国对外直接投资布局的思路与对策［J］．管理世界，2017（04）．

2021 年 12 月

第八章

新形势下保障我国油气进口安全的对策建议

内容提要： 能源安全是关系国家经济社会发展的全局性、战略性问题，对国家繁荣发展、人民生活改善、社会长治久安至关重要。总体看，我国油气进口效率和进口安全水平均较高，与卡塔尔、阿根廷等国家可以进一步加强油气贸易。同时，也要注意与巴西、安哥拉、阿曼、卡塔尔等重要油气来源地的贸易均衡发展，以及沙特和澳大利亚等重要油气来源地背后的美国因素。未来，我国应在"四个革命、一个合作"能源安全新战略的指引下，进一步加强与沙特、俄罗斯、澳大利亚、土库曼斯坦等我国油气进口关键来源地的战略性合作，"因国施策"从中东北非和美洲方向同步推动油气进口多元化，以高质量共建"一带一路"为引领创新国际油气投资合作方式，通过发展现货期货市场、完善油气领域人民币流转闭环等方式提高我国对国际油气市场影响力，积极参与全球能源治理体系改革和建设。

能源安全是关系国家经济社会发展的全局性、战略性问题，对国家繁荣发展、人民生活改善、社会长治久安至关重要。面对人类经济社会发展在一定时期内仍要以石油和天然气作为重要能源和工业原料的现实，以及我国"缺油、少气"的能源禀赋特点和石油天然气需要大量进口的实际，准确把握国际油气市场发展新形势和我国油气进口存在的风险挑战，切实有效保障我国油气进口安全，对推动能源绿色低碳转型，构建新发展格局、实现高质量发展，乃至确保全面建设社会主义现代化国家开好局、起好步具有重要意义。

一、国际油气市场新动向

在世界百年变局加速演进的背景下，国家间政治、经济、军事、地缘等博弈加剧，国际油气供需、定价以及二战之后形成的国际油气市场治理格局出现新变化。

（一）石油供给轴心西移且集中度有所上升

随着水平井和水力压裂技术成功应用，美国页岩油产量迅速提高，继 2007 年首次突破年产量 100 万吨，2012 年、2014 年、2018 年陆续迈过 1 亿吨、2 亿吨和 3 亿吨的门槛，使国际石油产量的几何中心由东经 12.13 度西移至东经 5.52 度。2000—2020 年，世界石油日产量提高 1384.8 万桶，其中美国日产量增加 874.3 万桶，占 63.1%；俄罗斯增加 408.4 万桶，占 29.5%，居第二位；加拿大和沙特居第三、第四位。

与此同时，"强者愈强"是过去 20 年国际石油供给格局的另一个显著变化。2000—2020 年，国际石油供给前五名集中度由 41.2% 升至 53.7%，特别是 2010 年后，随着美国石油产量快速增长，10 年间集中度增幅是此前 10 年的 4.3 倍。

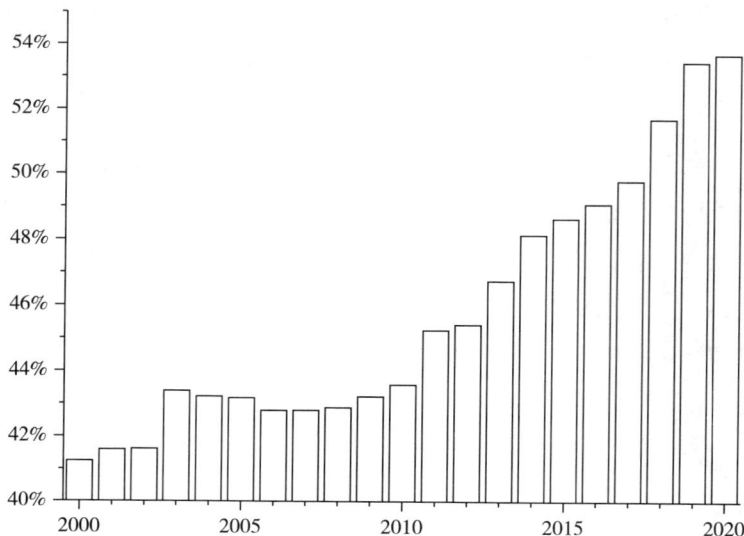

图 1　2000—2020 年世界石油产量前五名集中度

（二）天然气在能源供给中地位显著提高

天然气因对能源绿色低碳转型具有重要作用，其开发利用越发受到各国重视。2000—2020 年，全球天然气产量年均增速 2.4%，是同期石油产量增速的 2 倍多。按油当量折合，全球天然气产量已由石油产量的 50% 提高至70%。天然气出口国报告预计，到 2050 年天然气有望成为全球第一大化石燃料。

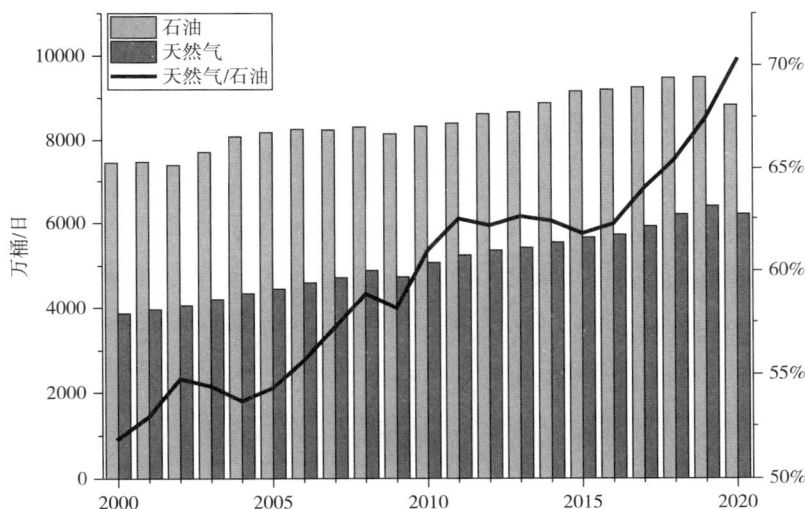

图 2　2000—2020 年世界石油和天然气日产量（万桶/日）

注：天然气按油当量折合，170 立方米≈1 桶。

随着世界各国不断加大天然气勘探开发力度，国际天然气供给格局也由"两极争霸"向"一超多强"转变。2000 年，年产量超过千亿立方米的国家仅有俄美加英四国，其中俄罗斯和美国天然气产量"称霸"世界。2020 年，美国天然气产量升至 9146.2 亿立方米，大幅领先第二位的俄罗斯，世界"千亿立方米俱乐部"成员增至 9 个国家。

（三）油气消费结构分化且消费中心东移

随着新兴经济体经济快速增长，自 20 世纪 90 年代以来，非经济合作组织国家油气消费增速明显快于经济合作组织国家，占世界油气消费的份额持续上升。进入 21 世纪后，随着世界经济中心的东移，国际能源消费中心加速东移。

2000—2020 年，世界石油消费量由 7649.5 万桶/日增至 8869.6 万桶/日，其中亚洲增长 1529.9 万桶/日，几乎占据了全部增量，欧洲和北美消费量则呈下降走势。尽管欧洲和北美石油消费量下降有新冠肺炎疫情冲击的因素，但石油消费西降东升的趋势已基本形成。

结合天然气消费看，发达国家化石能源消费并非呈总体下降。2000—2020 年间，欧洲天然气消费量下降 43.9 亿立方米，但北美天然气消费量大幅增长 2827.3 亿立方米，油气消费仍呈上升走势。这说明，即便经济社会进入工业化后期，也仍将对油气有较强的需求。因此，对于总体上处于工业化中期的亚洲地区而言，在未来一个时期内对油气的刚性需求依然较强。

（四）油气价格波动加剧且影响因素更加复杂

国际金融危机、页岩油气增产、俄乌冲突爆发等引发国际油气价格数轮大涨大跌，特别是俄乌冲突爆发，再次刷新油气价格历史新高。总体看，近 20 年国际油气价格走势体现两方面特征。一方面，百年变局下世界政治经济形势复杂多变，国际油气价格的影响因素日益增多且黑天鹅事件明显增多。

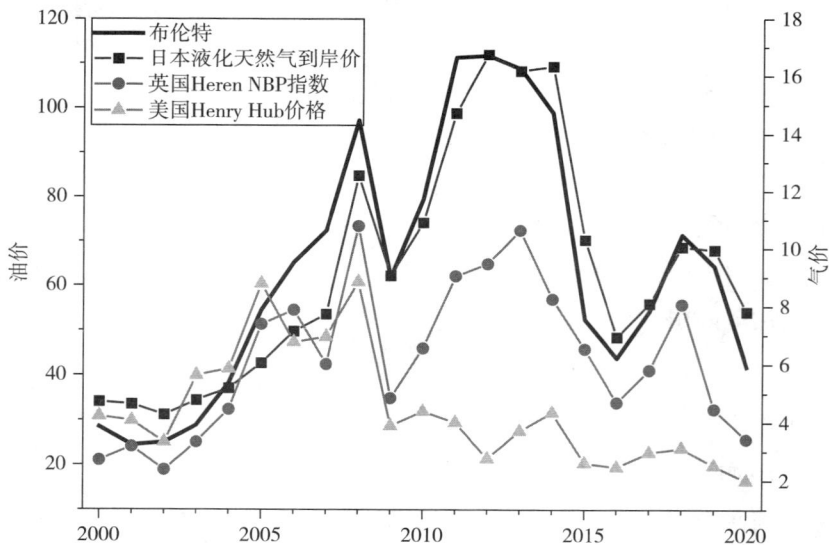

图 3　2000—2020 年国际油气价格走势

另一方面，油气互为替代性较高的化石能源，总体价格走势较为一致，但是不同地区和国家因资源禀赋和需求强度差异所表现出的区域价格走势和抗风险能力差异较大。

（五）美国中东战略转型增加油气地缘安全风险

中东是国际油气的主要来源地，对于稳定国际油气供给和价格具有重要作用。作为中东地区局势主导力量之一的美国因"能源独立"的实现对中东石油的依赖明显减少，不再强调地区稳定对能源安全的保障，其中东政策发生了明显变化，一些措施甚至激化地区矛盾，加剧中东地区油气供给所面临的地缘安全风险。

（六）俄乌冲突对油气供需格局带来深远影响

俄乌冲突以及美西方对俄罗斯实施制裁导致油气价格暴涨，为世界各国提高能源保障能力敲响警钟，将成为未来一个时期驱动国际油气供需格局乃至能源市场演变的重要驱动因素。

一是欧洲被迫大幅削减对俄罗斯油气依赖。欧洲能源资源进口高度依赖俄罗斯，进口石油占俄罗斯石油出口总量的48%，天然气近半数来自俄罗斯。俄乌冲突爆发以来，在美国的裹挟之下，欧洲国家不得不削减对俄罗斯油气的依赖，未来欧洲或进一步加快能源结构和来源多元化。

二是美国与OPEC＋之间的矛盾更加尖锐。俄乌冲突爆发以来，美西方国家多次敦促OPEC＋增产并施压OPEC＋剔除俄罗斯，但是沙特、阿联酋等OPEC＋重要国家均明确拒绝了美国的要求。5月5日，美国参议院通过"禁止石油生产或出口卡特尔"法案，将允许美国以涉嫌合谋提高油价为由起诉OPEC＋。若该法案生效，美国与OPEC＋的正面交锋将拉开帷幕。

三是石油美元体系或迎来断崖时刻。布雷顿森林体系瓦解后，美元与石油挂钩是支撑美元国际货币地位的核心基石。俄乌冲突爆发后，美国冻结俄罗斯美元储备，并与欧盟联合禁止部分俄罗斯银行使用SWIFT系统，以阻止俄罗斯能源出口交易以及货币结算。对此，俄罗斯通过卢布结算令予以反制，同时白俄罗斯、土耳其等国家表示与俄罗斯的能源交易可以使用非美元货币结算。在各国对美元霸权不满情绪愈高的背景下，美俄货币交锋或引发以油气领域为中心的世界范围内新一轮去美元进程。

二、我国油气安全总体形势

我国"缺油、少气"的能源禀赋特点和经济社会发展用能需求使得我国油气安全形势也存在着一定的风险挑战。

（一）短期油气需求仍将增加

当前，我国经济总量和发展水平在世界上仍处于追赶态势，以 2000 年以来我国经济总量和石油天然气消费量估算，目前我国石油和天然气消费弹性系数分别为 0.44 和 1.14 左右，因此支撑经济发展的能源消费特别是石油和天然气消费在未来一个时期内仍将呈上升走势。有预测显示，我国石油需求将在 2030 年前达峰，之后较长时间保持 7 亿吨的水平，供需缺口较大；天然气作为我国能源转型的重要能源，消费增长较快，到 2035 年消费量将达 6000 亿至 6500 亿立方米。

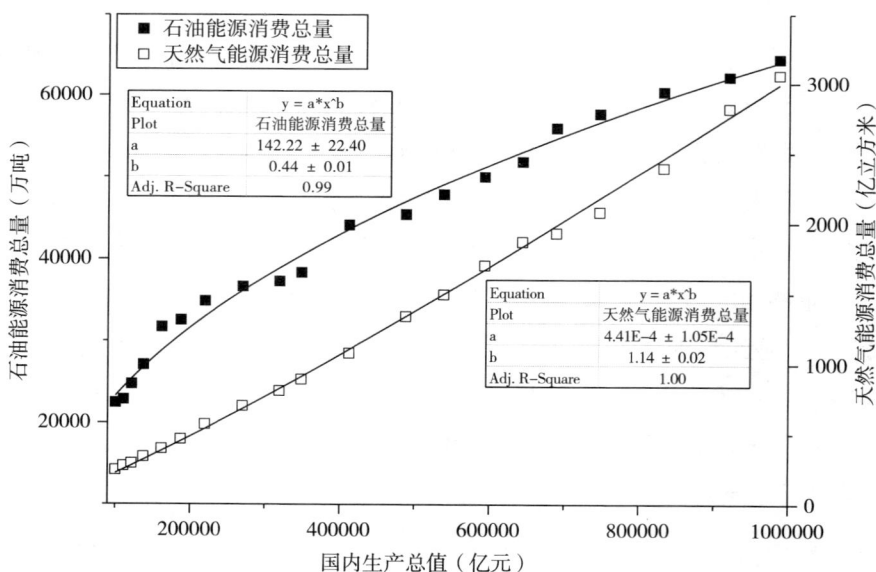

图 4 2000—2019 年我国 GDP 与油气消费量关系

（二）对外依存度不断上升

从石油来看，1993 年我国石油进口依存度仅为 6.7%，此后在国内石油生产量增长缓慢与国内经济蓬勃发展的双因素刺激下，我国石油需求缺口快速扩大，石油进口依存度快速提高。2004 年，我国石油进口总量高达 17291.3 万吨，进口依存度首次突破 50%。2015 年，石油进口量达到 39748.6 万吨，进口依存度突破 70%。目前看，我国石油进口依存度始终处于较高水平且尚未出现逆转迹象。

从天然气看，由于近年大规模普及推广，我国消费保持强劲增长的同时，天然气自给缺口却日渐扩大，自 2006 年开始进口天然气以来，进口规模不断攀升，继 2017 年成为世界最大原油进口国之后，2018 年又超过日本，成为世界最大的天然气进口国。2019 年，我国天然气进口量达 1331.8 亿立方米，进口依存度升至 43%。

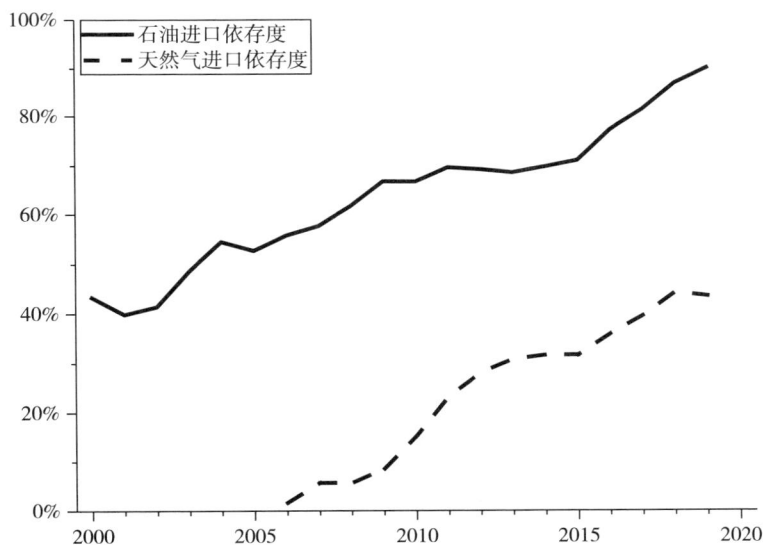

图 5　2000—2019 年我国 GDP 与油气消费量关系

（三）进口来源集中度较高

虽然我国为提高油气进口安全，着力推进油气进口来源多元化，但受资源地理分布和进口成本等因素影响，目前我国油气来源仍较为集中，前四大石油进口来源地和前三大天然气进口来源地便占据我国进口总量的50%以上。从石油看，沙特、俄罗斯、伊拉克、安哥拉长期是我国主要石油来源地，2020年四国分别占我国进口总量的15.7%、15.4%、11.1%、7.7%；美国和巴西则是我国新增的两个石油进口来源地，2020年进口量分别是2000年的186倍和184倍。从天然气看，澳大利亚、土库曼斯坦、卡塔尔和俄罗斯是我国主要天然气来源地，2020年四国分别占我国进口总量的24.7%、17.0%、9.2%、6.7%。

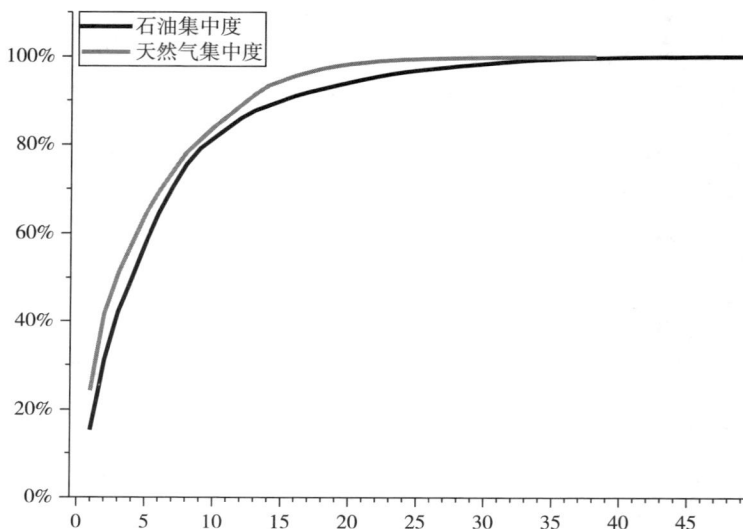

图6 2020年我国石油和天然气进口集中度

（四）运输路径相对单一

目前看，除俄罗斯和中亚方向的石油和天然气可以通过管道运输至我国外，我国石油和天然气主要运输方式仍然是海运，与主要来源地对应的航线包括：中东—中国航线；非洲—中国航线；美湾—中国航线；南美国家东部港口—中国航线；俄罗斯东南港口—中国航线；西澳—中国航线。上述六个方向的航线中，曼德海峡、霍尔木兹海峡和马六甲海峡尤为关键，特别是马六甲海峡，不仅是世界上最繁忙的水道，也是重要的战略咽喉水道之一。每年经过马六甲海峡的船只中有60%以上是来往于我国，我国进口石油的80%要经过马六甲海峡。

（五）国际市场话语权较低

国际市场话语权是指对市场交易规则和价格的影响力和引导力，包括制定价格标准、交易规则、计价货币、升贴水，以及左右市场流向和结算、制造事端、实施制裁和保护等。由于历史原因，国际油气贸易规则基本由西方国家及大型跨国石油公司主导。随着油气进口量的增加，我国通过设立期货交易所、推动人民币计价、发布价格指数等措施，积极提升对国际油气市场的影响力，尤其是在中东、西非等部分地区的现货市场取得了一定的话语权。但作为世界油气市场最主要的买家，我国在国际油气市场价格话语权方面相对于西方国家仍有不小的差距，主要表现在对油气基准价格影响力较弱，中东报价的"亚洲溢价"现象仍未消除等。

三、我国油气进口效率评估

（一）变量数据说明

基于贸易引力模型和相关文献，本文以 2020 年为样本期，选取石油和天然气进口量为产出指标，来源国国内生产总值、储量、产量、与我国距离、汇率、政治稳定性为投入指标，并设置共建"一带一路"国家、建有油气管道、石油输出国组织成员 3 个虚拟变量。剔除数据存在缺失的国家后，石油和天然气伙伴国样本量分别为 37 个和 26 个。2020 年，我国自这些国家进口石油和天然气分别占我国进口总量的 96.6% 和 95.2%。

（二）石油进口效率

数据包络分析（DEA）结果显示，2020 年我国石油进口技术效率平均值为 81.8%，37 个进口来源地中有 29 个处于规模报酬可变模型前沿面上；综合效率平均值为 65%，37 个进口来源地中有 18 个处于规模报酬不变模型前沿面上。

具体看，我国前 10 大石油进口来源地中，除阿联酋之外，无论是规模报酬可变模型还是规模报酬不变模型，均为 DEA 有效，说明当前我国自关键石油进口来源地进口效率较高。但是也要看到，我国与部分国家的石油贸易水平和效率仍有进一步提升空间。从来源国储量松弛度看，伊朗、卡塔尔、阿联酋富裕储量较多，但是造成这种情况的原因各不相同，伊朗主要是因为伊核协议、美国制裁、地缘冲突等问题导致资源开发力度不足，阿联酋则主要是因为大力推动经济改革和产业多元化，对石油资源的开发特别是出口积极性有所下降。从来源国产量松弛度看，卡塔尔、阿尔及利亚、尼日利亚富裕产量较多，但是阿尔及利亚、尼日利亚政局稳定性相对低于其他国家，在一定程度上制约了我国的石油进口规模。综合上述因素，卡塔尔兼备储量和产量优势，以往我国进口量低主要是因为卡塔尔更加重视天然气开发和出口，随着卡塔尔石油产量的上升，我国与卡塔尔石油贸易有较大上升空间。

表 1　2020 年我国石油进口效率分析结果

来源地	进口量（万吨）	技术效率	综合效率	规模效率	潜力
沙特阿拉伯	8492.3	1	1	1	
俄罗斯	8357.2	1	1	1	
伊拉克	6011.8	1	1	1	
巴西	4219.0	1	1	1	
安哥拉	4178.5	1	1	1	
阿曼	3783.8	1	1	1	
阿联酋	3116.8	0.62	0.61	0.99	1931.4
科威特	2749.7	1	1	1	
美国	1976.0	1	1	1	
挪威	1271.3	1	1	1	
马来西亚	1252.9	1	0.66	0.66	
哥伦比亚	1238.3	1	1	1	
卡塔尔	620.0	0.16	0.16	0.95	3189.7
英国	589.4	1	0.91	0.91	
加蓬	585.3	1	0.72	0.72	
厄瓜多尔	471.3	1	1	1	
尼日利亚	393.4	0.16	0.14	0.82	1993.0

续表

来源地	进口量(万吨)	技术效率	综合效率	规模效率	潜力
伊朗	391.8	0.09	0.09	0.93	3807.3
哈萨克斯坦	364.4	1	0.18	0.18	
加拿大	346.0	1	0.3	0.3	
赤道几内亚	314.8	1	0.56	0.56	
阿塞拜疆	250.6	1	1	1	
南苏丹	193.6	1	1	1	
也门	182.6	1	1	1	
越南	180.9	1	0.22	0.22	
印度尼西亚	151.4	0.11	0.11	1	1282.3
乍得	139.4	1	0.95	0.95	
澳大利亚	138.8	1	0.21	0.21	
埃及	132.4	1	1	1	
泰国	64.3	1	1	1	
刚果(金)	61.7	0.07	0.07	0.97	779.4
阿尔及利亚	40.4	0.02	0.02	0.92	2433.2
阿根廷	36.5	0.02	0.02	0.96	1623.1
墨西哥	35.4	1	1	1	
苏丹	16.0	1	1	1	
文莱	11.8	1	0.03	0.03	
丹麦	9.8	1	0.1	0.1	

（三）天然气进口效率

数据包络分析结果显示，2020 年我国天然气进口技术效率平均值为 90.1%，26 个进口来源地中有 23 个处于规模报酬可变模型前沿面上；综合效率平均值为 76%，26 个进口来源地中有 16 个处于规模报酬不变模型前沿面上。

具体看，我国前 10 大天然气进口来源地中，澳大利亚、土库曼斯坦、卡塔尔、俄罗斯、美国 6 国在规模报酬可变模型和规模报酬不变模型下均为

DEA 有效，占比略低于石油进口 DEA 有效的国家，主要原因是天然气进口集中度要高于石油，这些国家对我国天然气出口领先了其他条件相似的国家，同时也说明我国天然气进口效率存在着进一步提升的空间。从来源国储量松弛度看，阿联酋和加拿大富裕储量较多。其中，阿联酋天然气进口效率低的主要原因有两个方面，一是阿联酋一直以出口石油为主，天然气虽然储量丰富但是产能不足，所采天然气主要用于发电和石油开采回填，是重要的生产资料。二是阿联酋长期致力于摆脱经济对石油天然气出口的依赖，加之临近的卡塔尔是世界天然气出口大国，进口天然气非常便利，因此缺乏天然气开发的积极性。

从来源国产量松弛度看，加拿大和阿根廷富裕产量较多，但是运输成本是我国自这两个国家进口天然气面临的最大问题。此外，虽然阿根廷天然气和页岩气储量均较为丰富，是南美天然气生产大国，但是受制于开采成本和交通基础设施等因素，阿根廷天然气一度难以自足。随着近年来阿根廷采取诸多措施促进天然气开发，我国与阿根廷天然气贸易将有进一步提升的空间。综合上述因素，从提高进口来源多元化的角度，我国短期内适宜增加加拿大天然气进口规模，长期可以加强与阿根廷天然气贸易合作。

表 2　2020 年我国天然气进口效率分析结果

来源地	进口量（万吨）	技术效率	综合效率	规模效率	规模经济	潜力
澳大利亚	3010.4	1	1	1		
土库曼斯坦	2070.5	1	1	1		
卡塔尔	1119.6	1	1	1		
俄罗斯	814.2	1	1	1		
美国	800.8	1	1	1		
马来西亚	624.7	1	0.89	0.89	递增	
哈萨克斯坦	544.7	1	0.77	0.77	递增	
印度尼西亚	528.8	1	0.87	0.87	递减	
阿联酋	356.2	0.4	0.39	0.98	递增	542.8
阿曼	342.7	1	1	1		
缅甸	303.5	1	1	1		

续表

来源地	进口量（万吨）	技术效率	综合效率	规模效率	规模经济	潜力
尼日利亚	298.8	1	1	1		
乌兹别克斯坦	249.7	1	1	1		
科威特	132.6	1	0.51	0.51	递增	
秘鲁	105.3	1	1	1		
沙特阿拉伯	97.6	1	1	1		
文莱	67.8	1	1	1		
阿尔及利亚	39.6	1	1	1		
特立尼达和多巴哥	26.2	1	0.22	0.22	递增	
加拿大	22.2	0.01	0.01	0.88	递增	2409.6
荷兰	13.5	1	0.08	0.08	递增	
埃及	6.4	1	1	1		
阿根廷	4.7	0.02	0.01	0.67	递增	301.5
泰国	4.3	1	1	1		
伊朗	3.1	1	1	1		
德国	0.0	1	0	0	递增	

四、我国油气进口安全评价

（一）变量数据说明

结合本文第二部分分析，我国油气进口安全可以从稳定性、依赖性和可获得性三个方面进行分解。其中，稳定性衡量油气来源国的输出能力，是油气来源国自身特征，本文选取指标有油气采储比、油气出口量、政治稳定性；依赖性是我国与油气来源国双边经贸活动密切程度，既包括我国对油气来源国资源的依赖程度，也反映来源国对我国市场的依赖程度，指标包括进口量、进口依存度、双边贸易额，以及双边合作机制；可获得性用来衡量油气资源运输的成本和风险，一般而言运输距离越长、经过交通要道越多则运输成本和风险越高，而铺设油气管道则可以降低成本和风险。

表3　油气进口安全评价指标体系

一级指标	二级指标	三级指标
进口安全	稳定性	油气采储比
		油气出口量
		政治稳定性
	依赖性	进口量
		进口依存度
		双边贸易额
	可获得性	运输距离
		油气管道

（二）油气进口安全评价

总体看，来源地油气出口规模、双边贸易额和双边贸易额加权后的我国进口依存度是影响我国油气进口安全的前三项重要指标，也就是说在当前世界总体保持和平稳定的情况下，油气资源的供应稳定性和双边经贸依赖性是油气进口安全的决定性因素。相比之下，油气资源的可获得性，特别是运输距离并未对我国油气进口安全形成重大影响。一方面是因为运输距离产生的成本可以通过买卖双方谈判分担；另一方面是因为和平时期海上运输风险总体可控，潜在的风险以及防范并不会给海上运输增加过多成本。

从石油进口看，沙特和俄罗斯的进口安全水平最高，美国位居第三位，高于其对我石油出口规模排名。究其原因，无论是近年来美国页岩油产量的大幅提升，还是中美较为紧密的经贸关系，均可以对石油贸易形成有效支撑，我国控制自美国进口石油更多是出于防范潜在政治风险的考虑。除此之外，我国进口规模小但安全水平高的国家还有加拿大和伊朗，尽管美加盟友关系和美国对伊朗制裁导致这两个国家与我国之间的依赖性有限，但是加拿大和伊朗的石油出口规模可观，可以为我国自这两个国家进口石油提供较高的保障。我国进口规模大但安全水平低的国家有巴西、安哥拉和阿曼，石油出口规模相对较低是这三个国家存在的共同风险，且安哥拉和阿曼与我国之间的经贸关系过度依赖石油出口。

　　从天然气进口看，澳大利亚的进口安全水平最高，但是同为我国前三大天然气进口来源地的土库曼斯坦和卡塔尔的风险却较高。其中，土库曼斯坦主要是因为其天然气出口数据缺失，本文使用了相关新闻报道中的数据，由于数据口径不统一而导致的统计误差；卡塔尔风险程度高则是因为我国与卡塔尔之间的经贸关系过度依赖天然气贸易。与石油进口安全得分相似，加拿大还是我国天然气进口规模小但安全水平高的来源地。

表 4　油气进口安全评价结果

石油来源地	排序	综合得分	天然气来源地	排序	综合得分
沙特阿拉伯	1	3.6	澳大利亚	1	2.8
俄罗斯	2	2.3	美国	5	2.2
美国	9	1.7	阿联酋	9	1.0
伊拉克	3	1.5	俄罗斯	4	0.9
加拿大	22	1.2	加拿大	24	0.7
伊朗	20	1.0	马来西亚	6	0.7
阿联酋	7	0.9	韩国	20	0.5
科威特	8	0.5	日本	27	0.4
尼日利亚	19	0.4	卡塔尔	3	0.3
巴西	4	0.2	印度尼西亚	8	0.3
挪威	10	0.2	哈萨克斯坦	7	0.1
哈萨克斯坦	21	0.2	缅甸	11	0.0
安哥拉	5	0.1	土库曼斯坦	2	−0.1
阿曼	6	−0.1	比利时	28	−0.1
英国	15	−0.2	荷兰	26	−0.3
哥伦比亚	12	−0.3	尼日利亚	13	−0.3
阿塞拜疆	24	−0.3	阿尔及利亚	21	−0.3
卡塔尔	14	−0.4	沙特阿拉伯	18	−0.4
厄瓜多尔	17	−0.5	文莱	19	−0.4
利比亚	28	−0.5	秘鲁	17	−0.4
马来西亚	11	−0.5	阿曼	10	−0.5
南苏丹	25	−0.5	乌兹别克斯坦	14	−0.5

续表

石油来源地	排序	综合得分	天然气来源地	排序	综合得分
加蓬	16	−0.6	科威特	15	−0.5
刚果(布)	13	−0.6	喀麦隆	22	−0.5
越南	27	−0.6	巴布亚新几内亚	12	−0.5
印度尼西亚	29	−0.6	安哥拉	16	−0.5
赤道几内亚	23	−0.6	埃及	29	−0.5
加纳	18	−0.6	阿根廷	30	−0.5
喀麦隆	30	−0.7	特立尼达和多巴哥	23	−0.6
也门	26	−0.7	赤道几内亚	25	−0.6

(三) 潜在的地缘政治风险

沙特和澳大利亚分别为我国首要的石油和天然气进口来源地,进口效率和进口安全评价得分均较高。可以预见,未来一个时期内这两个国家将继续在我国油气进口中占据重要地位。但也要看到,这两个国家也是美国的重要盟友,中美关系也将在一定程度上给我国自沙特和澳大利亚进口油气带来不易观测但又具有必然性的影响。

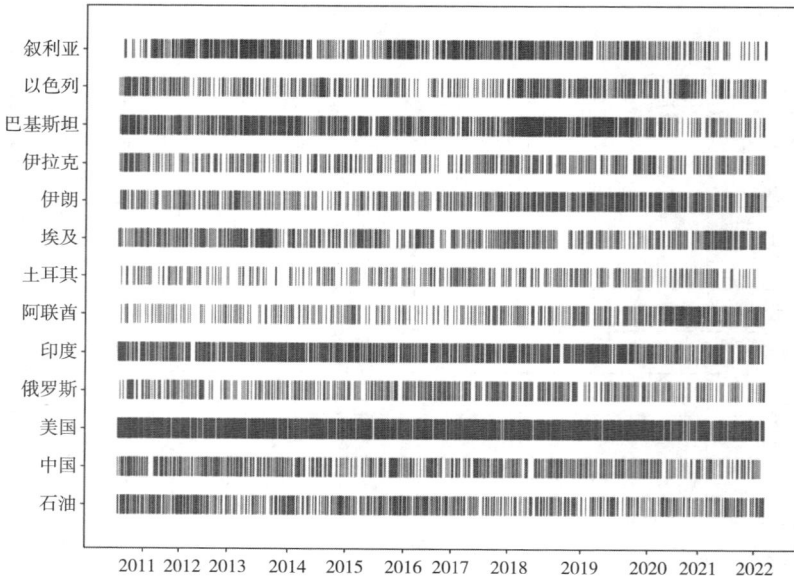

图7 2010—2022 年沙特新闻标题高频词分布

以沙特为例，2010—2022 年沙特主流英文网站新闻标题关键词分布显示，沙特对于美国的关注度要明显高于其他高频提及的国家。每 10000 条新闻中，标题提及美国的有 520 条，提及我国的有 155 条，提及俄罗斯的有 123 条，提及石油的有 155 条。同时，在涉华新闻报道中，与石油相关的仅占 9.8%。由此可见，沙特媒体对于中沙石油合作关注热情并不高，在一定程度上说明了美沙同盟关系对沙特舆论的影响，这种影响不仅是新闻报道字面上的，也存在于政府官员和民众之间，进而直接和间接地影响着中沙石油贸易和经贸合作。

五、对策建议

面对国际油气市场新动向和我国油气安全总体形势，我国要在"四个革命、一个合作"能源安全新战略的指引下，树立新时代能源合作大局观，紧扣"一带一路"建设重点，积极打造全球能源、生产、贸易、营运等多元合作体系，把确保外部油气稳定供应作为能源对外合作的重要任务之一，继续巩固和拓展油气主要进口来源、提高油气进口效率、防范油气进口风险，推动构建更加广泛的能源合作伙伴关系网络和能源命运共同体。

（一）进一步加强与关键国家合作

对于沙特、俄罗斯、澳大利亚、土库曼斯坦等我国油气进口关键来源地，要充分发挥其压舱石的作用，建立更加健全稳定深入的长期合作机制，以增进政治经济关系降低油气合作风险，以提高油气合作层次加强政治经济联系，加强能源发展政策和规划的交流与协作，提高基础设施互联互通水平和能源资源贸易便利化水平，加强油气投资、产能合作、科技创新合作，推动油气贸易战略性合作、合力维护海陆运输通道安全，不断优化长期供油供气合同，创新计价和结算方式。在兼顾各方利益关切和合作意愿基础上，积极推动双边、三方、区域和多边等多种形式的油气合作。同时要紧密防范国际地缘政治格局，特别是美国力量对我国与重点国家油气合作的干扰。

（二）稳步推动油气进口多元化

在中东北非方向，对于卡塔尔等进口效率较高但安全性略低的国家且仍以油气资源开发为经济主要发展方向的国家要重点加强双边经贸关系，进一步做大包括油气在内的贸易规模；对于伊朗、阿曼、安哥拉、尼日利亚、阿尔及利亚等供给能力充足但进口效率略低的国家，可以在切实做好政治风险防范的前提下，适当提高油气进口规模。对于美国和受美国影响较大的美洲油气资源，一方面本着不避讳、不依赖的原则，灵活开展进口。另一方面，抓住巴西、阿根廷、加拿大等国家期待加强油气国际合作的契机，可以我超大买家优势调动其合作积极性，稳妥开展油气贸易。

（三）创新国际油气投资合作方式

抓住国际石油市场红利期，以高质量共建"一带一路"为引领，积极捕捉国际市场机遇、参与国际石油产业链整合，运用技术、工程、资金优势，广泛布局石油勘探和开采合作，通过贸易、并购、投资、参股、合作等方式推动油气合作"走出去"，将勘探、开发、加工合作拓展到更多区域，并持续推动油气下游投资合作。对于中东地区的传统产油国，重点推动石油炼化和石油化工合作，探索开展石油基础设施和装备技术合作，尝试能源金融一体化合作方式和第三方市场合作。对于非洲和拉美地区有潜力的产油国，重点推动石油上游合作，以我资金和产能优势助其将资源优势转化为经济利益，并以股权换储备为国内应对国际石油市场波动提供外部缓冲器。对于有共同油气国际运输通道利益诉求的日韩印等亚洲国家，可合作建立改善原油天然气进口的海上陆上通道、发展远洋运输和管道运输，以增强利益绑定和降低风险隐患。

（四）提高我国对国际油气市场影响力

积极发展国内石油现货期货，健全石油流通和监管体系，打造多层次市场和多元化交易方式，完善成品油价格形成机制，推出相关石油价格指数，使我国内油价公正地反映供求关系。提高石油现货期货交易的国际参与程度，使其成为亚太地区进口石油的定价基准，推动石油出口国在定价公式中增加我价格指数权重，提高我对国际石油市场的影响力，压低石油亚洲溢价。打造原油结算、贸易投资、金融服务相结合人民币交易闭环，逐步实现绕过美元和美国金融体系，减少石油贸易对美元的依赖，推进人民币国际化进程。

（五）积极参与全球能源治理体系改革和建设

维护全球能源市场稳定，扩大能源领域对外开放，打造市场化法治化国际化营商环境，促进贸易和投资自由化便利化，放宽煤炭、油气、电力、新能源等领域外资准入限制。坚定支持多边主义，按照互利共赢原则开展双多边能源合作，积极支持国际能源组织和合作机制在全球能源治理中发挥作用，在国际多边合作框架下积极推动全球能源市场稳定与供应安全。积极参与联合国、二十国集团、亚太经合组织、金砖国家等多边机制下的能源国际合作，搭建中国与东盟、阿盟、非盟、中东欧等区域能源合作平台，推动 RCEP 在区域能源合作领域发挥更大作用。

（六）认真做好国内油气保障工作

把能源的饭碗牢牢端在自己手里，持续提升油气勘探开发力度，促进油气增储稳产上产，筑牢"压舱石"地位。继续贯彻"稳定东部、发展西部"方针，西部新区要突出风险勘探，东部油田稳产要全力延缓老油田递减。依靠技术创新推动油气开发方式转变，推进非常规油气开发，重点突破致密气、页岩气、致密油、煤层气、页岩油以及深水油气勘探开发的关键核心技术和装备。加快石油储备体系和制度建设，提高石油储备规模及应急响应水平，适时启动后续国家石油储备工程。大力提高石油商业储备，使其成为国家战略石油储备的重要补充，统筹布局本地仓和海外仓，适当为相关企业提供优惠贷款和资金支持。

参考文献：

[1] 曹慧. 欧盟对外能源政策：关系结构与发展工具 [J]. 欧洲研究，2014，32（02）：65－81.

[2] 陈辉吾，陈珊珊. 国际能源格局新变化与中国能源安全 [J]. 前线，2021（07）：35－38.

[3] 陈沫. 国际石油市场变化与中沙能源合作 [J]. 国际石油经济，2021，29（02）：92－98.

[4] 邓富华，冯乾彬，田霖. "一带一路"倡议下中国石油进口贸易效率及潜力研

究"[J]. 重庆大学学报（社会科学版），2019，25（05）：18-29.

[5] 樊大磊，等. 碳达峰、碳中和目标下中国能源矿产发展现状及前景展望 [J]. 中国矿业，2021，30（06）：1-8.

[6] 黎江峰. 中国战略性能源矿产资源安全评估与调控研究 [J]. 中国地质大学，2018.

[7] 李新权，杨晓锋. 我国能源安全战略面临的挑战与国际经验借鉴 [J]. 全球化，2022（01）：107-115.

[8] 林伯强，杜立民. 中国战略石油储备的最优规模 [J]. 世界经济，2010，33（08），72-92.

[9] 吕江. "一带一路"与后疫情时代国际能源秩序重塑：全球挑战、治理反思与中国选择 [J]. 社会主义研究，2021（04）：164-172.

[10] 吕军，王德运，魏帅. 中国石油安全评价及情景预测 [J]. 中国地质大学学报（社会科学版），2017，17（02），86-96.

[11] 马朋林，张所续. 日本保障能源供应安全的政策措施及其对我国的启示 [J]. 能源与环境，2019（04）：13-15.

[12] 庞孟昌，卢向前. 新冠肺炎疫情下的国际大变局与能源转型——"2021年油气市场形势研讨会"综述 [J]. 国际石油经济，2020，28（11）：31-40.

[13] 施雷. 国际石油市场现状、未来与对策 [J]. 中国远洋海运，2021（09）：22-27.

[14] 孙溯源. 中东北非变局与西方石油安全的悖论——兼论中国的石油安全 [J]. 外交评论（外交学院学报），2011，28（02）：26-37.

[15] 孙天晴. 基于复合泊松过程战略石油储备天数的概率模型及其应用 [J]. 数理统计与管理，2007（05）：852-857.

[16] 王仲颖，白泉，苏铭，熊小平. 建设现代能源体系 做好"十四五"能源发展和改革工作 [J]. 宏观经济管理，2021（05）：46-53.

[17] 吴方，吕珍珍. 霍尔木兹海峡对中国进口石油运输的安全影响 [J]. 农村经济与科技，2020，31（18）：1-3.

[18] 杨宇，等. 世界能源百年变局与国家能源安全 [J]. 自然资源学报，2020，35（11）：2803-2820.

[19] 杨宇，何则. 中国海外油气依存的现状、地缘风险与应对策略 [J]. 资源科学，2020，42（08）：1614-1629.

[20] 尹晓亮. 经验与教训：日本石油储备战略的再认识 [J]. 现代日本经济，2016（01）：22-31.

[21] 於宾强. 中东能源海上通道安全研究 [J]. 华侨大学，2020.

［22］张强，苗龙，汪春雨，胡海晨．新时代中国能源安全及保障策略研究——基于推进"一带一路"能源高质量合作视角［J］．财经理论与实践，2021，42（05）：116－123.

［23］张生玲，胡晓晓．中国能源贸易形势与前景［J］．国际贸易，2020（09）：22－30.

［24］张先锋，郭伟，蒋慕超，朱晨．东道国负面舆论偏向与企业 OFDI——基于东道国主流新闻媒体的情感量化分析［J］．产业经济研究，2021（05）：69－82.

［25］张轩诚，王国梁．中国海上石油进口的安全风险及对策［J］．山西师范大学学报（自然科学版），2020，34（01）：104－111.

2022 年 3 月

第九章

中国扩大服务贸易出口的思路与对策研究

内容提要： 近年来，我国服务贸易规模持续扩大、全球占比持续提升，正逐步成为全球服务贸易增长乃至全球贸易增长的新动力，但我国服务贸易竞争力较弱、服务业开放程度不高、服务贸易支持力度不足等问题仍然存在，成为制约我国服务贸易出口快速增长的阻碍。随着新一轮科技革命为全球服务贸易拓展出新的增长空间，制造业服务化趋势更加明显，全球服务贸易格局向高端化、供给集中化等方向发展。我应抓住后疫情时代全球服务贸易快速增长的机遇，通过提升我国服务业整体竞争力、建立健全服务贸易开放制度体系、大力发展数字贸易、积极参与国际服务贸易规则治理等途径，保障我国服务贸易出口持续健康增长。

一、我国服务贸易出口现状

（一）我国服务贸易规模持续扩大

近年来，我国服务贸易规模持续扩大，在对外贸易中的比重有所提升。根据商务部服务贸易和商贸服务业司发布的数据，2021 年我国服务贸易持续快速增长，进出口总额达到 52982.7 亿元，同比增长 16.1%，其中服务贸易出口规模为 25435 亿元，增速达到 31.4%，比进口增速高 26.6 个百分点。根据国家外汇管理局发布的数据，2021 年我国服务贸易占货物和服务贸易总进出口的比重为 9.5%，服务贸易出口规模为 23387 亿元（商务部与国家外汇管理局对于服务贸易的统计口径略有不同），服务贸易出口占货物和服务总出口的比重从 2015 年的 9.68% 提高至 10.15%。

根据商务部发布的《中国服务贸易发展报告 2020》，"十三五"时期，我国服务出口累计 1.3 万亿美元，较"十二五"时期增长 21.1%，年均增速达到 5.1%，高出全球 5.2 个百分点，我国服务出口增长速度明显快于世界平均水平。但 2018 年开始的中美经贸摩擦对我国服务贸易的负面影响较为明显，从图 1 可以看出，2015—2018 年，我国服务贸易出口增长较快，出口规模和出口增速均呈现上升态势，2018 年我国服务贸易出口更是达到了 17.0% 的高速增长。但在 2018 年之后，我国服务贸易出口增速快速下滑，除中美经贸摩擦外，还与这一阶段全球经济增长放缓、国内经济下行压力大以及新冠肺炎疫情均有一定的联系。但即便在疫情的影响下，2020 年我国服务出口降幅仅为 1.0%，远低于全球服务贸易平均降幅和美欧等主要经济体服务贸易出口降幅，可见，我国服务贸易出口应对外部风险的能力明显上升。

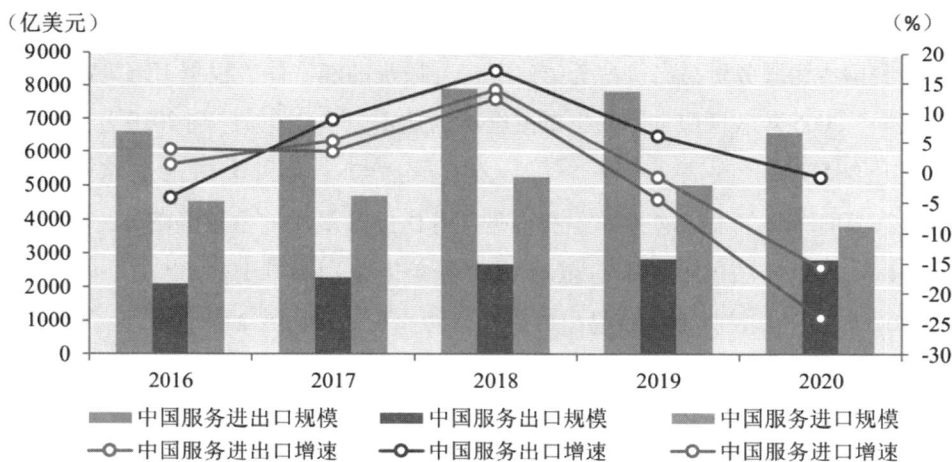

图 1　2016 年以来我国服务贸易进出口情况

图片来源：商务部《中国服务贸易发展报告 2020》。

（二）我国成为全球服务贸易增长的新动力

近年来，我国服务贸易规模稳居全球第二位，服务贸易出口增速远高于美欧等服务贸易出口大国。根据联合国贸发会议组织（UNCATD）公布的数据，2005—2020 年，我国服务贸易出口规模从 785 亿美元提高至 2806 亿美元，年均增速达到 8.9%，不仅高于同期全球的 4.2% 平均增速，也高于美国

（4.2%）、德国（4.3%）、法国（3.0%）、日本（3.1%）等发达经济体，比OECD 平均增速高出 5.3 个百分点，比除我国以外的全球发展中经济体平均增速高出 3.9 个百分点，我国成为名副其实的推动全球服务贸易增长的新动力。

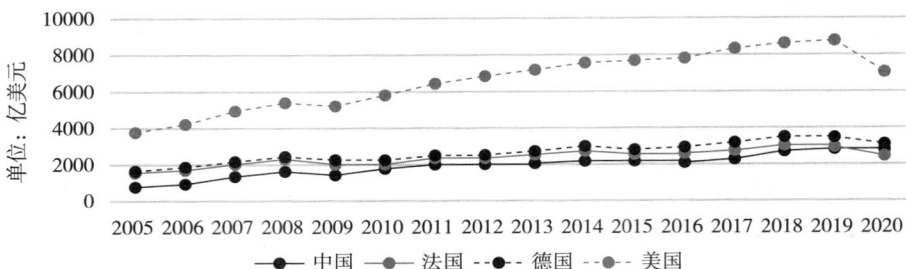

图 2　中美德法四国服务贸易出口规模对比

数据来源：UNCTAD 数据库。

我国成为服务贸易出口占全球比重提升最快的经济体。根据 UNCTAD 公布的数据，2005 年我国服务贸易出口占全球的比重只有 2.9%，到 2020 年这一比重提升至 5.6%，提高了 2.7 个百分点，虽然与美国和德国占全球的比重（14.2% 和 6.2%）仍有差距，但我国是该占比提升最快的主要经济体，这一时期美国、德国、法国、日本占全球的比重变化分别为 0.1%、0%、－0.9%、－0.6%，发达经济体服务贸易出口占全球的比重下降了 5.2 个百分点，除我国以外的发展中经济体占比提升了 2.4 个百分点。

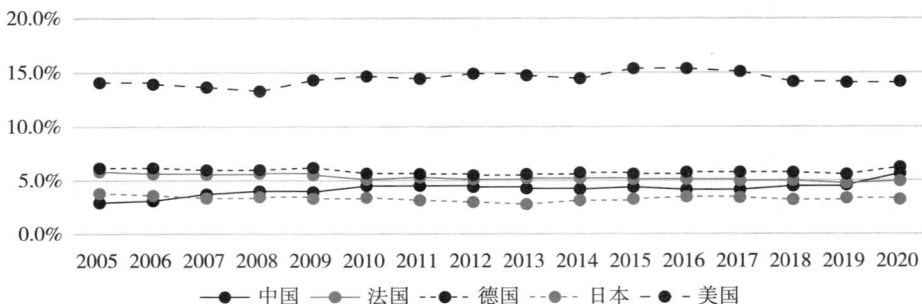

图 3　中美德法日五国服务贸易出口占全球服务贸易的比重

数据来源：UNCTAD 数据库。

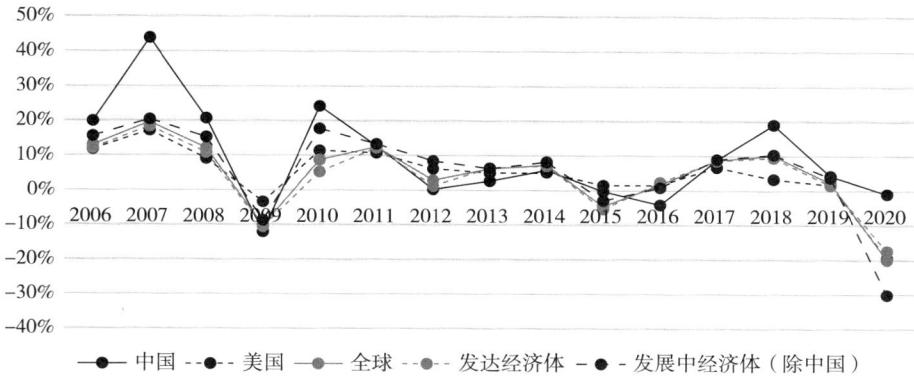

图4　主要经济体服务贸易出口增速对比

数据来源：UNCTAD 数据库。

（三）运输是传统服务贸易出口强项，电信、知识产权等新兴服务贸易增长较快

从我国服务贸易出口各细项占比来看，2020年其他商业服务、电信、运输三项是我国服务贸易出口的大项，占比分别为28.3%、21.0%、20.5%，三项合计占比69.8%，出口规模分别为754亿美元、590亿美元、576亿美元。此外，我国商品相关的服务、建筑服务出口也高达251亿美元、239亿美元，占我国服务贸易出口的比重均超过8%。从各项出口占比的变化来看，电信服务出口占比增长最快，从2005年的3.0%快速提升至2020年的21.0%，提高了18个百分点，其次是建筑服务出口占比从3.3%提高至8.5%，知识产权服务出口从0.2%提高至3.2%。这一时期电子信息技术飞速发展，我国在软件设计等新兴信息科技领域拥有较强实力，同时专利数量和质量同步提升，是推动我国电信服务和知识产权服务出口快速增长的主要原因。建筑服务出口占比的快速提升则与我国持续扩大开放，引导企业"走出去"、积极开拓海外市场有着较大联系，在共建"一带一路"倡议的推动下，我国与"一带一路"沿线国家签订的对外承包工程规模不断扩大。

表 1　我国服务贸易各细项出口占比

	2005	2010	2015	2020	2005—2020 年占比变化
商品相关服务	17.0%	14.1%	11.0%	8.9%	−8.0%
运输	19.7%	19.2%	17.7%	20.5%	0.9%
旅游	37.3%	25.7%	20.6%	6.1%	−31.3%
建筑	3.3%	8.1%	7.6%	8.5%	5.2%
保险	0.7%	1.0%	2.3%	1.9%	1.2%
金融	0.2%	0.7%	1.1%	1.5%	1.3%
知识产权	0.2%	0.5%	0.5%	3.2%	3.0%
电信	3.0%	5.9%	11.8%	21.0%	18.1%
其他商业服务	18.7%	24.8%	27.5%	28.3%	9.6%

数据来源：UNCTAD 数据库。

从我国各项服务贸易出口占全球该项服务出口的比重来看，我国建筑服务出口占全球建筑服务的出口达到了 26.2%，是我国具有绝对优势的服务项目，其次为商品相关服务，占比 12.4%，电信服务占比 8.3%，运输服务占比 6.9%，其他商业服务占比约 5.6%，知识产权、保险、旅游服务占比则在 2%—3%。

（四）我国各类服务的贸易竞争力呈现出明显的分化态势

从显示性比较优势指数①来看，2020 年服务贸易的九大分项中我国有五项显示性比较优势指数大于 1，金融服务、知识产权、旅游、保险和其他商业服务都具有显示性比较优势。但商品相关服务、运输、建筑、电信等四大类

---

① 显示性比较优势指数，通过该产业在该国出口中所占的份额与世界贸易中该产业占世界贸易总额的份额之比来表示，剔除了国家总量波动和世界总量波动的影响，可以较好地反映一个国家某一产业的出口与世界平均出口水平比较来看的相对优势。根据日本贸易振兴协会（JETRO）的标准，总体来说，若 0 < RCA < 1，则表示某产业或产品具有比较劣势，其数值越是偏离 1 接近于 0，比较劣势越明显；若 RCA > 1，则表示一国某产业或产品在国际经济中具有显示性比较优势，其数值越大，显示性比较优势越明显。如果 RCA > 2.5，则具有很强的竞争优势；若 1.25 < RCA < 2.5，则具有较强的竞争优势；若 0.8 < RCA < 1.25，则该行业具有较为平均的竞争优势；若 0 < RCA < 0.8，则不具有竞争优势。

服务的显示性比较优势指数小于1，即呈现出比较劣势。从2005—2020年各项服务显示性比较优势指数的变动情况来看，我国的旅游、商品相关服务比较优势有明显提升，但金融、知识产权、保险等服务比较优势则有较大幅度下降。

表2　我国服务贸易的显示性比较优势指数

	2005	2011	2015	2020	2005—2020年变化量
商品相关服务	0.20	0.24	0.30	0.46	0.26
运输	1.09	1.14	1.02	0.81	−0.28
旅游	0.70	1.00	1.17	1.81	1.11
建筑	0.52	0.29	0.25	0.21	−0.31
保险	3.48	1.63	1.06	1.48	−1.99
金融	46.12	22.28	8.53	7.12	−39.00
知识产权	31.88	16.87	13.39	2.48	−29.40
电信	2.28	1.18	0.81	0.68	−1.60
其他商业服务	1.10	0.75	0.81	1.00	−0.10

数据来源：UNCTAD数据库，2010年"其他商业服务"数据缺失，因此表中选取2011年进行展示。

从贸易竞争力指数①来看，由于我国主要服务项目呈现逆差态势，我国服务贸易的贸易竞争力整体不强。其中，运输、保险、知识产权、其他商业服务具有一定的贸易竞争力，但建筑、金融、旅游、商品相关服务等贸易竞争力较弱。从2005—2020年贸易竞争力指数的变动来看，金融、电信、保险、其他商业服务、知识产权等服务的贸易竞争力有明显提升，建筑、运输和商品相关服务的贸易竞争力却有一定程度的下降。

----

① 贸易竞争力指数（TC指数），是指一国进出口贸易的差额占其进出口贸易总额的比重。TC指数＝（出口−进口）/（出口＋进口）。指数越接近于1竞争力越大，等于1时表示该产业只出口不进口；指数越接近于−1竞争力越弱，等于−1时表示该产业只进口不出口；等于0时表示该产业竞争力处于中间水平。

表3 我国服务贸易的贸易竞争力指数

	2005	2010	2015	2020	2005—2020 年变化量
商品相关服务	-0.03	-0.04	-0.33	-0.15	-0.12
运输	1.00	0.99	0.88	0.73	-0.27
旅游	-0.30	-0.30	-0.38	-0.24	0.05
建筑	0.15	-0.09	-0.69	-0.77	-0.92
保险	0.23	0.48	0.24	0.49	0.26
金融	-0.86	-0.80	-0.28	-0.39	0.47
知识产权	-0.05	-0.02	-0.06	0.15	0.19
电信	-0.94	-0.88	-0.91	-0.62	0.32
其他商业服务	0.02	0.44	0.39	0.28	0.26

数据来源：UNCTAD 数据库。

二、新形势下全球服务贸易发展机遇与挑战并存

服务贸易正在成为国际经贸中最活跃的"新引擎"。世界贸易组织的数据显示，近10年来，全球服务贸易平均增速是货物贸易增速的两倍，世界贸易组织预测，到2040年，服务贸易的占比将由当前的约22%提升到50%左右，服务贸易在全球贸易中的地位和作用将进一步提升。但与此同时，新冠肺炎疫情、中美大国竞争、新一代技术革命、新供给消费模式等内外部冲击，既为全球服务贸易发展带来机遇，也为我国扩大服务贸易出口带来了新的挑战。

（一）新一轮科技革命拓宽了服务贸易发展的空间，也加剧了我国服务贸易出口面临的激烈竞争

一方面，以"5G＋"为代表的新一轮技术创新和推广应用，催生了新的服务贸易需求。信息技术的快速发展推动了全球经济数字化的发展进程，互联网、大数据、云计算、人工智能等技术与实体经济加速融合，加之疫情对线上经济的催化作用，各国居民对跨境服务的需求持续增长，线上平台经济、跨境服务交付的新业态新模式不断涌现，全球贸易的服务种类和规模呈双升

态势。与此同时，信息技术的快速发展大幅降低了服务贸易的成本，也为全球服务贸易持续增长奠定了基础。根据 WTO《2019 年世界贸易报告》，传统服务贸易成本几乎是商品贸易成本的两倍，但在 2000 年至 2017 年期间，由于数字技术发展、政策壁垒减少和基础设施投资，服务贸易成本下降了 9%。

但另一方面，新一轮科技革命带来的全球性产业繁荣将使我国服务出口面临更加激烈的竞争。一是我国服务贸易起步较晚，与欧美等发达经济体相比规模较小，产业竞争力和国际市场积累与这些服务出口大国仍有差距，这也就意味着在新一轮产业繁荣中我国要"弯道超车"实现服务贸易出口的持续大幅增长，必然要面临来自服务出口大国的激烈竞争。二是新一轮科技革命带来的是更大的不确定性，我国既是全球服务贸易供给的竞争者，也是全球服务贸易需求的被竞争者，在更加开放的市场环境下，国内大市场也将成为国内外企业竞争的重要阵地，内外竞争叠加将使我国企业面临前所未有的生存压力。

（二）制造业服务化为新发展阶段服务贸易增长提供动力，同时也将放大我国服务贸易竞争短板的负面影响

一方面，随着全球产业链中制造与服务环节的联系更为紧密，生产性服务快速发展，制造业服务化与新一代技术革命一样，将推动服务贸易范围的扩大和规模的增长。服务在商品生产以及产品竞争力提升中的作用越来越重要，成为企业创造价值增值的主要来源。世界银行发布的《遭遇麻烦？制造业导向型发展的未来》中指出，发达国家产品的最终价格中，制造环节增值占比不到 40%，服务环节增值约占 60%。同时，数字化、网络化、智能化等产业发展趋势下，作为技术载体的服务将成为制造企业的核心竞争力。

但另一方面，我国服务贸易短板将进一步凸显。旅游和运输是我国服务贸易的传统大项，同时也是我国服务贸易逆差的主要来源，知识产权出口占我国服务贸易总出口的比重在 2020 年也仅为 3.2%，金融占比则更低，为 1.5%，电信服务出口的规模和占比虽均有所上升，但成熟的外包业务居多，原创性或具有全球竞争力的电信服务出口仍有待进一步发展。在制造业服务化的新发展趋势下，我国服务业竞争力较低、能力弱的问题更加凸显。

（三）全球服务贸易格局呈现新特征

一是贸易结构加速转变，高端服务逐渐崛起。我国服务贸易的两大传统部门是旅游和运输，但在新冠肺炎疫情的背景下，受制于货物、人员流动和商务往来的限制，两大传统服务受到明显负面冲击，相反，技术含量较高、信息化程度较高或可信息化的服务，例如，计算机与信息服务、会计咨询、知识产权、研发合作、维修服务等活动更加活跃，并成为疫情冲击下发展最为迅速的服务贸易领域。二是跨国公司更加重视对核心环节服务增值能力的掌控。长期以来，跨国公司都是全球产业布局和跨境贸易的重要推动者，对服务要素的全球布局也随着全球化变动趋势而逐步调整。在 21 世纪的前 20 年中，全球服务贸易的集中度较高，即前十大服务贸易进出口国的服务贸易规模占全球的比重在一半左右，随着以中国为代表的新兴国家的崛起，跨国公司在全球服务贸易国别结构中的布局也由以发达国家为主逐步向发展中国家转移、调整。三是全球服务贸易市场准入仍有加严的趋势。我国服务贸易开放的进程持续推进，服务贸易对外开放水平持续提高，对市场准入的放开幅度不断增大，但从全球来看，服务贸易市场却仍然有准入收紧的趋势，主要是以美欧为代表的发达经济体在贸易保护主义思维的推动下，陆续出台涉及服务贸易领域的外资准入限制性文件，全球数字服务贸易限制指数由 0.17 小幅上升至 0.18。四是全球服务贸易规则重构将成为未来一段时期的全球化重点议题。二战以来，随着航运事业的兴起和各国对进出口贸易的持续开放，货物贸易得到了长足发展，至今，货物贸易全球规则已形成一套较为完整的国际通用体系，而服务贸易则是在本世纪才实现了较快增长，这主要是信息化进程的加快带动了服务的可贸易化，但由于服务贸易涉及的标准、法律法规、可贸易化程度等在各个国家之间存在明显差异，所以服务贸易的全球性规则仍为达成统一。随着新一代科技革命的深入推进，可贸易的服务种类和范围将大幅拓展，服务市场开放与投资自由化将成为全球服务贸易规则的重要议题。

三、我国服务贸易出口存在的问题和短板

（一）作为服务贸易的基础，我国服务业规模快速扩大但实力不强

近年来，我国服务贸易规模持续扩大，至 2013 年我国成为全球服务贸易第二大国，仅次于美国，但我国服务贸易的实力仍然不强。一是作为服务贸易的基础，我国服务业发展仍然与美国等发达经济体有较大差距，从三次产业结构的占比来看，2020 年我国第三产业占国内生产总值的比重为 54.5%，而同期美国为 81.5%，美国第三产业增加值占比比我国高出 27 个百分点；从劳动力的分布来看，2020 年美国第三产业就业人数占比（79%）高出我国（47.1%）近 32 个百分点，在庞大的经济体体量和占比双重差异下，我国服务业规模仍远不及美国。二是我国服务贸易质量和发展水平仍未达到世界领先水平。《全球服务贸易发展指数报告（2021）》公布的资料显示，2021 年全球服务贸易发展指数排名前 10 位的分别为美国、卢森堡、爱尔兰、英国、新加坡、法国、德国、中国澳门、荷兰和日本，均为高收入国家或地区，我国虽然较上一年上升了 6 个名次，但在全球仍排名在第十四位。三是我国国内服务贸易发展区域不平衡问题突出。根据上述报告中对我国省级服务贸易发展指数的评估，上海和北京在全国服务贸易发展中遥遥领先，服务贸易发展水平远超其他省市，从区域来看，东部的服务贸易质量远超中部和西部地区。

（二）服务业开放程度整体不高

从 OECD 公布的服务贸易限制性指数（Service Trade Restrictiveness Index，STRI）来看，我国服务贸易各领域的限制性指数均呈现出明显的下降趋势，2014—2017 年限制性指数下降幅度最大的领域是分销服务、铁路货运、建筑服务、工程服务和公路货运，2017—2020 年大多数领域限制性指数下降幅度均较前一时期有明显扩大，尤其是海上运输、货物装卸、建筑施工、货运代理、商业银行、海关经济、计算机服务等，降幅均在 15% 以上。从我国各年度的纵向对比来看，我国服务贸易领域开放程度持续扩大，且 2017 年以来开放的步伐明显加快。但从横向的国别对比来看，2021 年我国整体服务贸易限制性指数明显高于欧美等发达经济体，甚至高于墨西哥等部分发展中国家（见图 6）。

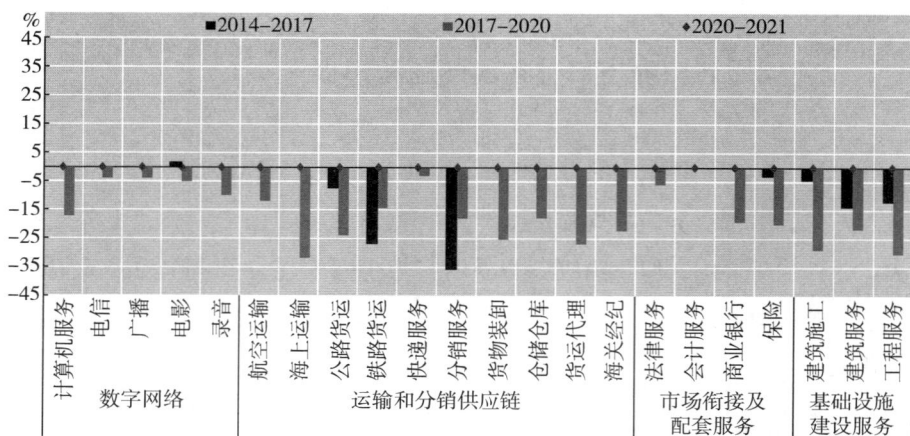

图5　2014—2021年我国服务贸易各领域限制性指数变动百分比

资料来源：OECD服务贸易限制性指数数据库。

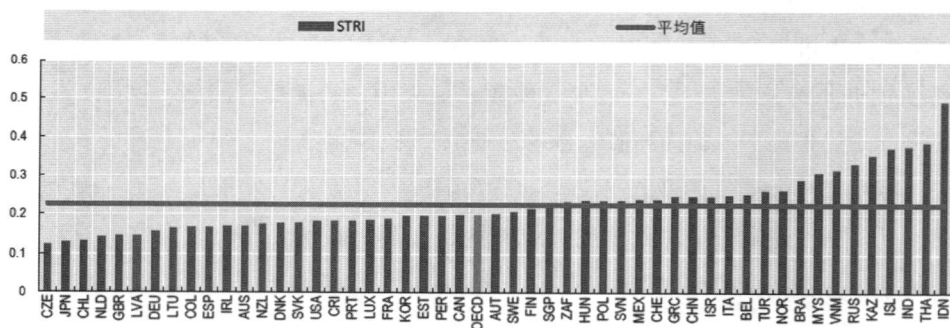

图6　2021年全球主要经济体的服务贸易限制性指数

资料来源：OECD服务贸易限制性指数数据库，STRI的值介于0到1之间，1代表限制性最高。

从我国各领域的STRI指数与全球同领域限制指数的平均值对比来看，我国在建筑服务、工程服务、铁路货运、分销服务等领域限制性低于全球平均水平，即开放程度整体较高。但在电信、快递服务、会计服务等领域限制性指数远高于全球平均值，即这些领域的开放程度仍有较大提升的空间。

（三）服务贸易政策支持力度有待加强

后疫情时代，我国服务贸易仍将在一段时期内保持贸易逆差。从国际服务贸易的国际收支分布看，发达国家顺差，发展中国家逆差，且疫情带来的短期冲击不会改变发达国家、欧洲和北美地区较强的国际竞争优势。近15年

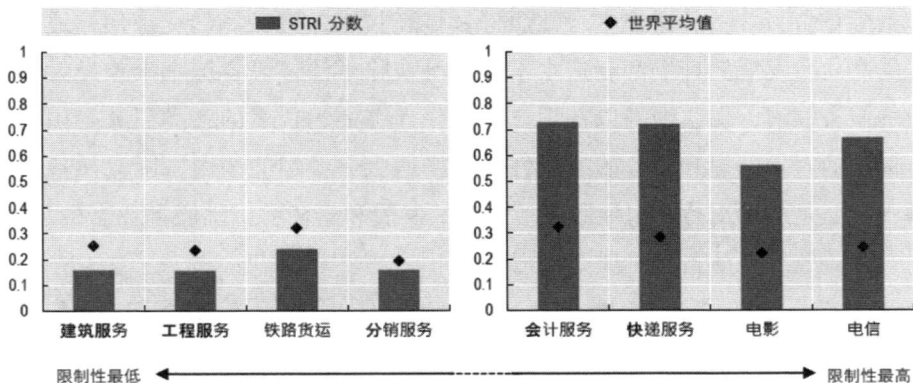

图7 2021年我国限制最多和限制最少的服务贸易领域

资料来源：OECD 服务贸易限制性指数数据库。

来，发达国家服务贸易顺差逐年扩大，发展中国家服务贸易逆差前10年逐年扩大，近5年来虽有缩小的趋势，但与2005年相比，双方的比较优势有扩大的趋势。在我国服务贸易开放起步较晚、竞争力不强的情况下，更需要有系统的服务贸易支持政策，保障服务贸易出口的持续健康增长。

但目前，由于服务业涉及的范围广、行业特征差异大、服务贸易新业态新模式不断产生，我国服务贸易政策支持体系和管理体系仍有待进一步完善，包括中央与地方服务业发展和服务贸易发展政策的统一、监管和行业标准与国际标准的统一等。与货物贸易相比，我国在建立国际化交易平台、财税优惠力度、提升服务贸易自由化便利化水平等扩大服务贸易出口的政策支持力度仍有待进一步提高。

四、对策建议

（一）强化根基，加快推动服务业高质量发展，提升我国服务贸易竞争力

在新一轮科技革命和产业变革的战略机遇下，从对接市场需求入手，推动我国服务业向高技术水平、高附加值方向转型升级，尤其是在自主研发和颠覆性的新技术领域加大投入并实现技术突破，全面增强服务业的创新能力

和国际竞争力。一是加快生产性服务领域新技术的突破和转化应用，通过服务的高质量发展提升生产制造水平。二是在除了法律等各国基础差异无法调整的服务领域，加快推进以知识产权、会计咨询为代表的各类服务与国际通行标准的对接，提升服务的通用性，为畅通服务领域的国内国际双循环奠定基础。三是鼓励支持和引导服务新业态的发展和繁荣，推动服务业态的创新，提升服务业发展活力，实现"换道超车"。

（二）立足开放，建立健全服务贸易开放制度体系，推动服务贸易进一步扩大开放

一是有序放宽服务领域的市场准入，借助外资企业推动国内服务贸易创新发展。在当前海南自由贸易港跨境服务贸易清单的基础上，加快服务贸易创新发展试点开放平台在相关领域的试验，推动全国版跨境服务贸易负面清单的出台。在健全准入前国民待遇加负面清单管理制度的同时，破除负面清单之外隐性准入壁垒，支持商业存在模式服务贸易加快发展。鼓励支持外商投资企业在知识产权、金融、保险、电信、商业服务等领域开展服务贸易活动，加速国内服务与国际市场对接，进而提升我国服务贸易的规模和质量。

二是积极参与全球服务贸易合作网络的重塑。美欧等发达经济体作为全球服务贸易的主要参与者，仍然是我国开展服务贸易的重要伙伴，应进一步加强与全球"服务贸易大户"的服务贸易往来合作，加强与相关国家在海关、税收、监管等领域的合作，共同探索在数字贸易、跨境电商、知识产权等领域共同研究制定标准、规则和制度。与此同时，以共建"一带一路"国家为重点，拓展与新兴市场的服务贸易合作。充分发挥共建"一带一路"专项贷款、丝路基金、各类专项投资基金的作用，支持多边和各国金融机构共同参与我与相关国家开展服务贸易的投融资活动。

（三）顺应趋势，在全球数字化发展浪潮下，打造服务贸易出口新的增长点

抓住数字经济和数字贸易发展机遇，坚定落实《"十四五"服务贸易发展规划》，加速推进服务贸易数字化转型进程。持续创新和完善数字服务贸易促进政策，提升政策对数字服务贸易发展的支持效果。以新一代信息技术服务贸易为重点，提升我国在新兴数字技术贸易业态领域的创新能力和竞争力。在跨境

数据流动等数据贸易领域，加强与国际各方（包括世界主要国家和国际机构）的沟通合作，参与并积极建立对我有利的数据贸易通行规则。大力发展知识产权服务贸易，完善技术贸易促进体系，大力发展知识产权出口，鼓励引进先进技术，推动技术进口国别的多元化提升技术进口的稳定性，通过引入国际知识产权咨询和代理服务，加快推动国内知识产权转化运用和对外贸易。

（四）掌握主动，积极参与国际服务贸易规则治理，提升我国在国际经贸规则标准制定中的影响力和话语权

一是积极参与全球服务贸易治理。在世界贸易组织为核心的多边贸易体系下，推动完善体现发展中国家利益的服务贸易规则和体系，维护全球化和多边治理的运行机制。积极与美欧等发达经济体展开服务贸易多双边谈判，探索在服务贸易市场准入和规则制定领域的共识。加强与共建"一带一路"国家的服务贸易合作，争取全球治理的利益共同体和价值共同体。

二是加强服务贸易风险预警与对策研究。在百年未有之大变局背景下，中美经贸摩擦、新冠肺炎疫情等对国际经贸合作产生了深刻而长远的影响，为保障服务贸易的持续稳定健康发展，应及时建立长效的服务贸易监测预警与应对机制，为企业等贸易主体提供内外部环境变化预警和国际贸易规则培训等服务和指导，减轻或避免企业在外部冲击下产生的服务贸易损失。

参考文献：

［1］陈晨．中俄服务贸易竞争与合作研究［D］．哈尔滨：黑龙江大学．

［2］陈松洲．中国服务贸易发展的现状、制约因素及对策研究［J］．经济与管理，2010（2）：6.

［3］陈文玲．我国推动服务贸易发展的政策选择［J］．南京社会科学，2009（3）：6.

［4］戴翔，张二震．全球服务贸易新趋势与我的机遇［J］．中国国情国力，2017（5）：3.

［5］费娇艳．中国服务贸易补贴绩效评价及政策选择［D］．北京：对外经济贸易大学．

［6］宫晶晶．我国服务贸易国际竞争力研究［D］．长春：吉林财经大学，2010.

［7］贺超，冯宗宪．中国电信服务业国际竞争力分析［J］．陕西经贸学院学报，2002，15（2）：4.

［8］贾晓琴．我国服务贸易发展的问题及对策研究［J］．企业科技与发展，2018（1）：3.

［9］康承东．我国服务贸易国际竞争力分析［J］．国际贸易问题，2001．

［10］李春红．我国服务贸易发展滞后的制约因素及对策研究［J］．价格月刊，2016．

［11］李怀政．我国服务贸易国际竞争力现状及国家竞争优势战略［J］．国际贸易问题，2003（2）：6．

［12］李晓钟，张小蒂．我国对外服务贸易国际竞争力分析［J］．福建论坛：人文社会科学版，2004（7）：4．

［13］林红．中国服务贸易竞争力研究［M］．北京：中国经济出版社，2009．

［14］马玉荣．服务贸易呈现开放发展新趋势——专访国务院发展研究中心对外经济研究部部长张琦［J］．中国发展观察，2020（15）：4．

［15］孙冰．数字化浪潮下的服务贸易新趋势［J］．中国经济周刊，2021（9）．

［16］汤婧，夏杰长．我国服务贸易发展现状、问题与对策建议［J］．国际贸易，2016（10）：6．

［17］王佳晨．国际服务贸易发展趋势对中国服务贸易发展的影响及建议［D］．西安：西北大学．

［18］王小平，高钟庭．中国服务贸易竞争力分析与对策研究［J］．生产力研究，2004（9）：3．

［19］吴思．开启服务贸易高质量发展新征程——2021年服贸会服务贸易开放发展新趋势高峰论坛综述［J］．中国发展观察，2021（17）：3．

［20］邢厚媛．扩大服务贸易出口的思路与对策．商务部国际贸易经济合作研究院，［EB/OL］，https：//www.wenmi.com/article/pu8prc00eucz.html．

［21］徐婧．我国服务贸易发展的制约因素与对策研究［J］．黑龙江对外经贸，2007（10）：3．

［22］姚艳飞．中印服务贸易竞争力比较及对策分析［D］．大连：东北财经大学，2012．

［23］于小燕．中国服务贸易问题与发展对策研究［D］．石家庄：河北师范大学，2013．

［24］张向丽．中国教育服务贸易竞争力提升的对策研究［J］．河南社会科学，2003，11（6）：2．

［25］周杰，匡敏．中国生产性服务贸易出口的制约因素及对策建议［J］．价格月刊，2021（6）：7．

［26］朱福林．中国数字服务贸易高质量发展的制约因素和推进路径［J］．学术论坛，2021，44（3）：11．

2022 年 5 月

第十章

气候变化背景下创新国际产能合作思路研究

内容提要：人类活动排放的大量温室气体导致全球气温不断升高，给地球生态环境带来一系列负面影响。我国曾在国际重要场合多次重申中国应对气候变化的重大承诺，明确表示愿意携手各国走绿色低碳，可持续发展之路，彰显了我国积极应对气候变化的坚定决心。未来一段时期内，我国应牢牢抓住全球"绿色复苏"和发展中国家"绿色新政"机遇期，探索出一条符合全球绿色可持续发展的新型国际产能合作模式。

2020 年新冠肺炎疫情对全球经济造成严重冲击，随着各国政府陆续开始经济重建，绿色转型与包容性发展再度成为全球复苏的重要抓手，绝大多数国家都将提高经济韧性、降低碳排放，以及提高能源利用效率作为主要目标。我国海外产业布局目标国和地区多集中在经济活力旺盛且存在绿色复苏诉求的新兴经济体国家。如何统筹做好国际产能合作方式调整，协助上述国家和地区完成经济绿色转型，将成为"十四五"时期提升我国国际产能合作韧性，建立高质量国际分工合作网络的必要保障。

2021 年 9 月 21 日国家主席习近平在北京以视频方式出席第七十六届联合国大会一般性辩论时强调，我国将力争 2030 年前实现碳达峰、2060 年前实现碳中和并大力支持发展中国家能源绿色低碳发展。此前国务院已先后出台《国务院关于加快发展节能环保产业的意见》《国务院关于推进国际产能和装备制造合作的指导意见》《国务院关于加快建立健全绿色低碳循环发展经济体系的指导意见》等指导意见，明确表示将结合受援国需要和我国援助能力，加大在环境保护、清洁能源、应对气候变化等领域的对外援助力度；支持企业、科研机构走出去开展相关技术、产品和服务合作，强调境外企业在积极参与当地生产建设的同时应注重资源节约利用和生态环境保护，承担社会责任，为当地经济和社会发展积极作贡献，实现与所在国的互利共赢、共同发展；鼓励节能环保企业参加各类双边或国际节能环保论坛、展览及贸易投资促进活动等。总的来看，随着我国"双碳"目标的提出，我国将愈发重视绿色、低碳约束下的国际产能合作，通过高层访问、搭建合作平台、开展技术交流、提供金融便利等方式进一步推动国际产能合作绿色转型。

一、气候变化成为全球经济社会发展亟待解决的重要问题

据全球碳计划（GCP）测算，2011 年至 2019 年，全球二氧化碳排放量平均每年增加 1.4 吉吨，每年排放约 40 吉吨，其中约 60% 的碳排放由新兴经济体化石能源燃烧所导致。根据联合国政府间气候变化专门委员会（IPCC）第六次评估报告，由于过去和现在的二氧化碳排放，目前全球平均气温每十年增加 0.2℃，许多陆地区域变暖程度高于全球年平均水平，北极的变暖程度要比工业化前高 2 至 3 倍。根据国际能源署（IEA）测算，如全球在 2050 年实现零排放目标，那么每年的全球总碳排放量不能高于 2021 年的 40%。尽管新冠肺炎疫情大流行使得全球化石能源消费有所下降，但随着 2022 年各主要经济体陆续加快经济复苏进程，全球二氧化碳排放量将较疫情前增长 5%，其中约 40% 的碳排放量将来自东盟、印度、中国、巴西等六个新兴经济体。

尽管目前多数发展中国家并未做出碳达峰承诺，但绝大数根据各自的国情和能力，提出了多样化的国家自主贡献减缓目标形式。如印度承诺在未来一段时期内将二氧化碳排放量在 2005 年的基础上减少 20%—50%，东盟部分成员国表示不会增加额外的二氧化碳排放，提出增加碳汇，发展清洁能源等节能减排目标。俄罗斯承诺在 2030 年将排放量减少到 1990 年水平的 70%，并在 2060 年实现净零排放。但由于发展中国家之间资源禀赋、财富积累水平、产业结构存在较大差异，因此制定统一有效的碳减排绝非易事。如越南、印度尼西亚等大力发展工业，希望借助资源密集型产业实现经济发展，短期内对碳排放承诺更倾向于采取中间政策即承诺为全球碳达峰做出政策调整又

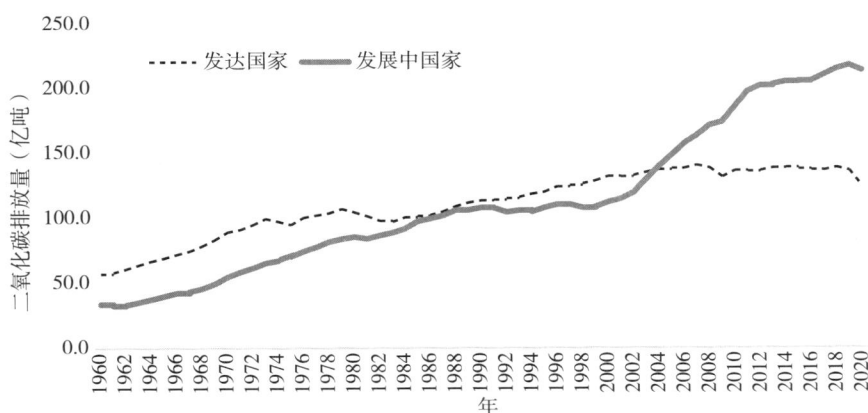

图 1　全球二氧化碳排放量

数据来源：Global Carbon Atlas。

希望按照"共同但有区别责任原则"分担碳排放指标，以确保国内经济发展不受影响。俄罗斯于 1990 年已经实现碳达峰，但近年碳排放出现反弹式增长，2021 年该国已成为全球第四大二氧化碳排放国，鉴于俄罗斯政府已在石油和天然气工业进行了大量投资，因此能否如期兑现碳减排、碳达峰承诺仍存在较大变数。受国家可再生能源技术普及和新冠肺炎疫情影响，2020 年印度二氧化碳排放量下降约 1.4%，但随着经济重启，高碳排放型经济发展模式将使印度再次面对碳减排压力。国际能源署预计在未来 20 年内，印度的能源需求增长幅度将超过其他任何国家，其中煤炭消费强势反弹将显著推动印度碳排放。

从行业层面看，交通运输是化石能源消费的重点行业，也是大气二氧化碳的主要来源之一。据美国商业资讯最新发布报告，未来 5 年，全球商用车市场将进入高速扩张期，仅东盟商用车市场的复合年增长率将超过 6.97%，由于大多数发展中国家商用汽车仍以化石燃料消耗为主，因此随着商用车需求总量不断增长，碳排放总量控制难度也将不断增大，若不实行积极、持续的减缓政策，交通运输领域碳排放将成为全球碳排放面临的巨大挑战。从电力部门来看，在 2019—2020 年有所下降后，2021 年全球电力消费以 7% 的速度再次创下历史新高。随着未来新兴经济体逐渐摆脱疫情影响经济再次回归高速发展期，电力需求也呈现明显上升态势。尽管太阳能光伏、陆上风电和海上风电的兴起将使全球发电碳排放量年增长控制在1%，但预计在2022年至2024年超过40%的电力仍是由化石能源燃烧产生。从制造业来看，根据国际能源署报告数据，当前水泥、钢铁、化工等能源密集型产业碳排放量已占到全球总碳排放量的20%，成为仅次于交通运输和电力的第三大二氧化碳生产源。为实现制造业绿色、低碳、可持续发展，需在保证能源清洁供应的同时加快对清洁用能技术的改造，如在冶炼环节高炉煤气精脱硫等技术仍需创新突破，烟气脱硫、脱硝、除尘技术能否长期稳定达标尚需时间验证，同时，资金保障、环保管理等问题需要行业共同研究解决。

图2　我国在共建"一带一路"国家部分能源品种电力项目情况

数据来源：波士顿大学全球发展政策中心。

值得一提的是，"十三五"时期我国为实现产业结构转型升级，严控高能耗高污染行业发展规模，陆续出台相关政策严控国内钢铁、水泥等国内高碳项目审批。如2016年国务院发布了《政府核准的投资项目目录（2016年本）》。进一步强化产业政策引导投资方向的关键作用，加强相关政府机构的投后监管。明确钢铁、电解铝、水泥、玻璃、造船等重工业在国内不得申请扩大产能，加之发展中国家劳动生产率普遍不高，大部分国家在全球产业分工中以能源、原材料供应为主，产业结构偏重高碳排放型，对我能源密集型产业存在承接诉求一定程度上造成国内部分计划淘汰的资源密集型产业借跨境投资转移到海外，对当地经济绿色转型产生了部分不利影响，另一方面，为实现产业结构转型升级、严控国内高耗能高污染行业比重，我国政府陆续出台相关政策严控国内钢铁、水泥、煤矿等国内项目审批。

表 1　共建"一带一路"国家部分高排放产业分布

行业	重点区域	重点国家
钢铁	东盟	铁矿：马来西亚、沙特、哈萨克斯坦、蒙古、俄罗斯、土耳其、印度尼西亚、印度、吉尔吉斯斯坦
		钢铁：马来西亚、沙特、泰国、哈萨克斯坦、印度尼西亚、菲律宾、越南
水泥	东南亚和中亚	印度尼西亚、老挝、柬埔寨、尼泊尔、缅甸、俄罗斯、塔吉克斯坦、吉尔吉斯斯坦、哈萨克斯坦、赞比亚、南非、莫桑比克、蒙古
煤炭	煤炭资源丰富且消费需求较大地区	俄罗斯、蒙古、印度尼西亚、南非、乌克兰、土耳其、波兰
化肥	东南亚、南美	泰国、菲律宾、越南、印度尼西亚、阿根廷
炼化和乙烯	亚洲、中东	印度尼西亚、马来西亚、伊朗

资料来源：作者根据国家发展和改革委员会相关文件整理。

二、创新国家产能合作面临的主要机遇与挑战

随着联合国应对气候变化议程的深入推进，我国秉持构建人类命运共同体理念，支持绿色低碳发展，加强与众多发展中国家在低碳和可再生能源技术领域方面开展务实合作，推动建设绿色、环保及可再生能源项目，分享中国"绿色转型"实践经验。

一是绿色发展合作机制不断完善。我国在大力发展低碳、零碳技术、加速推动绿色低碳转型的同时，积极向广大发展中国家低碳化转型提供帮助。与联合国环境规划署等签署关于建设绿色"一带一路"的谅解备忘录，先后与 30 多个共建国家签署生态环境保护协议，发起绿色照明、绿色高效制冷、绿色"走出去"等绿色行动倡议。2021 年 6 月，中国等 29 个共建"一带一路"国家共同发起"一带一路"绿色发展伙伴关系倡议，聚焦深化绿色低碳

发展、生态环境保护、清洁能源开发利用等领域合作。与共建"一带一路"国家共同发起成立"一带一路"绿色发展国际联盟，目前已有来自43个国家的150多个合作伙伴加入；启动了全球气候变化治理及绿色转型，绿色能源效率、绿色技术创新和企业社会责任等10个专项合作内容；成立"一带一路"绿色发展国际研究院，打造绿色发展的国际高端智库等。

在人类命运共同体理念引领下，我国同共建"一带一路"国家探索绿色丝绸之路建设，为其提供绿色低碳技术以及绿色公共产品，为广大共建"一带一路"国家实现绿色转型提供了中国方案。2015年我国发布《推动共建丝绸之路经济带和21世纪海上丝绸之路的愿景与行动》，提出共建"一带一路"将"强化基础设施绿色低碳化建设和运营管理，在建设中充分考虑气候变化影响"。2017年发布《关于推进绿色"一带一路"建设的指导意见》和《"一带一路"生态环保合作规划》，明确我国绿色"一带一路"建设的总体思路和任务措施。为防范共建"一带一路"生态环境风险，我国与共建"一带一路"国家积极构建"一带一路"生态环保大数据服务平台，已收集30余个共建国家的基础国别数据、法规标准、环境政策、技术产业等，为企业参与共建"一带一路"建设提供了绿色指南。探索设立"一带一路"绿色发展基金，意在解决共建"一带一路"国家绿色股权投资不足、合作机制缺失等问题，推动共建国家绿色金融务实创新，促进绿色金融多边合作，实现共建"一带一路"高质量发展。制定"一带一路"应对气候变化南南合作计划，深入拓展在环境污染治理、生态保护、生态环保科技创新等重点领域合作，携手广大发展中国家共同提高绿色治理能力。

二是国内经济绿色低碳化发展已积累了丰富经验。我国始终重视应对气候变化问题，实施积极应对气候变化的经济可持续战略，采取了调整产业结构、优化能源结构、节能提高能效、推进碳市场建设、增加森林碳汇等一系列措施，在控制温室气体排放、战略规划制定、体制机制建设、社会意识提升等方面取得显著成绩。以2005年作为起点，我国单位GDP的二氧化碳排放量持续降低，2020年的降幅已经达到48.4%。近10年来煤炭占我国一次能源的消费比重从70%下降到57%，非化石能源的比重则提高到15.8%。截至2020年12月31日，中国试点碳市场累计交易3.31亿吨，成交额达73.36

亿元。

分领域来看，我国已在水泥行业实现新型粉磨技术、高能效烧成技术、燃料替代技术等技术突破，并且这些技术得到了推广和应用。从钢铁行业绿色减排工作看，我国在不断推动干熄焦、干法除尘、烧结脱硫、能源管控中心为代表的节能减排技术在行业广泛应用的同时，加强对二氧化碳的捕集、利用及封存技术探索，目前钢铁行业能源消耗总量和大气污染物排放总量已进入"双降"阶段。煤炭洗选领域，我国积极推行煤炭绿色开采，在煤矿设计、建设、生产等环节，严格使用基于节能降碳的煤炭开采优化设计技术，不断提升掘进机，采煤机等大型矿用设备能源使用效率提升清洁燃料使用率。推进采煤沉陷区综合治理，探索利用采煤沉陷区、废弃煤矿工业场地及周边地区，发展风电、光伏、现代农业、林业等产业。发电领域，我国通过引进创新和自主研发成功实现了多项核心绿电技术国产化，有效促进了我国可再生能源的利用。

三是全球"绿色复苏"意愿空前一致。总体而言，"绿色复苏"得到了政府、国际机构、企业的积极支持，发达经济体及部分新兴经济体先后出台经济刺激计划用于清洁能源项目建设、制造业绿色转型计划。如欧盟在2020年7月公布7200亿欧元的经济复苏财政预算，部分用于环保、清洁基础设施建设和电动汽车领域，未来七年欧盟还将投入5500亿欧元推进气候保护行动。美国政府计划在4年内投入2万亿美元应对气候变化，其中约20%用于清洁能源项目建设，并计划以20倍的速度提升电动汽车替代燃油汽车。英国宣布在2020财年投资20亿英镑用于提高家庭和公共建筑能效、1亿英镑用于"碳捕获"技术开发、5亿英镑支持传统产业升级改造。

国际能源署（IEA）和国际货币基金组织（IMF）共同起草一项为期三年价值3万亿美元的"绿色复苏"计划，推动世界朝着更清洁，更具弹性的未来发展。2021年6月，世界银行公布新的《气候变化行动计划》，旨在向发展中国家提供创纪录水平的绿色融资以减少碳排放，体现在：一是绿色融资规模将大幅增加，其在世行集团融资总额中的比重提高到35%；二是世界银行旗下的国际开发协会（IDA）和国际复兴开发银行（IBRD）的绿色资金中至少50%用于支持气候适应措施；三是世界银行将从2023年7月1日起要求所有新融资项目与《巴黎协定》目标对齐；四是世界银行的私营发展机构国际金融公司（IFC）和多边投资担保机构（MIGA）从 2023 年 7 月 1 日起新批准的项目中的 85% 应与《巴黎协定》目标对齐，从 2025 年 7 月 1 日起新批准的所有项目应与《巴黎协定》目标对齐。

包括亚马逊、丰田集团、通用汽车、梅特莱斯奔驰等多家国际大型企业分别通过设立专门资金、成立相关技术研发部门，积极支持政府应对气候变化方案。在低碳转型压力和绿色投资偏好的共同作用下，国际石油公司的能源转型步伐明显加快。BP、壳牌和道达尔三大欧洲跨国油气公司陆续公布了 2050 年生产和销售的油气产品的净零碳排放目标，大手笔出售核心石油资产，显著加大对光伏、风电、配电、电动汽车充电和电池等非核心业务的投资力度。

当前绝大部分与我开展合作国家绿色可持续发展诉求愈加强烈，但多数国家普遍存在产业发展落后、能源效率低下、基础设施薄弱，资金、政策、技术、基础设施等必要支持匮乏等问题，未来我国国际产能合作绿色转型仍面临诸多挑战。

一是多数发展中国家社会经济发展已对碳密集产业形成高度依赖。绝大部分发展中国家，经济发展任务繁重，水泥、钢铁、玻璃需求量不断提升势必带动当地能源消耗的不断增长。以东盟为例，各国水泥需求量每年的增长率大约为 8%。然而，当地相关产能的发展并不充分，如柬埔寨的水泥供应严重不足，年产量不足 100 万吨。缅甸水泥的产能只能满足其国内市场需求的 50% 左右。钢铁方面，印度尼西亚作为全世界钢材消费量最大的国家，2021 年钢铁消费量已超过了中国、印度和土耳其，但该国本土产能无法满足其国内的巨大需求，钢铁自给率约为 65%，尤为缺少高端钢材。我国相关高耗能行业在规模、技术水平、国际竞争力等方面均具有突出的优势，相较而言属于"先进产能"，因此大多数与我开展产能合作国家对我能源密集型产业转移至当地具有较高兴趣。

二是技术和资金成为部分国家经济绿色转型制约瓶颈。尽管绝大多数合作国家提出发展可再生能源、清洁能源以及提高能效等政策措施，如在交通领域，主要是提高燃油的经济性和机动车的排放标准、促进清洁燃料和技术的应用、改善路网、发展公共交通等；在农业和林业方面，主要包括加强土地管理、促进农业及畜牧业减排、增加林业碳汇和参与 REDD +（减少毁林和森林退化所致排放量）项目等；但由于其自身尚未形成较强的自主创新能力，许多低碳、零碳和负碳的核心技术还掌握在主要发达国家手中，因此在提高能源利用效率，积极发展可再生能源的诉求受技术层面约束仍然较高。此外，根据国际能源署、世界银行和世界经济论坛开展的一项研究，为实现电力绿色转型，发展中国家每年将需要在太阳能领域投资 1570 亿美元，在风力发电领域投资 2430 亿美元，在电池存储领域投资 260 亿美元，在输配电领域投资 3000 亿美元，但由于在发展中国家增加清洁能源投资面临公共财政枯竭、货币不稳定以及当地银行和资本市场疲软等问题，因此，多数企业并未对在发展中国家投资碳减排技术展现出浓厚兴趣，发展中国家获得的来自发达国家的投资不到目标融资金额的 20% 。

表 2　部分共建国家减排政策与行动

行业	减排政策和行动	国家
电力	发展可再生或清洁能源	多数共建"一带一路"国家
	提高能效	
交通	改善路网，加强管理	蒙古、阿联酋、泰国、北马其顿
	推广新能源汽车	蒙古、阿联酋、尼泊尔、越南、文莱、阿塞拜疆
	发展公共交通，加强城市可持续交通建设	土耳其、斯里兰卡、泰国、越南、文莱、阿塞拜疆
	提高燃油经济性，通过经济手段推动清洁燃料应用	蒙古、阿联酋、泰国、文莱、中东欧国家
	提高能效	塔吉克斯坦、也门、巴林、土耳其
农业	加强土地管理	也门、塔吉克斯坦
	促进农业和畜牧业减排	蒙古、阿塞拜疆、新西兰
林业	增加森林碳汇	尼泊尔、斯里兰卡、老挝、阿塞拜疆、白俄罗斯
	参与 REDD + 项目	缅甸、泰国、越南
工业	促进工业节能	蒙古、土耳其、斯里兰卡
	推动工业现代化	塔吉克斯坦、斯里兰卡

续表

行业	减排政策和行动	国家
废弃物	加强废弃物管理	阿联酋、泰国、文莱、印度尼西亚、阿塞拜疆
	废弃物循环利用	也门、尼泊尔、泰国、越南、印度尼西亚
市场机制	碳交易市场	韩国、哈萨克斯坦、新西兰、中东欧国家

资料来源：作者根据公开网站资料整理。

四、气候变化背景下共建"一带一路"国际产能合作路径选择

当前全球绿色低碳生产技术不断成熟，国际金融机构正在围绕协助发展中国家实现低碳转型制定基础设施融资的绿色金融机制，多数发展中国家逐渐意识到早期大量引入资源密集型产业带动国内经济发展的不可持续性，我国应抓住全球"绿色复苏"和发展中国家"绿色新政"机遇期，在确保海外项目利益不受损的情况下，探索出一条符合各参与方利益的新型国际产能合作模式，实现国际产能合作绿色、低碳化转型。

一是建设更为紧密的绿色发展伙伴关系。以绿色转型为驱动，帮助合作国家解决好经济发展与能源消费之间的矛盾，助力当地政府建立绿色低碳循环生产体系，实现保护环境、发展经济、创造就业、消除贫困等多方面共赢。努力落实 2030 年可持续发展议程，提升低碳绿色产能合作水平，助力绝大多数发展中国家实现碳达峰、碳中和目标，深化生态环境和气候治理合作，推动绿色基建、绿色能源、绿色金融、绿色交通、绿色消费，形成促进全球绿色发展合力。

二是探索形成绿色金融新路径。制定低碳发展的绿色金融路线图，引领发达国家、国际双多边金融机构开展第三方合作，有效填补中低收入国家绿色融资缺口。充分激发国际多边金融机构的支持和引领作用，在金融工具、减排技术等方面为有绿色服务诉求的国家提供更多经验支持，协助其构建碳减排投融资政策体系。在充分考虑各国都有自己独特的金融条件的前提下，帮助合作国家建立一套完善可行的绿色融资政策和监管框架，改善其绿色融资能力，实现基础设施投资低碳化。

三是敦促"走出去"企业遵循采用绿色投资原则。鉴于绿色基础设施投资的重要性，鼓励参与当地建设的企业应将其绿色环保理念扩展海外业务领域，不断提高自身在国际产能合作中的竞争力和社会责任意识，结合投资目标国经济社会发展需要制定可行境外项目投资准则，并在对外投资之前进行环境影响评估。以高耗能行业的低碳清洁化改造为重点，以绿色新兴产业联合研发、合资联营等方式，促进绿色技术、绿色产品的研发和绿色产业体系的培育。

四是提升产能合作碳足迹识别度。借鉴联合国环境规划署、联合国开发计划署、亚投行、亚行等机构已有碳足迹统计规则，在符合共建国家已有招商引资政策、产业结构、对外合作诉求的前提下，探索建立国际产能合作全生命周期碳足迹衡量和检测体系，强化对境外项目对环境和气候影响的信息披露，确保我国企业走出去参与当地建设符合绿色低碳要求。

五、政策建议

一是秉承低碳和可持续发展原则促进对外投资，提升投资环境和社会风险管理水平。严格遵循联合国 2030 年可持续发展议程，强化绿色项目认定，加强绿色金融支持，从绿色收益、绿色效率和综合收益等方面对投资项目开展多维绿色评价，做好环境监测和信息公开，接受社会监督，与有关利益方做好沟通。

二是积极搭建多层次、多类型的绿色发展合作机制及平台，挖掘绿色治理潜力，拓宽绿色合作领域，深化绿色技术合作，打造一批绿色产业集聚区，形成有影响力的绿色产业集聚带。围绕绿色产能合作开展国际研究，借鉴国际上向海外产能输出的经验和教训，根据经济发展程度和有关国家的需求，提出有针对性的产能合作计划，并采取促进先进绿色与低碳技术的交流与转让等适合当地的产能合作方式，推动绿色基础设施建设、绿色投资与贸易的发展。

三是继续深化生态环境保护国际合作。依托国内已成型技术和国内工程建设经验，把国内科学产能先进理念移植到合作国家和地区，拓展绿色产能合作区间，指导企业参与共建国家低碳经济转型，制定促进与支持政策措施，完善配套政策，支持"走出去"企业采用中国绿色指标体系和相关标准，高水平设计和建设相关投资项目。

四是在开展国际合作时讲好中国故事，将我为应对气候变化做出的成绩加以宣传，同时将部分成功措施打包展示，借此帮助中国规则走出国门，从"巴黎气候协议"跟跑者，变为应对气候变化领跑者。领跑则不应强调对接。

参考文献：

［1］ Luo X，Han Y，Gu W，et al. Analysis on Dependence Degree of Production Capacity Cooperation between Guangzhou and Countries along the B&R：Based on the Trade Intensity Index ［C］//IOP Conference Series：Materials Science and Engineering. IOP Publishing，2018.

［2］ Wu Y，Li X，Liu Q，et al. The Analysis of Credit Risks in Agricultural Supply Chain Finance Assessment Model Based on Genetic Algorithm and Backpropagation Neural Network ［J］. Computational Economics，2021.

［3］ Lu S B，Ma L. Research on Evaluation of Investment Environment for ChineseTextile and Garment Enterprises ［C］//Textile Bioengineering and Informatics Symposium. 2020.

［4］ Tong G，Yin Z. Adaptive Trading System of Assets for International Cooperation in Agricultural Finance Based on Neural Network ［J］. Computational Economics，2021.

［5］ 张燕生．"一带一路"的战略背景与实践机遇 ［J］. 清华金融评论，2015.

［6］ 郭朝先，刘芳．"一带一路"产能合作新进展与高质量发展研究 ［J］. 经济与管理，2020.

［7］ 王志民．"一带一路"背景下中哈产能合作及其溢出效应 ［J］. 大陆桥视野，2017.

［8］ 李昕蕾．"一带一路"框架下中国的清洁能源外交——契机、挑战与战略性能力建设 ［J］. 国际展望，2017.

［9］ 张天桂等．分化复苏的世界经济：新引擎、新风险、新常态——2016 年世界经济分析与展望 ［J］. 世界经济研究，2016.

［10］ World Economic Forum. Advancing the Green Development of the Belt and Road Initiative：Harnessing Finance and Technology to Scale Up Low－Carbon Infrastructure.

［11］ Carbon Brief. Global CO2 emissions have been flat for a decade，new data reveals.

［12］ 自然资源保护协会．"一带一路"电力综合资源规划研究．

［13］ 自然资源保护协会．中国高耗能行业"一带一路"绿色产能合作发展报告．

［14］柴麒敏等.推动"一带一路"沿线国家共建低碳共同体［J］.中国发展观察，2017.

［15］余晓钟等.论"一带一路"沿线国家能源合作的可持续发展［J］.西南石油大学学报（社会科学版），2021.

［16］陈孜."一带一路"沿线国家实现低碳发展战略的意义与路径研究［J］.现代管理科学，2019.

［17］IEA. Global Energy Review 2021.

［18］清华大学五道口金融学院等."一带一路"国家绿色投资和碳排放路径的量化报告.

［19］王永中，陈震.中企"一带一路"绿色投资回望［J］.中国外汇，2021.

［20］IMF. Measuring Carbon Emission of Foreign Direct Investment in Host Economies.

［21］复旦大学. China Belt and Road Initiative（BRI）Investment Report 2021.

［22］Global CCS institute. Financingccs in Develop.

2022 年 7 月

第三篇

积极参与全球治理体系改革和建设问题研究

第十一章

主要经济体制度型开放路径及对我国的启示

内容提要： 在制度型开放方面，以美、欧、日为代表的发达经济体一直走在世界前列，这些国家积极推进高标准贸易投资协定的谈判，在新一轮国际经贸规则体系构建中更加关注知识产权保护、政府采购、竞争中立、数字贸易等新议题。我国是开放速度最快、开放领域最广、开放政策最多的国家之一，也是在自身向经济高质量发展转型的关键时期主动推动制度型开放的发展中大国，在未来推动制度型开放方面面临前所未有的挑战。通过比较主要经济体制度型开放演进历程，借鉴主要经济体制度型开放的经验做法，有利于我国从国内制度层面进行系统性改革，在自贸试验区进行探索试验，并且做好风险测试和压力测试，为我国参与国际经济规则制定奠定基础。

一、引言

2018 年年底中央经济工作会议指出："要适应新形势、把握新特点，推动由商品和要素流动型开放向规则等制度型开放转变。"这一论述为未来我国开放型经济的持续深化发展指明了方向。2019 年《政府工作报告》也强调："进一步拓展开放领域、优化开放布局，继续推动商品和要素流动型开放，更加注重规则等制度型开放，以高水平开放带动改革全面深化。"2020 年 5 月 11 日发布的《中共中央 国务院关于新时代加快完善社会主义市场经济体制的意见》中再次强调了"推动由商品和要素流动型开放向规则等制度型开放转变，吸收借鉴国际成熟市场经济制度经验和人类文明有益成果，加快国内制度规则与国际接轨，以高水平开放促进深层次市场化改革"，并强调要"健全外商投资准入前国民待遇加负面清单管理制度，推动规则、规制、管理、标准等制度型开放"，进一步明确了这一战略部署和任务举措。

从制度型开放的理论逻辑看，自制度型开放提出以来，国内学者对制度型开放的内涵和路径设计展开了大探讨。多数学者从高标准对标国际经贸规则的角度拓展了制度型开放的内涵，即制度型开放就是从以往"边境开放"向"境内开放"的拓展、延伸和深化（张二震，2019），在促进规则变革和优化制度设计中，形成与国际经贸活动中通行规则相衔接的基本规则和制度体系，是对新一轮高标准化的国际经贸规则调整和完善具有引领作用的先进制度安排（戴翔，2020）。这种边境后开放的重点在于建立适应国际经济合作大趋势的规则体系，需要在体制层面进行创新与开放，建立与开放型经济形态和发展模式相适应的管理制度与政策体系，还应包括基本经济制度范畴的变革与完善（徐康宁，2019），这也是顺应中国自身高质量发展的需要，是顺应经济全球化新发展趋势的需要，也是参与全球经济治理变革大势的需要（钱克明，2019）。而建立并形成与国际高标准经济规则接轨的基本制度框架和行政管理体系，关键是促进规则变革，优化制度供给的安排，鼓励大胆试、大胆闯、自主改，建立一套与国际高标准贸易与投资规则相接轨的基本制度框架和行政管理体系，形成与国际投资、贸易通行规则相衔接的基本制度体系和监管模式（何立胜，2019）。从大多数学者对制度型开放的解读来看，其核心就是在制度层面寻求开放红利，通过改革国内相关体制机制、政策体系和监管模式，建立适应国际经济合作大趋势的规则体系。

从制度型开放的体系设计和政策路径来看，国内学者对制度型开放内涵的探讨大多涵盖了如何实现制度型开放的问题。制度型开放对政策制度的系统性要求更高，呈现出平台载体以及产业领域的政策制度设计更趋非标准化、定制化，且政策制度获得感不显著等特征，因此，需要在制度型开放重点、产业开放策略、开放平台载体、开放政策制度上采取更有针对性、更有时代特色的策略和举措（崔卫杰，2020），应积极推动"边境"规制改革以持续降低商品服务要素跨境自由流动壁垒，以政府采购、国有企业、补贴政策、知识产权保护为重点，加速深化"边境后"规制改革以实现和"边境"规制协同发力，积极构建和其他经济体的全领域规则协调机制，有效提升我国规则体系的正向外溢效应（李大伟，2020）。

从制度型开放的历史借鉴和现实需要看，制度型开放虽然是近年来提出的新概念，但从全球主要经济体和多双边贸易机制的开放实践看，制度型开放则早已有之。二战后美国作为国际经贸规则的设计者和主导者，奠定了多边贸易体制的基本框架，国际经贸活动则遵循该规则体系得以顺利开展，多边贸易体制推动了发达国家之间的贸易自由化，并促进了从第二次世界大战结束到 20 世纪 70 年代初的世界贸易快速发展，同时也为 80 年代以来的区域以及全球生产网络的发展打下基础（宋泓，2020），可以说，当时的国际经贸规则体系和框架已经纳入了制度型开放的内容，具备了制度型开放的属性，只不过这种制度型开放是对各国边境前贸易投资活动进行规制和协调，尚未深入触及到边境后领域。随着国际贸易投资新模式、新业态的不断涌现，如电子商务、服务贸易等近年来在国际经贸活动中的比重日益提升，对这类新的贸易模式和业态的规制和监管就涉及到诸多边境后规制和制度的协调与对接，这势必涉及到各国国内各项制度和体制的对接和协调，制度型开放的内涵和范围也相应地从边境前开放拓展至边境后，深入触及到各国国内规则体系的开放，并且国内规则体系的开放和对接大致通过两种路径实现，一是在多边层面，各国国内制度安排要能够与国际通行规则协调一致；二是在区域层面，国内制度安排与其他国家国内制度安排相协调，边境后规制和体制的协调也愈来愈多地被纳入多双边贸易投资协定的谈判中，原有的以 WTO 为代表的多边贸易体制谈判之所以停滞不前，也是因为各国国内制度的差异性和相应的利益诉求无法平衡和兼顾，导致制度协调难上加难。

纵观主要经济体制度型开放进程，其制度型开放路径和开放步伐的快慢在很大程度上是由其对制度国际协调的需求决定的，而这又与各国在每一阶段的经济实力、对外开放范围和层次息息相关，一国经济实力和产业基础奠定了其参与国际分工体系的能力，随着其对外开放范围的扩大和层次的提升，制度型开放的内涵也得以不断扩充和升级。而当前制度型开放步伐较快的国家也基本以发达国家为主，如美国、日本等国，基本是在其进入发达国家阶段后，具备了一定经济实力和产业优势，并且国内市场经济体制逐渐成熟，在规则、规制、管理、标准等领域积累了一定的比较优势后，再逐步推进制度型开放。而我国作为世界第二大经济体、制造业第一大国、货物贸易第一大国、外资流入第二大国，对外开放已经处于从商品和要素流动型开放向更高水平的制度型开放转变的关键阶段。但同时我国仍是发展中国家，对外开放质量和层级尚有待提升，社会主义市场经济体制改革仍在推进，与发达国家相比，在制度竞争和经贸规则构建领域并无优势，加之当前全球供应链深刻调整、贸易保护主义抬头、多边规则体系改革前景并不明朗，并且越来越多的新兴经济体和发展中国家在规则竞争舞台上崭露头角，发达国家之间、发达国家与发展中国家之间的规则竞争日益激烈，我国推进制度型开放面临的内部挑战和外部环境更加复杂，制度型开放面临推进国内体制机制改革和积极参与国际规则构建的双重紧迫任务。尽管发展中国家推进制度型开放无先例可循，但美国、日本等经济体制度型开放的历程仍为我国未来制度型开放前景和目标提供了重要参照。通过分析各国在每一阶段国内经济发展和外部国际市场环境、与主要贸易伙伴关系等深层次因素及其动态变化以及开放模式、开放政策相应的演变，在比较分析的基础上，总结发达国家制度型开放的成功经验，为我国推进制度型开放，形成国内体制机制改革与外部规则竞争的相互促进、良性互动的格局提供借鉴。

二、主要经济体对外开放逐渐走向制度型开放的演进历程

各国每一阶段国内经济发展要求和外部环境的变化与对外开放模式之间的关系总体呈现相互适应、协调并进的特征，进而决定了制度型开放的程度和路径。总体看，对外部市场依赖度较高的国家基本经历了出口导向战略向投资、金融等更广领域开放、由促进要素流动的开放向更高层次的制度型开放演变的过程，对外开放策略由较低层级的商品和资本输出促进策略逐渐向主动构建多双边经贸框架、积极开展边境后议题的规则协调的方向转变。与此同时，制度型开放的深化发展往往可以倒逼国内相对滞后的市场经济体系各方面的改革加快推进。

（一）二战之后美国突出强调以国内规则为蓝本构建全球经贸规则

1. 制度引领一直贯穿美国战后对外政策演进历程

二战后，领先的科技优势和市场规模使得美国在国际分工体系中占据引领地位，而只有达成一定程度的制度和规则协调才能为其大规模的要素流动和国际贸易投资活动提供稳定的规则环境，优化全球资源配置的效率。因此，美国相继推动了工业制成品贸易自由化、金融自由化以及服务贸易自由化等相关规则制定进程，建立了以经济自由化为价值引领、以多边主义为治理方式、以有约束力的规则为治理手段的多边治理体系，涵盖了现行全球经济治理体系中最重要的三大支柱——国际货币基金组织、世界银行和关税及贸易总协定，在国际贸易、投资、金融等领域获取了巨大收益。并且其对外开放政策体系始终服务于本国利益，政策目标与国家战略逻辑主线相吻合，突出强调以国内规则为蓝本构建全球经贸规则，旨在减少贸易和投资壁垒，推动全球经贸规则向着有利于彰显自身实力的自由化方向演变。虽然西欧、日本、新兴经济体和发展中国家不断崛起，但是美国规则引领者的地位难以撼动。

2. 规则竞争压力下制度型开放路径的主动调整

随着全球政治经济发展与力量对比关系变化，新兴经济体和发展中国家逐渐崛起，同时，美国也面临欧盟、日本等发达国家在科技、产业、市场等领域的竞争，国际规则构建领域中有影响力的声音愈来愈多，各国均基于本国利益在国际制度协调和规则构建领域进行博弈，比如欧盟与日本、南美国家的南方共同市场达成贸易协定、中国大力推进共建"一带一路"，在亚欧大陆和太平洋地区合作建设基础设施等。美国在规则体系中的支配地位受到挑战。同时，诸多涉及美国优势领域的多边经贸规则尚不完善，如知识产权、数字贸易规则等，无法有效保障美国优势产业在国际分工体系中的利益。现行的多边经贸规则体系逐渐与美国保障自身利益的初衷相背离，美国调整和重构现行多边经贸规则体系的需求日益增长。因此，美国奉行的以新自由主义秩序为目标的制度型开放路径发生调整，这种调整主要围绕多边规则和区域规则层面展开，在多双边经贸规则构建中始终坚持"美国优先"的核心原则，一方面，退出原有的不利于保障其国内利益的若干全球多边治理框架；另一方面，以单边主义路线重塑区域国际经贸制度规则体系，并且大幅提升区域规则体系标准，企图构建以美国为核心的区域规则体系。如特朗普时代的"零关税、零壁垒、零补贴"政策导向，并且美国在区域贸易协定中对知识产权、电子商务、投资、政府采购、环境与劳工保护、国有企业、规则的协同性和透明度以及反腐败等新规则领域都进行了严格界定。这些高标准强化了美国在区域价值链上游和下游结构中的绝对优势地位，提高了发展中国家参与国际经贸规则体系的门槛。

（二）日韩从早期服务于出口导向的对外开放战略，转向基本形成和美国相似的经贸规则体系

1. 日韩出口导向发展模式对外部市场的高度依赖要求其积极融入 WTO 为代表的多边贸易体制

战后日韩积极融入以 WTO 为代表的多边贸易体制与当时两国实行的赶超发展战略密不可分，这种赶超阶段的出口导向发展战略带有明显的政策倾斜性和政府主导色彩，政府通过产业政策、计划调节、行政指导等手段，在外部资源和要素的利用和配置、产业发展和对外开放重点等方面进行干预，通过一系列具有强烈政府主导色彩的制度安排，实现有限的生产要素相对集中使用，在较短时间内为国内产业赶超式发展提供市场支撑，极大地提升出口型产业竞争力，实现其经济赶超目标。由于出口导向型经济增长模式对外部市场依赖较大，两国需要积极融入多边贸易体制，拓展外部市场网络，积极与主要贸易伙伴市场对接，降低贸易投资壁垒。因此，两国实行的是"WTO 一边倒"的多边主义立场，并且，对外合作层次的深化推动其在制度层面加快融入多边经贸规则体系。随着日韩对外经济合作由贸易投资向技术合作、人员流动、服务贸易等更宽领域拓展，日韩对外开放路径由降低进出口壁垒向结构调整、规则改革等制度层面演进，知识产权、公平竞争、劳工标准、环境保护等边境后议题成为日韩进一步融入多边经贸体制的重要议题。日韩后续的制度型开放重点即着眼于在规制层面与 WTO 为代表的多边经贸规则积极接轨，融入多边贸易规则体系，从而倒逼国内市场化改革步伐加快，开放政策体系朝着更加均衡、更深层次、更广范围的模式演进。

2. 在农产品保护领域对 WTO 多边经贸规则的重塑和影响

在融入多边规则体系的同时，日韩也积极参与规则构建，在一定程度上影响部分领域规则走向。比如在农产品领域，日韩竞争优势较弱，在农产品贸易保护问题上立场十分强硬，有效运用所谓"合规性"贸易壁垒保护本国农业，包括对关税、配额、反倾销反补贴措施、技术性贸易壁垒及卫生和植物卫生措施等规则加以利用。比如，日韩两国不同程度地采取了设置关税高峰①的手段来保护本国农业，尤其是加工食品行业。并且两国都采取了关税升级措施，即针对不同的农产品加工程度而征收不同关税的"倾斜式结构"。两国还实行了关税配额制度、技术性壁垒等阻碍农产品进口。日韩对农产品贸易规则的利用在一定程度上影响了全球农产品贸易规则的利用倾向，导致农产品是当前全球贸易中问题最多的领域，贸易扭曲严重。

3. 区域制度协调进程后来居上

随着国际经济格局和市场力量逐渐多元化，区域层面的经济合作逐渐兴起，特别是东亚区域市场逐渐发展壮大，尤其是中国超越日本成为世界第二大经济体，并取代美国成为日本、韩国等东亚主要国家最大的出口市场和最重要的投资目的地，区域层面的经济合作日益活跃。同时，在经济起飞阶段之后，日韩国内经济进入转型发展期，增长动力有所下滑，为寻求更多海外产业发展机遇和市场空间，日韩加快推行以自由贸易协定为代表的区域合作战略。并且，区域合作的深化发展需要进一步扩大制度协调范围，各国在边境后议题领域相对于多边协定也较易达成共识，制度协调的深度和广度明显大于多边层面的贸易框架。如日本以日本—新加坡 EPA 为契机，加快了区域贸易协定谈判进程，先后与墨西哥、智利、东盟、瑞士、印度、秘鲁、澳大利亚和欧盟等国家或地区签署自由贸易协定和 EPA 协定，并在区域贸易协定纳入了更多的边境后议题，逐渐构建了囊括其主要贸易伙伴的巨型区域贸易协定网络。

---

① 按照联合国贸发会议和世界贸易组织的界定，对发达国家而言，超过 15% 的最惠国关税税率一般被认为是关税高峰。

（三）德国从早期贸易保护主义战略转向二战后与欧洲其他国家的制度和规则协调

1. 德国战后推动欧洲经济制度协同步伐相对快于其他区域

战后德国为拓展国际发展空间，选择完全融入欧洲和西方联盟，争取欧洲认同，坚定不移地推动欧洲一体化建设。德国在制定贸易壁垒审查、市场准入、贸易保护等贸易投资相关法案时以欧洲一体化为目标，同时力求推动国内相关规则和欧盟其他经济体相关规则的协调和对接。德国领导人曾在公开场合多次表示，德国的未来与欧洲是紧密联系在一起的，德国追求的终极目标是"欧洲的德国，而不是德国的欧洲。并且德国把经济货币联盟的建立看作欧洲一体化的重要一环，联邦德国前总理科尔甚至以放弃本国货币马克为代价，支持创建欧洲统一货币欧元。德国在欧洲一体化进程中也积极发挥自身影响力，使欧洲一体化在部分领域体现出鲜明的德国特色，以标准体系为例，近年来欧盟在数据隐私保护方面出台的《通用数据保护条例》在很大程度上借鉴了德国的相关规则体系。

2. 积极在区域和多边层面制度协调中发挥自身影响力

近年来德国在参与全球多边经贸规则构建方面也展现出了德国特色，一方面，近年来德国在数字贸易规则、应对气候变化、投资争端等诸多领域主张与美国不同的规则路径，通过发挥自身在欧盟的影响力，拓展欧盟区域经贸合作网络，并在此进程中积极灌输德国主张。比如联合日、韩、加拿大、澳大利亚等国组建"多边主义联盟"，积极推动欧日、欧非、欧澳、欧新（西兰）、欧盟—东盟等自贸协定签署，主张尽快完成中欧投资协定谈判等。尤其德国凭借其在欧盟的影响力，对欧盟整体投资规则的重塑和调整发挥了重大影响力，进而影响欧美之间关于国际投资规则的竞争，以跨大西洋贸易与投资伙伴协议（TTIP）谈判为例，在投资争端解决问题上，德国主张投资争端在国内法院解决，强调投资者应该在本国法院得到应有法律保障，而美国主张纳入传统的投资者–国家争端解决机制；在劳工条款中，美国提出如果劳工违反雇主标准，雇主有权对劳工进行处罚，欧盟则坚持劳工和雇主双方应该建立协商机制或者将劳动争议案件提交给专家小组，雇主无权直接处罚劳工。德国还坚持将可持续发展条款纳入多双边区域协定的序言中，比如将执行《巴黎协定》具体承诺纳入日欧 EPA 中。在德国的引领和支持下，欧盟在 WTO 改革中也提出了具有自身特点的方案。

三、主要经济体制度型开放的一般性规律

国际分工体系的正常运转离不开各国制度和规则协调和统一，只有达成一定程度的制度和规则协调才能为要素流动和国际贸易投资活动提供可遵循的规则和稳定的规则环境，从而优化全球资源配置效率。制度和规则是一种具有正外部性的国际公共产品，有能力和动力提供这一公共产品的国家往往是国际分工参与度较高的国家。从主要经济体的制度型开放历程也可以看出，一国参与国际分工体系的广度和深度相应地决定了其制度型开放的范围和深度。从供给端看，国际分工体系参与度高的国家往往是全球生产制造中心，能够广泛和深入地融入全球产业链，因而更加需要国际规则协调来降低其商品和要素的流动成本，对制度型开放的需求相对较高；从需求端看，国际分工体系参与度高的国家往往是全球市场中心，能够为其他国家提供大规模市场，进而在规则构建中拥有较大话语权。

（一）领先的科技优势和产业优势确立了一国全球生产制造中心地位，对制度型开放和规则协调的需求也较高

领先的科技优势和产业优势为一国成为全球生产制造中心奠定了强大基础，全球生产制造中心国家往往能够在国际分工体系中占据引领地位，能够深度广泛融入全球产业链供应链，由此需要带来大量的商品和要素的跨境流动，成为贸易投资大国，这类国家往往需要在规则层面与贸易投资伙伴国进行协调对接，降低商品和要素跨境流动成本，特别是对各类边境后投资活动进行规制，以降低交易成本和争端解决成本，对制度型开放和规则协调有更大的需求。因此，在国际分工体系中占据主导地位的国家更有动力去构建于己有利的国际经贸规则体系，尤其是在本国具有比较优势并且开放度较高的产业领域，率先成为规则制定的主导者，如美国根据本国产业竞争优势的演

变，相继推动了工业制成品贸易自由化、金融自由化以及服务贸易自由化等相关规则制定进程，通过主导并控制这一进程，美国在国际贸易、投资、金融等领域攫取了巨大收益。当前，由于数字经济和数字贸易发展势头较快，且美国在信息技术方面具有绝对领先的优势，因此，美国坚定地推行"确保自由和开放的互联网"为原则的国际经贸规则，同时也在多边、双边及诸边协定中不遗余力地推行符合美国利益的数字贸易规则。

（二）市场规模优势为一国在国际规则体系中争取到更多的话语权和影响力

市场规模在国际经济规则博弈过程中的作用机制非常简单，要么接受我的规则，要么退出我的市场，市场规模往往就是国际经贸规则谈判中的重要筹码。因此，国内市场规模大、市场准入门槛低的国家能够凭借市场规模优势为他国提供市场，进而在国际经贸规则博弈中掌握了更多主动权。此类全球市场中心国家往往会将国内规则作为国际规则协调的准绳和依据，力推国内规则的国际化。因此，具有市场规模优势的国家往往能够成为制度演进和规则协调的决定性力量。历史经验也充分证明，谁能给世界提供持续、稳定的大市场，谁就能在很大程度上成为国际经贸规则的主导者。二战后的美国也同样依托国内巨大的市场，向全球推行自由贸易政策，积极推动了关税与贸易总协定的八轮谈判，大大降低了全球关税水平，并在国际规则协调过程中呈现出明显的单边主义特点，即以国内规则为核心对国际规则体系进行重塑。

（三）制度协调基本遵循由周边协调向区域和多边协调扩张的路径，且当前区域制度协调进程快于多边协调进程

对外经济活动的范围直接决定了一国进行制度国际协调的范围，大多数国家对外经济活动的扩张都遵循由周边向区域和多边乃至全球的扩张路径，而一国经济发展跨越国境，并逐步与别国经济乃至世界经济相互联系、相互渗透的过程必然伴随着与经济伙伴在制度体系方面的对接和协调，即国内制度体系需要走向周边、区域乃至全球制度协调和融合，与外部的制度协调的范围和深度也基本遵循对外经济活动的扩张路径。以日本制度型开放路径为

例，伴随着区域经济活动的扩张，日本越来越多地以与各国签署多双边经贸协定等方式确立相应范围的经贸规则和经济秩序，其制度型协调也经历了与东亚区域内各国签订 FTA 为基础的制度协调向与欧美等东亚区域外国家的巨型 FTA 基础上的制度协调的发展历程。而从当前区域制度协调和多边制度协调进程对比看，多边规则体系协调明显受挫。以 WTO 为代表的多边贸易体制规则协调趋于停滞，主要国家针对 WTO 改革的方案尖锐对立，未来一段时间内，WTO 为主导的多边贸易体制规则谈判进程存在诸多不确定性，原有的多哈回合框架下的规则谈判势必要进行拓展和调整，甚至不排除破旧立新的可能性，在 WTO 框架之外重新建立新的多边贸易规则体系。但多边规则谈判进程无论是沿着哪种路径进行，均不会在短期内尘埃落定，国家贸易投资新模式、新业态的不断变化发展亟须确立一套与之相匹配的国际经贸规则和制度体系，因此，多数国家转向和经贸联系紧密的若干伙伴国之间先行进行区域规则谈判，建立区域规则体系，如当前在全球各大区域以及各区域之间基本都形成了较有影响力的区域经贸协定，如《全面与进步跨太平洋伙伴关系协定》（CPTPP）、《区域全面经济伙伴关系协定》（RCEP）、《美墨加三国协议》（USMCA）等。

（四）边境后协调是制度型开放的重要推动力

随着全球化深化发展，主要经济体经济活动的影响范围不断扩大，国际协调势必涉及更多国内事务和相关体制，即边境后议题，包括市场准入、公平竞争、环境、劳工、服务贸易、投资、知识产权等国内规则和制度的协调。对于各主要经济体而言，不仅要促进资本融合、资源融合、市场融合，更重要的是促进制度融合，创造有利于人才、数据等新型创新性要素流动的制度环境，在规则制度领域加强国际协调，尤其是在诸多边境后规则领域促进国内规制与国际通行规制接轨，实现监管一致性。同时，着眼于规制层面，进一步提升营商环境。各国开放型经济发展到一定阶段后，需要进一步降低制度性壁垒，这就需要边境后各类领域在标准、程序、规则、监管等方面的国际对接和协调，实现制度层面的开放，从制度层面降低交易成本，培育新的国际竞争优势。因此，各类边境后领域的制度协调和规则博弈是推进制度型开放不断深化的重要任务和动力。

四、主要经济体制度型开放历程对我国的启示

（一）我国制度型开放所需的科技和产业优势以及市场优势

1. 从供给侧看，我国科技和产业优势奠定了生产制造中心地位，对制度型开放的需求日益上升

从科技实力看，2018 年，我国研发人员总量稳居世界首位，按折合全时工作量计算的全国研发人员总量为 419 万人年；研发经费投入 2018 年达19657 亿元，按汇率折算，我国已成为仅次于美国的世界第二大研发经费投入国家。截至 2018 年底，我国发明专利申请量已连续 8 年居世界首位；商标注册申请量达 737.1 万件，同样已连续多年稳居世界首位。从产业链竞争力看，"十三五"以来，通过深入推进供给侧结构性改革，我国产业链供应链核心竞争力不断增强，在全球产业链供应链中的地位持续攀升。我国是全世界唯一拥有联合国产业分类中全部工业门类的国家，2019 年制造业增加值占全球28% 以上，世界第一制造大国地位更加巩固。一定的科技实力和全球生产制造中心地位决定了我国在全球产业链分工中占据重要一环，具备较高的国际分工参与度。因此，一方面，我国需要相应地推进制度型开放和对接，提高参与国际分工体系便利化自由化程度；另一方面，较高的国际分工参与度决定了国际经贸规则的发展趋势与我国国际分工活动以及利益息息相关，这就对我国积极主动参与并把握规则制定主导权提出了要求。

2. 从需求侧看，国内大市场的日益壮大奠定了我国在制度型开放和规则竞争中已经具备一定的话语权和影响力

加快构建以国内大循环为主体、国内国际双循环相互促进的新发展格局背景下，我国国内大循环的条件和基础日益完善。从市场规模和需求潜力看，我国已形成拥有 14 亿人口、4 亿多中等收入群体的全球最有潜力市场，我国社会消费品零售总额从 1952 年的 277 亿元，增长到 2018 年的 38 万亿人民币，已成为全球第二大消费市场。2019 年我国利用外资逆势增长，规模再创历史新高，稳居全球第二位。随着向高收入国家迈进，规模巨大的国内市场不断扩张。而当前市场是全球最稀缺的资源，在制度竞争和规则博弈中，谁掌握

了市场，谁就拥有话语权，提供巨大国内市场的能力决定了我国在制度型开放和规则竞争中具备了一定的主导权，在国际经贸规则体系构建中能够发挥积极影响力。

（二）制度型开放是建设更高水平开放型经济新体制的内在要求

1. 出口导向政策具有一定的局限性和不可持续性

从日韩等实行赶超型发展战略的国家看，其在对外开放初期实行的出口导向战略相关体制具有偏向性和不可持续性，导致对外贸易和投资也出现偏向性发展，即根据自身的经济利益和战略需求限制产品进口或外资进入，对外开放的演进是按照政府设定的方向进行的，针对竞争力各不相同的产业采取了不同程度的贸易自由度，分步骤地、选择性地对商品和产业实行自由化，并运用各种贸易壁垒限制进口，采取各种优惠政策促进出口，不断促进产业结构朝着预期目标升级，同时有效地保护国内市场。而日韩国内经济发展又具有高度外部依赖性，这种具有单边特征的对外开放模式必然违背国际政策和规制协调的原则和宗旨，导致经贸摩擦频发，不利于一国长期稳定、可持续地推进对外开放合作。

2. 制度型开放是构建更高水平开放型经济新体制的重要举措

从开放型经济体制发展的新阶段新要求看，制度型开放是商品和要素流动发展到一定程度后对一国开放路径、开放模式提出的新要求。当商品和要素流动规模和流动便利化程度发展到一定程度后，人员、信息、技术等要素的流动逐渐频繁，服务贸易以及交易模式的发展触及到各国边境后规则和制度协调的范畴，原有的侧重于促进商品和要素流动的开放型体制愈发不适应新型要素流动和跨境贸易投资新模式新业态的发展，这势必对开放型经济体制在制度型开放和协调领域提出了更高要求，包括不同国家间规则、标准、规制、管理等一系列制度领域的协调，在规则制度领域加强国际协调，尤其是在诸多边境后规则领域促进国内规制与国际通行规制接轨，实现监管一致性。

3. 制度型开放有利于倒逼国内市场化体制机制改革

从推进国内市场化体制机制改革的角度看，经济高质量发展要求我国必须提升对高端要素和资源的集聚能力，培育新的国际竞争优势，不仅要促进资本融合、资源融合、市场融合，更重要的是促进制度融合，创造有利于人才、数据等新型创新性要素流动的制度环境，这首先就要求在国内规制层面进一步提升营商环境，推进有利于要素集聚和创新的市场化体制机制的形成，从外而内地倒逼国内一系列不适应这种体制机制的各领域进行深层次改革，加快发展技术要素市场、加快培育数据要素市场等，提升市场化配置资源水平。主动推进制度型开放不仅能够充分利用创新型要素，还能够倒逼国内体制机制改革，改善国内营商环境，为产业升级提供良好的外部环境，能够做到"以我为主"，结合自身发展阶段和国际环境，灵活选择相关政策工具和实施时机。

（三）制度型开放是积极参与国际规则竞争和缓解经贸摩擦的战略举措

从国际经贸规则领域的竞争看，一方面，我国经济高质量发展面临的国际环境出现不利变化，和主要贸易伙伴之间经贸摩擦加剧，逐渐由商品流动领域向边境后规则、制度摩擦转变。同时，各国发展理念之争、发展模式之争层出不穷，以美国为首的单边主义和贸易保护主义的破坏性正在不断发酵，贸易保护主义不断升级，外部挑战和压力急剧增加。另一方面，我国面临的国际经贸规则领域的竞争态势也在加剧。当前国际经贸规则面临大调整、大重塑，全面与进步跨太平洋伙伴关系协定（CPTPP）、美加墨自贸协定（USMCA）、日本与欧盟的经济合作协定（EPA）等区域合作框架正在加快构建，对以 WTO 为代表的多边合作框架产生冲击，而 WTO 自身也在酝酿新一轮规则改革。这些新情况和形势加剧了国际规则领域竞争态势，这就要求我国在制度型开放、高标准对接和引领国际经贸规则方面加快步伐，加快推动规则、规制、管理、标准等制度型开放，并积极争取在国际规则改革领域发挥主导作用。

参考文献：

［1］崔卫杰. 制度型开放的特点及推进策略［J］. 开放导报，2020（4）：36.

［2］戴翔. 制度型开放：中国新一轮高水平开放的理论逻辑与实现路径［J］. 国际贸易，2019（03）：4－12.

［3］李大伟．新发展格局下如何推进制度型开放［J］．开放导报，2020（12）：31.

［4］马弘，秦若冰．美国经济的开放结构：兼论后危机时代美国贸易政策转向［J］．当代美国评论，2020（1）：58 – 62.

［5］綦彦冰．论 WTO 多边贸易体制改革的进展、困境与前景［D］．吉林：吉林大学，2020.

［6］钱克明．更加注重制度型开放［J］．对外经贸实务，2019（12）：4.

［7］荀克宁．我国制度型对外开放的语境构建与路径探索［J］．山东社会科学，2019（10）：135 – 137.

［8］叶琳．日本经济国际化与经济体制变迁［D］．北京：外交学院，2019.

［9］张二震．构建开放型世界经济：理论内涵、引领理念与实现路径［J］．经济研究参考，2019（14）：93

［10］张骥．统一后德国的政治文化与对外政策的选择［J］．当代世界与社会主义，2007（6）：73 – 75.

［11］张健，王剑南．"德国问题"回归及其对欧洲一体化的影响［J］．现代国际关系，2010（9）：11 – 12.

［12］张幼文．中国四十年开放型发展道路：战略节点与理论内涵［J］．当代月刊，2018（9）：46 – 48.

2021 年 11 月

第十二章

RCEP 对全球化深入发展的积极作用
分析及进一步推进策略

内容提要：RCEP 于 2022 年 1 月 1 日正式生效，标志着东亚主要经济体形成了一个统一的大市场，将推动东亚生产网络在世界经济体系中由主要的产品供给者角色向供给和需求均衡发展转变，对于反对"逆全球化"风潮，构建发达经济体和发展中经济体共同接受的新型国际经贸规则意义重大。但也要看到，RCEP 仍然存在巨大升级空间，我国政府应从地方政府、企业和对外合作等维度进一步出台相关措施，充分用好 RCEP 以支持我国经济高质量发展。

2022 年 1 月 1 日，涵盖全球近 30% 人口和经济总量的区域全面经济伙伴关系协定（RCEP）正式生效。在"逆全球化"风潮仍然高涨的大背景下，该协定的生效对于全球化的深入发展具有重要意义。但也要看到，亚太地区仍然处于形成高水平、高标准的统一大市场的起步阶段，RCEP 以及亚太经贸合作未来仍有非常大的发展空间。

一、RCEP 从以下三个方面促进全球化深入发展

（一）RCEP 是亚太各经济体共同反对"逆全球化"，构建统一大市场的新里程碑

长期以来亚太各经济体均是全球化的积极推动者。二战以来，日本、"亚洲四小龙"以及中国等经济体均采取了深度参与全球化、扩大开放的战略，并先后实现了经济的高速发展。因此，亚太各国一直是积极推进贸易投资自

由化便利化的主要生力军。早在 1976 年东盟第一次首脑会议对东盟各成员之间的贸易自由化便利化以来，亚太各国一直在做大量的双边或多边的区域自由贸易协定（FTA）安排，特别是在 2008 年国际金融危机之后，亚太各国充分认识到共同构建统一大市场的重要性，加速了构建区域自由贸易协定的历史进程。从下表中可以看出，目前东盟已经和韩国、中国、日本、澳大利亚、新西兰等大型经济体均签署了 FTA，事实上形成了以东盟为轴心的 FTA 网络。

表 1　RCEP 成员之间签署 FTA 情况一览

年份	RCEP 成员之间签署 FTA 情况
1976	东盟特惠贸易安排（后于 2019 年修订）
1983	澳大利亚和新西兰签署 FTA
2005	中国—东盟 FTA
2006—2008	日本—马来西亚 FTA、日本—印度尼西亚 FTA、日本—泰国 FTA、中国—新西兰 FTA 等
2009	中国—新加坡 FTA、日本－东盟 FTA
2010	韩国—东盟 FTA、澳大利亚—新西兰—东盟—FTA
2011—2016	中国—澳大利亚 FTA、中国—韩国 FTA、韩国—澳大利亚 FTA、日本—澳大利亚 FTA、韩国—新西兰 FTA
2017	CPTPP（日本、澳大利亚、新西兰、马来西亚、文莱、新加坡、越南、墨西哥、加拿大、秘鲁、智利）

资料来源：作者整理。

中国等大型经济体在亚太地区贸易投资自由化中的地位日益重要。可以看出，中国和日本两大经济体一直是东亚经济一体化的重要推动者。从和东盟签署 FTA 的情况看，我国是最先和东盟签署 FTA 的经济体，之后日本、韩国才积极和东盟开展 FTA 谈判。而日本一开始更倾向于和各个经济体单独签署 FTA，但在奥巴马政府时期美国在亚太地区发起跨太平洋伙伴关系协定（TPP）时，日本积极加入，并在特朗普政府退出 TPP 之后积极将其改造为全面与进步跨太平洋伙伴关系协定（CPTPP），成为这一亚太地区相对高标准 FTA 的主要推动者。

RCEP 标志着亚太地区统一大市场的形成。近年来，由于欧美发达国家跨国公司主导的上一轮全球化日益显现出利益分配不合理等问题，相当一部分发展中国家以及发达国家的部分阶层未能获得合理收益，加之部分欧美政客出于政治目的出台了一系列阻碍商品服务要素跨境自由流动的措施，导致"逆全球化"风潮持续高涨，亚太地区也难以幸免，特朗普政府退出 TPP 就是这一风潮的典型体现。这种风潮对于 RCEP 的成员也有明显影响，如中国、日本乃至韩国等经济体之间的贸易投资自由化便利化进程一度相对缓慢，印度更是退出了 RCEP 谈判。在这种背景下，中国、东盟、日本、韩国、澳大利亚等 15 个经济体作为东亚生产网络的主要成员，共同签署了包含货物贸易、服务贸易、投资、知识产权保护、电子商务、中小企业等重要经贸议题的自由贸易协定，特别是中、日、韩、澳四大经济体首次就经贸规则达成一致，实际上将东盟为轴心的"放射状"FTA 转化成为真正意义上的东亚 FTA 网络，也标志着东亚各经济体统一市场的形成。虽然这个统一市场的标准相对一些高标准 FTA 仍然偏低，但这个市场的形成意味着亚太经济一体化向前迈出了一大步，为未来构建高水平亚太自贸区网络奠定了非常重要的基础。

（二）RCEP 为不同发展水平经济体共同构建新型经贸规则体系树立了典范

发达经济体和新兴经济体在经贸规则中的分歧日益严重。上世纪 80—90 年代，由发达国家及大型跨国公司主导的全球化客观上符合发达经济体和新兴经济体的共同发展需求，因此各方在乌拉圭回合等多边经贸谈判过程中较易达成一致，最终形成了以 WTO 为代表的多边经贸规则体系。然而，随着全球化的深入发展，经贸规则谈判的焦点也由制成品关税减让转向利益分配较为复杂的农产品关税减让、服务业开放乃至知识产权保护、国有企业、数字贸易等"边境后"领域。在这些领域，发展中经济体和发达经济体之间，甚至不同发展中经济体和不同发达经济体之间的利益诉求差异很大，加之相关规则涉及国家安全、文化传统等非经济因素，因此很难达成共识。而 2008 年国际金融危机爆发以来，全球化所带来的不同国家之间、不同阶层之间利益分配差距过大的问题日益凸显，进一步加大了各方达成共识的难度。例如，随着数字经济的飞速发展，发达经济体和大多数新兴经济体之间的"数字鸿沟"不断扩大，允许数据跨境自由流动将大幅度加大相当一部分发展中国家的治理成本，且收益不明显，直接导致了 WTO 电子商务等议题谈判至今未有实质性进展。

RCEP 是在兼顾发达经济体和新兴经济体不同利益诉求方面较为成功的FTA。近期，很多经济体都在探索如何构建发达经济体和新兴经济体均能接受的规则体系，也取得了一定的进展。如 CPTPP 在谈判时就吸引了越南、马来西亚等发展中国家参与，其最后的规则体系中也通过例外条款等方式适度兼顾了发展中国家的利益。但必须看到，类似美加墨贸易协定（USMCA）、CPTPP 等包含发达经济体和新兴经济体的 FTA 整体上是服务于发达经济体的高标准的，基本上是按照发达经济体的经济运行规则设计具体的条款，只是在一些领域给部分新兴经济体一定的豁免空间，这种模式客观上并不能充分反映新兴经济体的利益诉求。而 RCEP 由于成员中新兴经济体占大多数，因此在具体规则设计中采取了很多创造性的设计。如允许部分发展中经济体在服务贸易和投资中使用正面清单，在一定期限之间向负面清单过渡，另外一部分发展中经济体使用负面清单；再如设置了大量的非强制性约束条款，鼓励发展中经济体尽可能达到相关标准，等等。这些具体规则的设计充分考虑了发展中国家当前的客观实际，对其他发达经济体和新兴经济体之间开展贸易投资自由化便利化合作具有显著的示范作用。

RCEP 符合提升自贸区规则标准的大方向。虽然新兴经济体受自身发展阶段限制往往难以接受发达经济体提出的高标准，但要客观承认，从宏观层面看，FTA 规则向高标准发展是全球化深入发展的大方向，也是贸易投资自由化的必然要求。RCEP 虽然充分考虑了发展中国家的当前利益诉求，但从原则上对这一大方向予以了坚持。如 RCEP 专门设置了"棘轮条款"，以国际法的形式要求各成员只能进一步扩大开放，不能收回已经做出的开放承诺，这无疑是对各个成员，特别是发展中成员坚持扩大开放提出了明确的要求。再如，RCEP 要求各个发展中成员在服务贸易和投资领域到期由"正面清单"转为"负面清单"，并且在谈判中要求泰国、马来西亚、菲律宾等国扩大了本国旅游业、建筑设计业、教育服务和航空运输服务等领域的开放承诺。又如，RCEP 明确要求除维护国家安全等特殊原因外，各方不得阻止业务数据和信息跨境传输，也不得强制性要求把数据存储在自身领土范围之内，这一规则相较限制数据自由流动有着非常明显的进步。

（三）RCEP 有助于促进亚太经贸合作以及各成员的经济增长

RCEP 有助于促进中日等亚太重要经济体之间的经贸合作。RCEP 各成员地区生产总值占到全球的 29.1%，是亚太地区目前涵盖经济总量最大的自由贸易协定，各成员之间的贸易投资合作十分紧密。RCEP 将有效降低各成员之间的贸易投资壁垒，促进各类商品要素在各成员之间自由流动，有效激发各成员经济发展活力，推动东亚地区率先引领全球经贸复苏。其中，由于 RCEP 首次实现了中日两大经济体之间的关税减让，因此对中日经贸合作的促进作用尤其明显。表 2 给出了疫情前中日双边贸易排名前二十位（HS6 位码）的商品情况。从中可以看出，虽然相当一部分产品在 RCEP 签署前已经零关税，但我国仍然实现了光刻机元器件、偏振片、机械设备等零部件乃至部分汽车对日本的关税减让，有利于我国从日本进口各类技术设备以构建两国协同的生产网络。同时，日本也在衬衫、床垫等日用消费品领域对我国出口商品进行了关税减让，从而有助于我国扩大这些商品的出口。考虑到东亚生产网络的协同效应，这种关税减让也间接促进了中日两国和其他国家之间的贸易往来。例如，中国销往日本的乳胶床垫所用的乳胶相当一部分来自马来西亚，因此日本降低关税有助于马来西亚扩大对华出口；中国出口的各种机械电子设备中相当一部分销往东盟国家，因此我国对日在机械电子零部件方面的关税减让也有助于我国扩大对东盟的机械电子设备出口。

表 2　中日双边贸易排名前二十位商品在 RCEP 签署后关税变化情况

中国对日本出口金额排名前二十商品		中国从日本进口金额排名前二十商品	
HS 编码（6 位）	RCEP 关税变化情况	HS 编码（6 位）	RCEP 关税变化情况
850440（电源）	已经零关税，无变化	853400（印刷电路）	已经零关税，无变化
392690（其他塑料制零件）	已经零关税，无变化	854140（光敏半导体器件）	已经零关税，无变化
940490（床垫）	15 年内由 3.8% 降低至零	844399（数字印刷设备的零件）	12 年内由 12% 降低至零

续表

中国对日本出口金额排名前二十商品		中国从日本进口金额排名前二十商品	
HS 编码（6 位）	RCEP 关税变化情况	HS 编码（6 位）	RCEP 关税变化情况
854231（用作处理器及控制器的集成电路）	已经零关税，无变化	900120（偏振片）	10 年内由 8% 降低至零
851770（智能手机零件）	已经零关税，无变化	382499（某种铸模用粘合剂）	10 年内由 6.5% 降低至零
260111（煅烧后黄铁矿）	已经零关税，无变化	290243（对二甲苯）	不降低关税（现在为 2%）
844399（数字印刷设备的零件）	已经零关税，无变化	901380（放大镜、液晶显示板）	放大镜分 10 年由 12% 下降至零，液晶显示板不变
950450（视频游戏控制器）	已经零关税，无变化	847989（机械用其他设备）	已经零关税，无变化
847330（计算机零件）	已经零关税，无变化	853690（电路开关用元器件）	已经零关税，无变化
950300（某种玩具）	由 3.9% 在 15 年内降低到零	853224（多层瓷介电容器）	已经零关税，无变化
841510（空调）	已经零关税，无变化	330499（化妆品）	维持 10%—15% 关税不变
854370（放大器）	已经零关税，无变化	848620（热处理、光刻等设备的零件）	已经零关税，无变化
730890（某种钢铁结构体）	已经零关税，无变化	870340（某种汽车）	部分由 25% 降低至 15%，绝大部分不变
852872（电视接收机）	已经零关税，无变化	848630（某种光刻机零部件）	个别零部件 10 年内由 10% 降至零，绝大部分不变
851762（交换机、路由器等）	已经零关税，无变化	870324（某种汽车）	部分由 25% 降低至 15%，另一部分不变
611030（衬衫）	10.9%，未来 15 年内降低到零	870323（某种汽车）	部分由 25% 降低至 15%，另一部分不变
847150（自动数据处理设备的零件）	已经零关税，无变化	870840（变速箱）	部分由 10% 降至 6%，部分不变
854140（光敏半导体器件）	已经零关税，无变化	854239（某种集成电路）	已经零关税，无变化
847130（平板电脑）	已经零关税，无变化	854231（用作处理器及控制器的集成电路）	已经零关税，无变化
851712（智能手机）	已经零关税，无变化	854232（某种集成电路）	已经零关税，无变化

资料来源：作者整理。

RCEP 有助于构建更为密切的东亚生产网络。当前，全球产业链在多个国家间细化分工合作的态势已经十分明显，据联合国贸发会议统计，医药、化工等行业的产业链中，80% 左右的增加值需要由 20 多个国家联合创造，如表 3 所示。RCEP 是一个 15 个经济体共同签署的贸易协定，且 15 个成员在全球价值链中分工位置各有侧重，如日韩主要在高技术零部件方面有优势，我国在大多数中间品和最终品制造上具有优势，东盟、澳大利亚等经济体整体上在原材料方面具有优势，但部分成员在一些高技术产品的关键环节也具有优势，如澳大利亚的保健品制造、马来西亚的芯片封测等。因此，RCEP 的签署将有助于这些经济体之间开展更为复杂的分工合作，形成更加紧密的生产网络。更为重要的是，RCEP 在原产地规则方面设置了"全部累积"条款。在所有缔约方均生效后，最终原产地认定将会把产业链中每个环节 RCEP 成员所创造的增加值予以累加，而不需要考虑单个环节 RCEP 成员增加值占比是否达到了原产地规则要求的标准。例如，即便泰国对我国出口的中间品中，泰国本地增加值只有 15%，而我国用这些中间品生产的最终产品过程中本地增加值达到 35%，那么当我国对日本出口时，则按照 50% 的增加值进行原产地判定，从而可以享受零关税待遇。显然，这对于一些需要较多进口欧美发达经济体元器件的发展中经济体融入东亚生产网络提供了更多便利。此外，RCEP 在数字贸易领域所提出的限制"数据本地存储强制性要求"等规则也非常有助于各个成员构建数字经济合作网络。

表3　不同行业全球价值链中创造价值的国家数量情况

	合计创造价值链80%价值的国家数量	至少贡献了0.5%价值链增加值的国家数量	运用跨国投资方式相对贸易方式的倾向性
农业	29	34	0.2
采矿业	22	37	2
食品饮料业	23	35	1.4
纺织服装业	20	31	0.1
医药制造业	21	30	2.2
化工制造业	21	37	0.9

	合计创造价值链80% 价值的国家数量	至少贡献了 0.5% 价值链增加值的国家数量	运用跨国投资方式 相对贸易方式的倾向性
汽车制造业	12	22	0.5
机械制造业	16	32	0.4
电子制造业	14	30	0.2
批发零售业	16	27	1.1
物流业	28	41	0.8

资料来源：联合国世界投资报告。

二、RCEP 未来仍有很大的升级和发展空间

（一）RCEP 短期内通过关税减让直接拉动我国出口的作用相对有限

除我国之外的 RCEP 成员市场规模占全球比重呈现下降趋势。虽然 RCEP 是全球经济规模最大的自由贸易协定，但这一经济规模的主要贡献来自于我国。而对于我国而言，扩大出口的积极作用在于其他 14 个经济体的市场规模。然而，虽然东盟一直被认为是最具有增长潜力的经济体之一，日本、韩国、澳大利亚也都是全球主要经济体，但这些经济体占全球 GDP 的比重在过去 20 年内并未上升，反而由 2001 年的 18% 左右降至 2020 年的 12.43%，如图 1 所示。这说明，除我国之外，RCEP 的其他成员在全球经济中的地位有所下降，客观上影响了 RCEP 对我国扩大海外市场的积极作用。

RCEP 的关税减让幅度不高于我国和相关成员签署的其他 FTA。在 RCEP 签署之前，我国和韩国、东盟、澳大利亚、新西兰这 13 个经济体均已经签署了自由贸易协定。自贸协定谈判的规则决定了每次自贸协定谈判均是基于最惠国税率进行关税减让，因此不同 FTA 中的优惠税率可能存在差别。对比相关自贸协定的文本，可以发现 RCEP 中中韩、中澳、中国—东盟、中国—新西兰的绝大多数商品关税减让幅度并不高于我国和这些经济体签署的 FTA。只有对少数产品，如韩国对我国出口鹿茸、印度尼西亚对我国出口某种摩托车给予了更高水平的关税减让。这客观上导致我国对这些经济体出口面临的

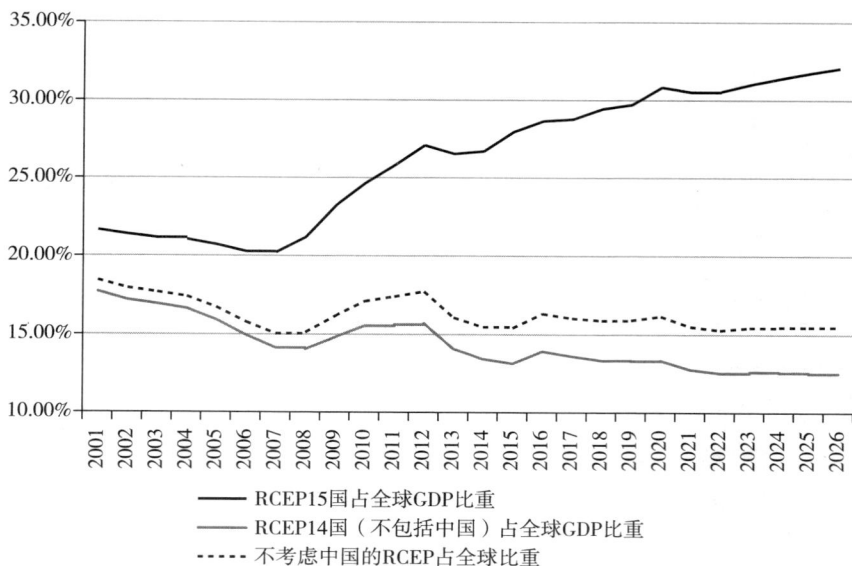

图 1　RCEP 各成员占全球 GDP 比重走势一览

资料来源：作者测算。

　　注："RCEP14 国（不包括中国）占全球 GDP 比重"是指除中国以外的 RCEP 成员国 GDP 总量与全球 GDP（包括中国）之比。"不考虑中国的 RCEP 占全球比重"是指除中国以外的 RCEP 成员国 GDP 总量与除中国以外的全球 GDP 之比。

关税壁垒并未因 RCEP 签署而明显下降。按照商务部国际贸易经济合作研究院的测算，2027 年在 RCEP 框架下中韩两国实际的关税自由化水平仅为38.7% 和 50.4%，明显低于中韩在双边自贸协定下 71.5% 和 79.2% 的水平。

　　当前国际环境也会影响 RCEP 对我国出口的拉动作用。一是缅甸大概率在较长时期内"掉队"。截至 2022 年 5 月，菲律宾、印度尼西亚、缅甸等经济体尚未正式核准签署 RCEP，虽然我国已经正式对缅甸在 RCEP 项下的原产货物实施关税减让，但缅甸短期内核准 RCEP 并获得其他成员国的一致认可并不现实，且国内政局未来仍存较大变数，客观上将削弱 RCEP 对我国出口的积极作用。二是其他经贸合作框架可能会导致 RCEP 对我国出口"弱化"。美国正声称寻求成立超越 CPTPP 的高水平印太经济框架，英国、欧盟等发达经济体也在积极推动和东盟等 RCEP 成员的 FTA 谈判，日本、澳大利亚、印度也在拉拢东盟参与供应链弹性倡议（SPRI），这些合作协议的签署均会影响我国扩大对 RCEP 相关成员的出口。三是疫情仍将对我国扩大对其他成员出口带来干扰。当前，RCEP 相当一部分成员国疫情持续未来前景仍不明朗，仍然严重影响成员之间的正常经贸合作和人员往来，从而对我国扩大对其他成员出口产生较大干扰。

（二）相较 CPTPP 等其他高水平 FTA，RCEP 的很多条款仍有较大升级空间

RCEP 的关税减让在"质"与"量"方面仍与 CPTPP 存在较大差距。从"质"的方面看，部分产品关税减让期相较 CPTPP 等已经签署的 FTA 关税减让期长得多，如 CPTPP 中电缆、醚酚等产品关税减让期均低于 5 年，但在 RCEP 中则长达 10—15 年。从"量"的方面看，此次 RCEP 关税减让仅涉及各国进口的 80% 左右的货物，覆盖面远低于 CPTPP 的 99% 和日澳 FTA 的 95%，日本对进口冷冻牛肉、谷氨酸钠，马来西亚对进口利谷隆除草剂、烤箱及烤架、10 人座以上成车等，均未实现或仅实现部分关税减让，而在 CPT-PP 中这些商品关税基本全部削减至零。

RCEP 其他议题的深度也有待进一步加强。在服务贸易和投资等议题，日本、马来西亚等经济体既是 RCEP 成员，也是 CPTPP 的成员，但在 RCEP 服务贸易和投资等议题整体做出的开放承诺要低于 CPTPP。在政府采购议题，RCEP 绝大多数成员均未加入 WTO 政府采购协议，在政府采购议题中的条款和 WTO 政府采购协议相比过于原则性，对促进各成员形成统一的政府采购市场的积极作用有待进一步加强。在知识产权保护议题，RCEP 的版权保护期限仍为 50 年，低于 CPTPP 的 70 年，对专利宽限期没有明确时间规定，且仅是鼓励而非强制要求对专利申请和授予具体信息予以公开，也未涉及"未披露实验数据"的保护等领域。在贸易便利化议题，RCEP 只要求一般货物尽可能 48 小时通关和易腐货物尽可能 6 小时通关，相关规则不具备约束性。此外，RCEP 也并未针对国有企业、劳工保护等议题构筑创新性的规则体系，而这些议题恰好是当前全球经贸规则谈判的热点议题，客观上也影响了 RCEP 规则体系的完善程度。

（三）RCEP 遵循了经典的 FTA 规则体系，客观上制约了其应对全球化面临新问题的能力

和其他 FTA 一样，RCEP 难以解决以"国家安全""意识形态"等为借口

出现的逆全球化现象。世界百年未有之大变局加速演变的一个重要特征是大国博弈的加剧。特别是美国为维护自身霸权，动辄以"国家安全""意识形态"等为由，限制人员、技术、数据、货物、服务等的跨境自由流动，近年来挑起中美贸易争端、对华为等高科技企业的打压都是典型案例。虽然这种打压的手段同样使用的是限制人员签证、加征关税等传统工具，但其含义大不相同。在传统的多边贸易框架下，关税、限制人员流动等工具主要是从对国内相关产业的冲击等经济因素进行考虑的，因此可以运用经济的手段予以解决。而美国等发达经济体当前采取的措施是从政治、安全角度出发的，因此很难运用 FTA 等经济的手段对冲其恶劣影响。

RCEP 等 FTA 难以解决新冠肺炎疫情等全球性挑战。当前全球经贸合作最大的障碍来自新冠肺炎疫情。此次疫情暴发以来，货物和自然人的跨境流动成本大幅度提升，相当一部分港口陷入严重拥堵，严重影响了各国之间开展贸易投资合作。但显然 RCEP、CPTPP 等传统自由贸易协定并未考虑制定联合应对这种全球性挑战的规则和方案。与此类似，气候变化、"数字鸿沟"乃至恐怖主义等区域性或全球性挑战对于经贸合作的影响正在日益增强，欧盟等经济体也已经出台了碳边境调节机制等相关规定，而 RCEP、CPTPP 等对于这类挑战也缺乏相应的规则设计。

RCEP 等 FTA 也缺少解决发展中国家发展问题的创新型规则设计。共建"一带一路"的成功经验表明，推动基础设施互联互通、优化规划设计并加强战略对接等有助于推动发展中国家经济发展，在一定条件下其对很多经济体的重要意义甚至要高于贸易投资自由化便利化。我国和巴基斯坦、俄罗斯、老挝等经济体开展合作的重要经验表明，能源、铁路等基础设施建设合作的开展，将显著降低跨境经济合作的成本，为产业合作奠定良好基础；而战略规划的编制，则能够大幅度提升经贸合作的效率。境外基础设施建设及融资、跨国合作战略设计等领域虽然至今为止并未纳入绝大多数 FTA 的规则框架，但其在区域经济一体化中的作用绝不亚于 FTA。RCEP 未能在这些对于发展中国家尤为重要的领域做出重要的规则突破，客观上也说明其未来还有较大的发展空间。

（四）RCEP 对我国经济高质量发展的促进作用也有待进一步发挥

从国内法律看，部分法律规章存在透明度不高、实施弹性较大等问题。我国各个部门在 RCEP 生效前已经针对 RCEP 涉及的 701 条约束性义务做好履约准备，在法律上不存在不遵守 RCEP 相关条款的问题。但是对于非约束性的"软性条款"，部分国内规制虽然符合要求，但由于在执行中存在较大弹性，对贸易投资合作的积极作用可能大打折扣。如我国现行法律体系对数据跨境流动、数据本地化存储等的监管完全出于国家安全目标，和 RCEP 中"允许基于保护基本安全利益对数据跨境流动采取任何必需的措施"条款在理念上并不存在矛盾。但在具体执行中，很难判断具体的监管行为是否为"保护基本安全利益的必需措施"，有可能导致事实上的"过度监管"。再如，我国目前已经建立了大量的中小企业公共服务平台，但在执行中也很难判断这些平台是否符合 RCEP 要求的"有利于中小企业公开透明便捷地获取相关信息"。

从地方政府看，相当一部分地方政府指导企业运用 RCEP 的能力有待提升。RCEP 作为 15 个国家共同签署的高水平自由贸易协定，涉及关税减让、外资准入、通关便利化、电子商务、知识产权保护、促进中小企业发展等多个议题，并针对企业具体开展业务可能面临的诸多细节问题进行了非常详细的规定。广大地方政府，特别是一些开放型经济水平偏低的地方政府在日常工作中较少涉及相关议题，更难全面了解这些议题下的诸多具体规则。在这种情况下，政府很难为企业提供有针对性的指导和建议，更难立足 RCEP 带来的开放合作机遇制定系统性的发展战略。少数地方政府甚至有"依靠 RCEP 获取一些特殊优惠政策"的想法，希望以 RCEP 为旗帜争取税收优惠、财政补贴等能够迅速生效的优惠政策，最终结果往往达不到事前预期。相反，地方政府往往不够重视 RCEP 中帮助中小企业发展、强化对知识产权侵权者处罚等需要较长时间才能见效的条款，也较少基于这些条款进一步提升对企业的服务水平，在一定程度上影响了 RCEP 的实施效果。

三、更好发挥 RCEP 对我国经济高质量发展和亚太经济一体化作用的政策建议

（一）以 RCEP 生效实施为契机加速推进国内规制改革，并为加入 CPTPP 做准备

确保关税减让、服务贸易正面清单、外商投资负面清单等"硬性规则"全面对标的同时，推动"软性规则"方面的对接，并为 RCEP 进一步升级做好制度上的准备。一是进一步细化国内法律法规的相关规定以减少执行弹性。例如，在电子信息跨境传输、公平竞争等领域，尽快就"基本公共利益"的内涵、审查的具体程序等制定具体管理条例，并主动引入棘轮机制和非歧视承诺。二是在落实 RCEP 弹性条款时，按照最高水平予以落实。如参照 CPT-PP 等更高水平的 FTA，明确专利宽限期，对专利申请信息予以强制公开，明确生物医药数据的保护期，等等。三是贯彻全国一盘棋，推动全国统一大市场提质升级。建议进一步引导各级政府实施合乎 RCEP 规则要求的外资促进政策，避免落户补贴、税收减免等方面出现恶性竞争。要求地方政府在政府采购方面严格落实《外商投资法》，引导地方政府积极吸收其他地区开放经验，加快"先行先试"成果全国普及速度。

（二）探索设立若干高水平落实 RCEP 示范区，推动地方政府高质量实施 RCEP

选择若干和 RCEP 成员经贸往来密切的城市，赋予其高水平落实 RCEP 示范区功能，使其成为地方政府运用 RCEP 规则服务企业的典范。具体而言，应充分运用成员国关税减让和原产地累积规则，在示范区内迅速形成全产业链绝大部分环节均在 RCEP 成员内部、关税减让对降低成本作用明显的产业集群，向世界宣告 RCEP 对组建高效率成员内供应链的成效显著。重点针对RCEP 中表述相对原则、政府自由裁量权较大的投资保护、支持中小企业、数字贸易本地化存储等条款，赋予地方政府相应的制定规则权限，鼓励其开展高水平制度创新，促进要素跨境高效安全自由流动。在全面落实 RCEP 相关规则的基础上，深入学习 CPTPP 等西方发达国家主导的贸易协定相关规则，积极探索争取 CPTPP 在电子商务、竞争中性等方面的先进规则率先在示范区

试点落地，为我国加入 CPTPP 进行压力测试。在具体城市选择上，第一批可选择和东盟合作密切的广西南宁、和日韩合作密切的山东青岛作为示范区的首批试点城市。

（三）实施一批专项行动计划，引导企业参与 RCEP 经贸合作

一是"贸易重组"行动。RCEP 引入的原产地认证累积规则是一个革命性突破，有助于 RCEP 贸易进一步向区内聚集，促进生产要素在 RCEP 成员国内部的优化配置。建议选择若干进出口龙头企业，引导充分利用原产地认证累积规则和关税减让政策，为外贸企业提供示范。二是"外资升级"行动。充分利用 RCEP 带来的贸易投资自由化机遇，引导日本、韩国、新加坡等成员的大型跨国公司在境内特别是中西部省份投资建设一批大型项目，为广大跨国公司提供示范。三是"产业链赋能"行动。在 RCEP 框架下发起"产业链供应链韧性与稳定国际论坛"，充分发挥市场主体作用，鼓励企业"走出去"，助力构建以我国为中心的 RCEP 生产网络。新冠疫苗 RCEP 生产网络构建有望成为标志性项目，建议进一步推动我国与东盟重点国家开展新冠疫苗技术合作，形成国产疫苗跨国产业链。

（四）建立健全 RCEP 治理机制并推动 RCEP 升级扩容

一是积极参与和引领 RCEP 治理机制和组织体系建设。建议主动争取派员担任 RCEP 联合委员会首任联席主席或者四个委员会的领导职位。建议发起成立基础设施互联互通委员会，探索在 RCEP 框架中推进区域基础设施建设的标准体系、金融体系、监管体系，与共建"一带一路"有机对接。二是前瞻性做好其他经济体申请加入 RCEP 的相关工作。我宜将 RCEP 视作我国拓展国际经贸合作新空间的"根据地"，支持香港特别行政区加入 RCEP，积极推动英国、欧盟等经济体加入 RCEP。三是在 RCEP 基础上持续推进双多边贸易投资协议。建议在深化 RCEP 合作的同时，积极推动中国—东盟 FTA、中国—新加坡 FTA 等 FTA 升级，加快推进中日韩 FTA 谈判，积极加入 CPTPP，为构建亚太自贸区奠定良好基础。四是做好防范美西方敌对势力破坏 RCEP 合作的预案。坚定不移批驳美西方敌对势力在香港问题、新疆问题上对我的攻击，必要时联合 RCEP 主要成员，就所谓"强迫劳动"等问题发布公开声明，阐明我国和其他成员共同推动亚太一体化合作的立场。

参考文献：

［1］俞子荣，袁波，王蕊，宋志勇 . RCEP：协定解读与政策对接 . 北京：中国商务出版社出版，2021.

［2］李大伟 . TPP 非传统议题对我国的影响及对策 . 国际贸易，2016（02）.

［3］陈志恒，谭亚茹 . RCEP 其他成员国对中国产品依赖度的演变及其影响，亚太经济，2021（05）.

［4］韩剑，许亚云 . RCEP 及亚太区域贸易协定整合——基于协定文本的量化研究 . 中国工业经济，2021（07）.

［5］沈铭辉 . 跨太平洋伙伴关系协议（TPP）的成本收益分析：中国的视角，当代亚太，2012（01）.

2022 年 4 月

第十三章

国际数字税规则的发展进程和影响研究

内容提要： 数字化业务具有获取利润可不设立常设机构、无形资产占比较高、用户参与价值创造、市场可比价格难寻等特点，使得税基侵蚀和利润转移问题更为严重。为此，多个经济体探索了以数字服务税为代表的单边数字税规则，OECD/G20 也在推进被称为"双支柱"的国际多边数字税规则。若多边规则能够建立，将推动国际税收规则协调迈入多边时代，消除单边数字税措施的负面影响，并抑制全球税收流失、减弱减税竞争。对我国来说，"双支柱"中的不同规则影响不一，有正有负。建议我国继续积极参与国际多边税收规则的后续进程，做好国内税制等与国际多边规则的对接准备，并加强税收征管能力和国际税收征管协作。

一、数字税规则的源起及界定

数字税规则是随着经济数字化发展的新兴规则，其产生源于数字技术对经济活动的影响，继而对传统税收规则形成挑战。

（一）数字税的产生原因

数字税产生的主要原因是经济数字化引起的价值实现方式等的转变，使得原有税收规则根植的经济基础发生变化。对于企业所得税，原有税收管辖区之间的税收收入划分是以常设机构为基准的，但随着数字技术的发展和广泛应用，传统的商业模式、价值创造模式发生转变，数字化业务体现出获取利润可不设立常设机构、无形资产占比较高、用户参与价值创造、市场可比价格难寻等特点，使得相关企业更易利用全球低税地进行避税，导致市场所在国税收流失及全球税收流失（即税基侵蚀和利润转移），并造成数字企业与传统企业税负不公平问题等。据 OECD 估测，因税基侵蚀和利润转移，每年全球企业所得税损失约为全球企业所得税收入的 4% 至 10%，即每年 1000 亿至 2400 亿美元[①]。对于增值税等间接税来说，也面临着在线销售跨境商品、服务、无形资产等征税问题，特别是跨境 B2C 销售如何征税。税收征管中，个人和企业通过数字技术都更易规避监管、隐瞒收入。

（二）数字税的界定

各界对于何为国际数字税尚没有统一界定，基于文献研究，数字税可视为经济数字化发展下产生的一类新的税收规则，包括新设税种和对原有税收规则的修订，以应对经济数字化给传统征税基础和国际税收权利划分带来的挑战，实现抑制税收流失、平衡税负等目标。数字税可从狭义和广义两个维度理解。狭义理解是基于数字型企业或数字业务特点，针对企业所得税税基侵蚀和转移问题所设立的新税种或所得税规则的调整。广义理解是经济数字化下的税收治理问题，不仅涉及企业所得税，还涉及增值税等其他税种以及相关税收征管问题。本课题主要聚焦于狭义的数字税规则，既包括各经济体探索的单边规则，也包括 OECD/G20 等形成的多边规则。

二、各国（经济体）数字税规则的发展

为应对经济数字化发展对企业所得税征收形成的挑战，各国（经济体）探索了多种方式，虽多为临时性的单边措施，但也是应对当前税收挑战的有益尝试，甚至在一定程度上推动了国际多边数字税规则的达成。

（一）各国（经济体）数字税单边措施总体情况

各国应对经济数字化下企业所得税征税挑战的单边措施，包括常设机构的规则修订、预提所得税的规则修改、征收流转税（如数字服务税）以及针对大型跨国企业的特别措施（OECD，2018）。其中，最具代表性和争议性的

[①] 数据来源：OECD（2015），Addressing the Tax Challenges of the Digital Economy，Action 1 – 2015 Final Report，OECD/G20 Base Erosion and Profit Shifting Project，OECD Publishing，Paris，https：//doi. org/ 10. 1787/9789264241046 – en.

是数字服务税，部分文献中也将其直接称为数字税。数字服务税是对企业数字服务收入额征税，可归为流转税。预提所得税更改是将其征税范围扩大至在线广告、软件业务等。常设机构（PE）规则更改是考虑数字企业的特点，对未设立常设机构但满足相关条件的企业，视同设立常设机构并课税。据毕马威（KPMG）2022 年 3 月统计，全球已有 40 多个国家（地区）实施或计划实施数字税措施；其中，有 17 个国家（地区）选择数字服务税，包括法国、英国、奥地利、意大利、加拿大等①。

（二）数字服务税

因数字服务税在单边措施中属于新设税种，且采用该种方式的国家较多，近年受到的关注和争议也最多，因此选择数字服务税，并以法国、欧盟为重点，分析数字服务税的具体设计、推行情况等。

法国是各国中积极推动开征数字服务税的典型。2019 年，法国就通过数字税法案，对在法国提供数据交互（即中介服务）、广告服务或以广告为目的传输用户数据的企业进行征税，纳入征税范围的企业要同时满足全球收入至少达到 7.5 亿欧元和在法收入至少达到 2500 万欧元的标准，税率为 3%。由于美国对法国数字服务税发起"301 调查"后要对法国加征关税，法国与美国协调暂停了 2020 年数字服务税的征收。

欧盟早在 2013 年就开始研究经济数字化下的税收问题。2018 年，欧盟委员会提出两项立法建议，分别为长期和短期措施。长期措施旨在改革企业税法，登记企业通过数字渠道与用户进行大量交互所获得的利润并对其征税。短期措施是设立临时税种，对目前在欧盟避税的主要数字活动进行征税，实质即为数字服务税。拟纳入的应税服务包括销售在线广告、数字中介服务等收入。全球收入门槛为 7.5 亿欧元，在欧收入门槛为 5000 万欧元，税率为 3%。因各成员国对于实施短期措施存在分歧，欧盟短期措施一直未能推进。OECD 多边规则取得积极进展后，欧盟已开始着力推动多边规则落地，2021 年 12 月欧盟提出了支柱二规则的立法草案。

---

① 资料来源：KPMG，Taxation of the Digitalized Economy，2022 年 3 月 4 日。

三、国际多边数字税规则的发展

国际多边数字税规则以 OECD/G20、联合国方案为代表。联合国在税收协定范本中增加新条款，允许来源国通过预提税的形式对数字服务进行征税，该条最终的落实需通过双边税收条约。OECD/G20 则在近 10 年的努力下，于 2021 年 10 月在涵盖世界主要经济体的大范围内，达成了真正的多边规则共识，本报告以此为重点展开分析。

（一）多边数字税规则的总体进程

为应对跨国企业利用全球低税地进行避税造成全球和市场国的税收流失问题，2013 年 OECD/G20 建立了税基侵蚀和利润转移（BEPS）行动计划，共包含 15 项行动；其中，第 1 项行动是应对经济数字化挑战。OECD/G20 还建立了 BEPS 包容性框架，使得更多的国家和管辖区参与到 BEPS 一揽子计划的执行中，该框架目前共有 141 个国家和辖区加入。

自 2013 年以来，OECD 一直在探索解决第 1 项行动经济数字化下企业更易避税的问题。2019 年，OECD 在第 1 项行动下研究提出"双支柱"方案，支柱一是新的联结度和利润分配规则，支柱二是防止遗留的税基侵蚀的国际规则（即通常所称的全球最低税）。OECD 对国际多边数字税规则的探索可分为两个时期。第一个时期是从 2015 年 BEPS 第 1 项行动提出到 2018 年，在此期间 OECD 深入分析了经济数字化对税收的挑战，形成解决问题的初步思路。第二个时期是从 2019 年"双支柱"方案提出至今，OECD 不断完善"双支柱"方案，BEPS 包容性框架成员逐步形成规则共识。2021 年 10 月，OECD 发布《关于解决经济数字化带来的税收挑战的双支柱解决方案的声明》，确定"双支柱"方案的基本规则。截至目前，141 个包容性框架成员共有 137 个国家和辖区已同意"双支柱"方案①。"双支柱"方案虽然始于经济数字化带来的税收挑战，但目前规则的实际适用范围已经远远超越了数字企业，普遍适

---

① 包容性框架成员中有 4 个国家还未同意"双支柱"方案声明，分别为肯尼亚、尼日利亚、巴基斯坦、斯里兰卡。

用于所有的大型跨国企业。由于包容性框架成员已承诺支柱一方案落实后取消数字服务税及类似措施，若"双支柱"方案落地实施，将成为未来国际数字税规则的主流和基石。

（二）支柱一具体规则

纳税主体：支柱一规则适用于全球营业额超过 200 亿欧元的跨国企业，协议生效 7 年后营业额的门槛计划进一步降至 100 亿欧元，以扩大使用该规则的跨国企业范围。采掘业和受监管的金融服务业业务从规则中排除。

征税方法：超过全球营业额门槛的企业，利润率（税前利润/营业额）超过 10% 的部分被定义为剩余利润，剩余利润的 25% 作为金额 A 部分，分配给作为营业收入来源的市场（税收管）辖区。

市场辖区可参与分配利润的条件：作为分配利润的市场辖区，当跨国企业从一个市场辖区获得至少 100 万欧元的收入时，才可以参与分配金额 A。对于 GDP 低于 400 亿欧元的较小市场辖区，能够参与分配利润的门槛降为 25 万欧元。

其他规则细节：已形成的规则意向中，包容性框架成员还同意建立营销和分销利润安全港规则。为提高税收确定性、维护跨国企业合法权益，规则还设计了争端预防和解决机制。

规则推进情况：按照 OECD 目前的计划，支柱一金额 A 规则最终将以新的多边公约的方式确定下来，于 2022 年完成规则细化和公约签署，其后各税收管辖区推进各自的立法审批，于 2023 年正式实施。目前，OECD 正在对金额 A 的细化规则进行公众咨询。

（三）支柱二具体规则

规则具体构成：支柱二规则由两部分组成。一是两个互相关联的国内规则，统称为全球反税基侵蚀规则（GloBE），具体包括所得纳入规则（IIR）和低税支付规则（UTPR），最低税率均为 15%；二是基于税收条约的规则——应予课税规则（STTR），允许来源管辖区对某些低于最低税率的股息、利息等付款征收预提税，最低税率为 9%。作为包容性框架成员，可以不实施支柱二规则，但如果实施就要参照已商定的示范规则和指南。IIR 可理解为，当在其他税收辖区的子公司有效税率低于 15% 时，最终母公司所在的辖区可就该子公司有效税率和最低税率 15% 之间的差额部分对最终母公司征收附加税。UTPR 可理解为，当某税收辖区内子公司有效税率低于 15%，而其母公司所在辖区未征收附加税时，集团内其他公司所处税收辖区可对该子公司有效税率和 15% 之间的差额部分征收附加税。

GloBE 作为核心规则，其最大特点是自上而下的连锁性。如果跨国企业的总部所在辖区没有基于规则对跨国企业母公司进行征税，则集团所有权链中的下一级母公司实体必须适用规则；若还未按照 15% 的最低税率纳税，那该跨国企业下属实体所在的其他辖区可以按照规则确保 15% 的最低税。规则的连锁性确保了所有引入 GloBE 规则的管辖区可以征收最低税，即使跨国企业在没有实施 GloBE 规则的管辖区或通过没有实施规则的管辖区经营。

纳税主体：适用 GloBE 规则的企业为达到 7.5 亿欧元门槛的跨国企业①，排除作为跨国企业集团最终母公司的政府实体、国际组织、非营利组织、养老基金或投资基金等。

规则排除细则：为支持企业国际化发展、鼓励实体经济投资、降低税收征管和遵从成本等，规则设计了多种排除情况。一是考虑到公司国际化活动初期的情况，当在境外拥有最多 5000 万欧元的有形资产，且在不超过 5 个其他辖区内运营，这些公司在进入 GloBE 规则范围后的 5 年内，可以免除规则适用。二是为鼓励实体经济投资，计算有效税率时，可排除相当于有形资产和工资账面价值 5% 的收入。三是微量排除，将跨国企业收入低于 1000 万欧元、利润低于 100 万欧元的税收辖区排除。

规则推进情况：OECD 计划支柱二在 2022 年通过各参与辖区内法律形式确定，并于 2023 年实施，其中低税支付规则（UPTR）将在 2024 年生效。OECD 还要在 2022 年中开发一项多边工具（MLI），可以对各国的双边税收协定进行批量修订，将应予课税规则（STTR）的内容置入到双边税收协定中。

---

① 目前规则范本中的具体范围是属于最终母公司合并财务报表年收入在受测财年之前的 4 个财年中至少有 2 个财年为 7.5 亿欧元及以上的跨国企业集团的成员实体。

四、国际多边数字税规则对全球的影响

当前参与 BEPS 框架的成员已协商确定，在多边规则实行后将取消数字服务税等单边措施，因此将国际多边数字税规则作为全球影响的分析重点。

（一）从经济治理视角看，推动国际税收规则协调迈入多边时代，消除单边数字税措施负面影响

传统的国际税收协调是以双边税收协定为基础的，国际组织在其中的作用主要是制定并更新税收协定范本等，均为仅指导性、不具有约束力的"软法"。BEPS 是近一个世纪以来国际税收规则的首次重大革新。BEPS 包容性框架包括 141 个税收管辖区，占全球 GDP 的 94.5%、全球直接投资流入存量的 98.4%、全球直接投资流出存量的 97.2%，广泛覆盖了全球主要经济体，已经形成了类似关贸总协定的多边国际税收组织的雏形。支柱一中关于金额 A 的多边公约若能签署，将是首次通过多边协定确定全球企业所得税的分配规则，并设立争端预防和解决机制，成为具有强制性和约束力的国际税法。

法国、英国等为保障本国税收利益，积极开征数字服务税；美国则认为数字服务税以较高的全球业务收入和市场国业务收入划分起征点，构成了对谷歌、亚马逊等美国大型数字企业的歧视，是一种贸易保护措施，并发起 301 调查。我国数字企业也面临在印度尼西亚等国开展业务可能被征收数字服务税、加大成本负担的情况，各国征税方法的差异也造成企业的遵从负担。国际多边规则的制定，将统一各国对数字企业等跨国企业剩余利润分配的方法，企业将面临更可预期的、公平的政策环境。

（二）从规则设计初衷看，有利于抑制全球税收流失，减弱税收逐底竞争

"双支柱"规则将全球主要的跨国企业纳入征税范围，并通过最低税的设计抑制跨国企业单纯以避税为目的将利润转移到开曼群岛、百慕大、英属维尔京群岛等全球低税地，将新增全球企业所得税收入。BEPS 包容性框架中包括了开曼群岛、英属维尔京群岛、百慕大等全球低税地。OECD 预计支柱二基本覆盖了全球所得税基数的 90% 以上，每年全球预计将产生约 1500 亿美元的

新增税收收入。对于新冠肺炎疫情下普遍实施了大规模扩张性财政政策的主要经济体来说，特别是作为主要市场的国家，"双支柱"规则下新增的税收收入无疑可缓解其面临的财力紧张压力。

支柱二的 GloBE 规则设计还有利于结束全球长达 30 年的减税竞争。据 OECD 评估 2000 年至 2021 年间，纳入分析的 110 多个税收辖区的平均法定税率下降了 8.3 个百分点。企业所得税收入平均占全球税收收入的四分之一，最低税筑底可保障一定规模的财政收入，使各国政府能有更多的财政资金腾挪，解决本国国内问题和全球共同面对的挑战。

五、国际多边数字税规则对我国的影响

具体到单一经济体时，考虑到税收规则特点，影响分析以企业为分析对象。同时，"双支柱"方案中两大支柱适用的纳税主体范围存在较大差异，规则的设计也不同，因此需分别分析具体影响。

（一）支柱一规则影响

支柱一规则主要针对营业收入超过 200 亿欧元的大型跨国企业，因此选择世界 500 强企业作为分析对象，筛选出营业收入超过 200 亿欧元，同时利润率超过 10% 的跨国企业。对 2017 年至 2021 年世界 500 强企业进行筛选，分别有 89、94、111、110、99 家。2021 年符合筛选条件的企业涉及的国家和行业如表 1 所示。各国中，美国企业最多，2021 年有 40 家，中国（含港澳台）企业数排第二位。各行业中，银行数量最多，为 27 家，其次为制药、电信等。

表 1　2021 年符合支柱一规则筛选条件的世界 500 强企业国别和行业分布

行业	爱尔兰	澳大利亚	巴西	德国	俄罗斯	法国	韩国	加拿大	美国	日本	瑞士	沙特	西班牙	印度	英国	中国	行业合计
半导体、电子元件							1		1							1	3

续表

行业	爱尔兰	澳大利亚	巴西	德国	俄罗斯	法国	韩国	加拿大	美国	日本	瑞士	沙特	西班牙	印度	英国	中国	行业合计
财产与意外保险									4								4
采矿、原油生产		1	1									1			1		4
电信						1			2	2						1	6
电子、电气设备							1		1	1						1	4
多元化金融									2								2
房地产																3	3
工业机械											1						1
公共设施														1			1
管道运输									1								1
航天与防务									1								1
互联网服务和零售									2							2	4
化学品									1								1
计算机、办公设备									1								1
计算机软件					1				2								3
家居、个人消费品							1		1						1		3
金属产品					1												1
科学、摄影和控制设备									1								1
炼油															1		1
人寿与健康保险																2	2
食品:消费产品									2	1							3
网络、通讯设备									1								1
信息技术服务	1																1
烟草									1						1		2
医疗器材和设备	1								1								2
银行:商业储蓄		1	1		1			4	7	3	1					9	27
饮料									1								1

189

行业	爱尔兰	澳大利亚	巴西	德国	俄罗斯	法国	韩国	加拿大	美国	日本	瑞士	沙特	西班牙	印度	英国	中国	行业合计
娱乐									1								1
制药				1		1			6	1	2				2		13
专业零售																1	1
国别合计	2	2	2	3	1	3	2	4	40	7	5	1	1	1	5	20	99

数据来源：根据财富世界 500 强企业处理所得。

从我国作为被分配利润主体看，符合条件的企业较少，行业集中于互联网服务和零售。符合上文筛选条件的中国企业，2017 年有 14 家，2018 年和 2019 家各有 17 家，2020 年和 2021 年均有 20 家。按照目前的规则共识，采矿业和受监管的金融服务业①还要从范围中排除，2021 年排除后的中国企业如表 2 所示。中国大陆企业中，房地产企业业务以国内为主，涉及较多海外业务且利润率较高的企业为阿里巴巴、腾讯等，需要按照支柱一规则，将剩余利润的 25% 分配给收入来源的其他市场国或税收辖区。

表 2 适用排除规则后的中国世界 500 强企业（2021 年）

序号	企业	所属行业	利润率
1	中国移动通信集团公司	电信	12%
2	阿里巴巴集团	互联网服务和零售	21%
3	腾讯控股有限公司	互联网服务和零售	33%
4	台积电	半导体、电子元件	38%
5	长江和记实业有限公司	专业零售	11%
6	融创中国控股有限公司	房地产	15%

---

① 2021 年 10 月份的声明中，只提及排除采矿业和受监管的金融服务业，但规则还未对此进行具体的界定。本报告分析影响时，暂时将所有采矿业、金融服务业均适应排除规则。

续表

序号	企业	所属行业	利润率
7	龙湖集团控股有限公司	房地产	11%
8	华润置地有限公司	房地产	17%
9	珠海格力电器股份有限公司	电子、电气设备	13%

数据来源：作者根据财富世界 500 强数据筛选和计算。

从我国作为参与分配利润主体看，我国作为全球商品和服务的主要市场国可分配获得更多税收收入。当前，我国已是全球的主要商品和服务市场，未来随着内需潜力的进一步释放，我国市场在全球的地位也会进一步上升。支柱一金额 A 的分配规则可保障创造收入的市场国分享跨国企业的利润。最易实现避税的互联网服务企业，目前在我国境内运营业务较少，我国可获得分配的利润有限。对于一般产品，我国根据已有的转让定价规则在本地已留有一定的剩余利润，如奢侈品等能够从金额 A 分配中分配的利润微乎其微（康拉德·特雷等，2022）。对于一些在海外制造并销售到我国境内的高利润产品，我国可能通过支柱一规则获得更多税收收入。

总体看，支柱一规则对我国税收收入的影响短期有限。当前，支柱一规则尚有部分关键细节还未制定并达成共识，如采矿业和金融服务业的排除规则、营销及分销利润安全港规则等，这些对于纳入征税的跨国企业范围、具体收入界定、利润计算等都会产生直接影响，最终影响分配利润的金额。同时，在"双支柱"规则共同影响下，跨国企业也会适应和调整，改变原有的投资架构、转让定价方案等，选择更利于自身的利润获取机制。进入门槛的跨国企业本身也在不断变化，涉及的行业、实现的利润水平也不尽相同。目前，还难以判断中长期内，我国是会被分配走更多的利润还是分配到更多的利润。从当前涉及的企业情况来看，支柱一规则对我国税收收入的影响短期内总体有限，偏向中性。

（二）支柱二规则影响

适用 GloBE 规则的企业为达到 7.5 亿欧元门槛的跨国企业，门槛内的公司数量较支柱一规则明显增多，有研究显示会涉及全球 5000 多家公司。考虑到企业营业收入数据的可获得性，课题研究选择全球主要交易所上市公司的财务数据。暂不考虑股权关系、有效税率、海外实体数量等，仅筛选2017年至2020年四年中营业收入有两个及以上年度超过7.5亿欧元的企业。筛选后，A股4742家上市公司中有1015家进入门槛，港股2584家公司中有486家进入门槛，纳斯达克4233家公司有643家进入门槛，纽交所2455家公司有1322家进入门槛。进一步筛选出各年有效税率①低于15%的企业，A股约有300家企业，港股有80多家，纳斯达克有90家左右。

我国作为对外投资国，支柱二规则可抑制我国企业利用全球低税地转移利润，保障税收利益。当前，我国已是全球主要的对外投资国，2020年对外直接投资存量为全球第三位。我国对外直接投资中，流向中国香港、开曼群岛、英属维京群岛、新加坡等地的占比较高。2020年，仅流向中国香港的占比就为58%，流向开曼群岛和英属维尔京群岛的占比分别为5.6%、4.5%。直接投资从全球低税地中转投向其他地区，或者是返程回境内投资，除这些低税地的汇兑便利、税制简单等因素外，低税率是重要原因之一。实践中，我国企业也确实享受到了上述地区的低税率优惠。以港股、纳斯达克和纽交所上市的中国企业为例，有较多有效税率低于15%的注册于"避税天堂"的企业。这些企业通过包含开曼群岛、中国香港等地的复杂投资架构，在实现较大规模利润的情况下，实际承担了低于15%的税负，甚至是零税负。在支柱二规则下，我国作为这些跨国企业的最终母公司所在地，拥有优先征收附加税的权利。由此，可抑制跨国企业利用全球低税地从我国境内向境外转移利润，保障我国的税收权益。

我国作为利用外资国，引资税收政策的削弱影响总体偏小，但对高新技术领域外资影响较大。我国企业所得税的法定税率为25%，对于高新技术、小型微利等类型的企业以及处于特定地区的企业设有优惠税率。考虑到其他税收优惠政策的影响后，在华外资企业确实可能存在实际税率低于法定税率

---

① 准确计算有效税率，首先要厘清股权确定最终母公司，然后分辖区计算，还需要按照国际会计准则调整各辖区税基，并按照支柱二具体规则细节进行若干复杂处理。因课题仅是对总体影响进行分析，不针对具体企业分税收管辖区的具体补税额计算，因此采用简便算法估计，有效税率为财务报告数据中的所得税额除以利润总额。

的情况。分析表3可知，2019年外商及港澳台资工业企业、制造业企业的平均税率均为23%，远高于15%。制造业细分行业中，仅皮革、毛皮、羽毛及其制品和制鞋业等三个行业平均税率低于15%，在我国吸引外资中的占比较小。计算有效税率是按照税收辖区计算，若外资公司在我国境内多处投资运营，且非全部为中高端业务，有效税率超过15%的可能性较低。

表3　我国外资制造业企业平均税率（2019年）

行业	税率
农副食品加工业	12%
食品制造业	24%
酒、饮料和精制茶制造业	31%
纺织业	17%
纺织服装、服饰业	16%
皮革、毛皮、羽毛及其制品和制鞋业	9%
木材加工和木、竹、藤、棕、草制品业	17%
家具制造业	13%
造纸和纸制品业	18%
印刷和记录媒介复制业	17%
文教、工美、体育和娱乐用品制造业	9%
石油加工、炼焦和核燃料加工业	19%
化学原料和化学制品制造业	24%
医药制造业	21%
化学纤维制造业	32%
橡胶和塑料制品业	23%
非金属矿物制品业	21%
黑色金属冶炼和压延加工业	50%
有色金属冶炼和压延加工业	27%
金属制品业	28%
通用设备制造业	20%
专用设备制造业	27%
汽车制造业	28%

续表

行业	税率
铁路、船舶、航空航天和其他运输设备	25%
电气机械和器材制造业	19%
计算机、通信和其他电子设备制造业	23%
仪器仪表制造业	17%

数据来源：作者根据国家统计局工业企业数据、《中国税务年鉴（2020）》计算。

注：行业平均税率＝分行业企业所得税额/分行业企业利润总额。因行业利润总额数仅有规模以上工业企业数据，因此实际行业平均税率应较该表计算数值更低。

但是对于具体企业来说，在以下两种情况下，支柱二会导致我国吸引外资的税收政策打折。第一种情况是高新技术类外资，且在华主要为高技术研发服务、制造等业务，因本就适用高新技术企业15%的税率，再加上研发加计扣除等税收优惠政策，会使得我国辖区内的有效税率低于15%，其海外母公司可征收附加税。第二种情况是外资企业仅在我国境内低税地区投资且从事鼓励类行业投资，也可能出现我国辖区内的有效税率低于15%的情况。这种两种情况下，会造成我国对特定行业或地区的税收优惠政策失效。

六、相关政策建议

基于国际数字税规则的发展趋势、对全球及我国的具体影响，可考虑从参与国际规则谈判、国内税制对接、征管合作三个方面推进相关工作。

（一）继续积极参与国际多边税收规则的后续进程

目前，国际多边数字税规则还在细化中，我国作为BEPS包容性框架成员之一，建议继续积极参与多边规则的后续制定，并推动支柱一多边公约的达成和支柱二多边工具的建立，在此过程中提高我国在全球税收治理中的影响力。在支柱二的设计中，可建议对鼓励高新技术产业、支持地区经济发展的税收优惠政策给予一定的排除。若无法达成多边公约，各国已实施或准备实施的数字服务税等类似规则还会继续推进，我国也要做好应对准备，提前研究是否征收类似税种，以及其他国家征税对我国涉及较多海外数字业务的企业的影响。

（二）做好国内税制等与国际多边规则的对接准备

支柱二中 GloBE 规则要以 OECD 立法模板为基准通过建立国内规则落地，我国需考虑是否按照 OECD 进度安排研究推进国内最低税的规则设计。税收优惠政策的吸引力被削弱后，各国更需凭借自身综合实力吸引跨国投资。我国各级政府宜进一步优化营商环境，发挥市场规模潜力、产业体系日趋完善、科技创新能力日益提升等优势，吸引跨国企业高附加值环节。另在最低税规则下，因补贴对有效税率下降的影响更小，已有关于支持重点行业或企业的财政工具可选择补贴替代税收优惠的讨论，可能引发新形式的税收竞争，宜提前跟踪研判相关情况。

（三）加强税收征管能力和国际税收征管协作

从规则分析可知，"双支柱"规则涉及大量复杂计算，需要跨国企业提供大量的财务数据，并且涉及几千家跨国企业。这对企业涉税信息的提供和各辖区间的交换分享、各经济体主管机关和监管人员能力等都提出了更高的要求。同时，跨国企业避税方式十分复杂，涉及国家和地区众多，各地法律法规、财务处理等方面又各有差异，即使"双支柱"方案落地实施，跨国企业也仍有动力、有方法转移利润、降低税负。主管部门应持续跟踪跨国企业税务处理方式，依托已有的 BEPS 包容性框架、地区税收合作机制等，加强国际税收征管合作，不断提高反避税等税收征管能力。

参考文献：

［1］OECD（2015），Addressing the Tax Challenges of the Digital Economy，Action 1 – 2015 Final Report，OECD/G20 Base Erosion and Profit Shifting Project，OECD Publishing，Paris，https：//doi. org/10. 1787/9789264241046 – en.

［2］OECD（2018），Tax Challenges Arising from Digitalisation-Interim Report 2018：Inclusive Framework on BEPS，OECD/G20 Base Erosion and Profit Shifting Project，OECD Publishing，Paris，https：//doi. org/10. 1787/9789264293083 – en.

［3］OECD（2020），Tax Challenges Arising from Digitalisation-Report on Pillar One Blueprint：Inclusive Framework on BEPS，OECD/G20 Base Erosion and Profit Shifting Project，OECD Publishing，Paris，https：//doi. org/10. 1787/beba0634 – en.

［4］OECD（2020），Tax Challenges Arising from Digitalisation-Report on Pillar Two Blueprint：Inclusive Framework on BEPS，OECD/G20 Base Erosion and Profit Shifting Project，OECD Publishing，Paris，https：//doi. org/10. 1787/abb4c3d1 – en.

［5］OECD/G20. 应对经济数字化税收挑战——支柱二全球税基侵蚀（GloBE）规则立法模板，2021 年 12 月。

［6］陈昌盛，冯俏彬等. 数字税——系统性挑战与中国方案研究［M］. 人民出版社，2022.

［7］韩霖，高阳，邓汝宇. 数字经济国际税改"双支柱"方案的历史意义与现实应对——专访中国国际税收研究会会长张志勇及国家税务总局国际税务司司长蒙玉英［J］. 国际税收，2022（02）.

［8］康拉德·特雷，池澄，王俪儿. BEPS2. 0 时代来临："双支柱"方案对五大关键领域的深远影响［J］. 国际税收，2022（02）.

［9］李金艳，关于双支柱方案的全球税收共识：真相探究和法律现实［J］. 国际税收，2022（03）.

2022 年 4 月

第十四章

新形势下国际贸易保护主义的发展
趋势与应对策略研究

内容提要：当今世界，贸易保护主义抬头。"十四五"时期，国际贸易保护主义将呈何种走势？对我参与全球化模式构成何种影响？加强对这一问题的研判，对我国立足国内大循环、更好参与国际经济循环、构建新发展格局具有重要意义。本文在梳理国际贸易保护主义新形势基础上，从手段、产业、对象、焦点、规则、国别格局、组织形态、不确定性、治理框架、后疫情特征等 10 个方面，概括贸易保护主义的新动向新趋势，研判对我影响，并提出应对之策。

一、百年未有之大变局构成贸易保护主义发展的重要背景

当今世界正处于百年未有之大变局，经济全球化进入模式调整期和动力转换期，新一轮科技革命和产业变革深入推进，生产组织方式与消费模式向平台化分散化方向发展，新兴市场和发展中国家群体性崛起推动国际力量对比朝着更加平衡的方向演进，西方中心论、文明冲突论、历史终结论等文明和意识形态偏见在现实面前更加苍白无力，全球治理体系正在经历深刻调整，全球生态环境、疫情防控、恐怖主义等问题越来越跨出国界，亟须各国携手解决，全球秩序正在发生新一轮"寻锚"。百年未有之大变局从如下方面推动国际经贸规则发生深刻重构。

（一）中美大国博弈不断加剧，全球贸易投资不确定性上升

2017 年以来，美国贸易保护主义、贸易霸凌主义、单边主义不断加剧，

中美关系发生深刻调整，具体而言主要包括四个方面。一是战略竞争。这个局势从美国奥巴马"亚太再平衡"就开启了，特朗普政府上台以来，美国联合日本、印度、澳大利亚等国力推"印太战略"，对我推动共建"一带一路"构成明显冲击，其鲜明的意识形态和军事色彩对我构成明显挑战。二是贸易和科技竞争。自 2017 年以来，美国贸易采取增加关税壁垒、强化投资限制、实施对中资企业制裁等手段，主动挑起并不断升级中美经贸摩擦，加强各领域对我围堵。三是发展模式竞争。西方发达国家始终想通过要素、制度、规则的输入，将我国改造成为一个与它们发展模式类似的国家。2008 年国际金融危机以来，随着中美相对实力此消彼长，美国不但不反思自身发展模式弊端，反而试图通过"搭便车"、窃取技术、推进不公平竞争等所谓理由来解释我国的快速发展。未来，发展模式与道路之争恐将愈演愈烈，成为百年未有之大变局中引发各种矛盾和冲突的重要风险点。四是意识形态之争。近来，人权问题越来越成为保护主义的重要借口。2016 年 12 月，美欧日在我"入世"15 年过渡期结束后拒不承认我国市场经济地位，并于 2017 年以来连续发表 7 轮联合声明攻击我发展模式。同时，大做涉港、涉疆、涉藏问题文章。

在中美关系深刻调整的背景下，各方对两国陷入"修昔底德陷阱"的担忧增多。"修昔底德陷阱"最早是由哈佛大学肯尼迪学院教授格雷厄姆·艾利森于 2012 年 8 月发表在英国《金融时报》上面的文章 *Thucydides's Trap Has Been Sprung in the Pacific* 提出的，用来比喻中美两国关系的未来命运。修昔底德在其《伯罗奔尼撒战争史》中指出，"战争不可避免的原因是雅典势力的增长和因此而引起的斯巴达的恐惧"。这一论述指出了崛起大国与守成大国因国家实力消长产生的结构性矛盾而爆发战争的可能前景。艾利森梳理了历史上崛起大国与守成大国关系的案例库发现，历史上 16 起案例中，只有 4 起是以和平方式解决的，其他 12 起均爆发了军事冲突（格雷厄姆·艾利森，2018）。

（二）经济全球化深刻调整，以 WTO 改革和大型 FTA 为驱动的新一轮国际经贸规则重构不断推进

当前，经济全球化正在经历模式挑战和结构转型，国际社会面临开放还是封闭、前进还是后退、拥抱全球化大海还是退回孤立封闭小湖泊的重大抉择，传统的国际"大三角"格局发生新变化。根据麦肯锡全球研究院 2019 年 4 月发

布的《变革中的全球化：贸易与价值链的未来图景》报告显示，当前经济全球化进程正在持续发生重要转变：一是商品生产价值链的贸易强度逐步降低，2007—2017 年间，出口总额在商品生产价值链总产出中的占比从 28.1% 降至 22.5%；二是 2007 年以来服务贸易增速比商品贸易增速高 60%；三是劳动成本套利型贸易占比不断下降，目前已不足 20%，而全球价值链的知识密集度越来越高；四是以汽车制造、计算机和电子行业为代表的商品生产价值链的区域集中度越来越高，企业越来越倾向于在邻近消费市场的地方开展生产。据加德纳智库（Gardner Intelligence）2020 年发布的《世界机床调查》报告显示，2019 年全球 15 大机床消费国中有 12 个消费量出现下降；其中，中国消费量大幅下降 25.3%，降幅占全球一半；美国在 12 个下跌国中跌幅最小，导致其全球份额反增至 11.9%，达到 2001 年以来的最高水平；墨西哥机床消费则显著增长，占全球份额从 2018 年的 2.4% 增至 2019 年的 3.1%。

与此同时，国际贸易保护主义抬头。2018 年 3 月 22 日，美国贸易代表办公室公布了在 2017 年 8 月发起的对华 301 调查结果，指责中国通过迫使美国企业对华转让技术、系统性收购美国先进技术和知识产权、通过技术许可条款等手段，对美国企业的投资运营和美国竞争力构成削弱，并提出向 WTO 争端解决机制申诉，对中国航空航天、信息通信技术、机械等产品征收关税，限制中国投资等措施，对中国实施制裁。从根源和背景看，贸易保护主义的成因复杂深重，短期内难以风平浪静。实施贸易保护主义的一方，通常会遭受对手方的反制，最终结果往往是"双输"而非"共赢"。当前全球范围内存在多个经济体间的贸易争端，一旦局势失控而演变为大规模贸易战，势必拖累全球贸易投资增长，削弱世界经济复苏前景。

在以美国为代表的贸易保护主义的挑战和冲击下，WTO 的实质性作用下降。首先，部分国家以 301 调查、232 调查等国内法取代 WTO 规则，实施"长臂管辖"，因一己之利而违反多边规则，对 WTO 体制构成严重冲击。同时，由于利益分化严重以及贸易保护主义的干扰，WTO 谈判迟迟难以推进，影响各国对多边贸易体制的信心。并且，作为 WTO 的重要功能的争端解决机制陷入停顿。2019 年 12 月 10 日，WTO 的 2019 年度第五次总理事会上，美国阻挠改进上诉机构总理事会决议草案，新的法官不能顺利增补，WTO 上诉机构彻底瘫痪。从另一个侧面看，美国因一己之利在过去两年中连续 30 次对新遴选的法官予以否决，终致 WTO 上诉机构瘫痪，不仅反映了贸易保护主义对 WTO 的严重冲击，也反映了多边贸易体制的内在缺陷和脆弱性。

历史一再表明，全球化进程从来不是一帆风顺的直线式上升，而是在时代大潮中波浪式前进、在艰难曲折中向纵深发展。暂时的"逆风"和曲折徘徊本身就是全球化矛盾运动规律的必然表现形式，这不仅不会造成全球化的历史终结或根本逆转，而且往往成为全球化寻找新动能、鼎革新规则、构筑新基础进而开辟新空间的重要契机。未来世界经济将在经济全球化曲折探索与浩荡前行的辩证运动大逻辑中不断迈进。

（三）新兴经济体和发展中国家群体性崛起改变全球力量对比，围绕国际经贸规则斗争更趋激烈

当前，新兴市场和发展中国家群体性崛起，推动国际力量对比发生重大变化。按照国际货币基金组织测算，1992 年发达经济体 GDP 占全球比重达到 83.6% 的峰值后出现稳步下行趋势，到 2024 年将降至 56.2%。同期，新兴市场和发展中国家 GDP 占全球比重则从 16.4% 升至 43.8%。新兴市场和发展中国家的群体性崛起，推动国际力量对比发生巨大变化，这从中美在国际组织中的份额和投票权上也可观察出来。2019 年美国分摊的联合国会费和维和经费的占比分别为 22% 和 28%，在各国中是最高的。2019 年，我国分摊的联合国会费从 7.92% 涨到 12.01%，维和经费也从 10.24% 跳升至 15.22%，增幅较大但仍低于美国的比重。从世界银行投票权份额看，在 2018 年新一轮增资之后，我国的投票权份额达到 5.71%，仅次于美国 15.87% 和日本 6.83% 的水平，升至第三位；由于世界银行的重要决议须由 85% 以上的表决权决定，因此美国仍有否决权。从国际货币基金组织改革看，2015 年随着国际货币基金组织份额和治理改革方案经过美国国会批准，我国成为 IMF 第三大份额国，占比 6.394%，仅次于美国 17.407% 和日本 6.464% 的水平；由于 IMF 重大议题须有 85% 投票权通过，因此美国仍有否决权。2016 年 10 月 1 日，人民币正式加入 SDR 货币篮子，其中，各种货币的权重分别为美元 41.73%，欧元 30.93%，人民币 10.92%，日元 8.33%，英镑 8.09%。

随着新兴经济体和发展中国家力量的壮大，二十国集团成为国际经济合

作主要论坛，金砖国家、上合组织等发展中国家合作机制在全球治理中发挥越来越重要的作用。我国在亚投行、丝路基金、金砖国家应急储备安排等方面发挥不可替代的重要作用，国际影响力和话语权明显增强。南北力量对比的明显变化势必成为推动国际经贸规则重构的重要基础性动力。

（四）新一轮科技革命和产业变革加速酝酿，数字贸易等新领域成为斗争新焦点

近年来，全球范围内新技术、新产业、新业态、新模式层出不穷，新的全球产业链、价值链、供应链布局加速重构，推动世界经济进入新旧动能转换的关键时期。一方面，科技创新和产业升级正在孕育新突破，人类面临的巨大资源环境压力和美好生活需要正在转化为科技创新的强大动力，世界主要国家纷纷布局以绿色、低碳、智能为特征的新兴产业，把新能源、新材料、信息网络、生物医药、节能环保、低碳技术、绿色经济等作为新一轮产业发展的重点，推动数字经济和实体经济深度融合。另一方面，具备广阔产业化市场化前景的重大技术突破和通用技术创新尚在孕育之中，世界经济增长新动能仍未形成，全球潜在增长率受人口老龄化、贫富差距扩大、长期投资疲软等一系列深层次结构性矛盾困扰不升反降，世界经济仍处在新旧动能、新旧产业和新旧业态转换的调整期和过渡期。从未来发展看，全球经济增长动能"推陈出新"将是一个长期渐进的过程，其推进程度、步伐和节奏将对未来世界经济增长走势产生决定性影响。

科技革命和产业变革对国际经贸规则的与时俱进提出了现实需求。当前，在蓬勃的科技革命和产业变革推动下，传统的国际经贸规则和治理能力严重落后于形势的需要。从 WTO 看，多边贸易谈判在推进数字贸易以及环境、劳工等议题方面面临较多分歧，难以有效达成协定。同时，以 FTA 为代表的区域性自贸协定在这些问题上虽然偶有涉及，但仍然明显落后于时代的需要，对数字跨境传输、存储等领域至今尚未达成系统的协定说明了这个问题。尤其是，在美国等贸易保护主义的推波助澜下，目前国家安全审查成为重要关注点。同时，如何平衡数字流动、气候变化、网络安全、人工智能等国际经贸联系所带来的潜在的跨国性全球性风险，是摆在全球面前的新的治理任务。在这些因素的共同影响下，全球贸易投资规则和治理体系亟须与时俱进，大

踏步跟上时代潮流。

（五）疫情加剧全球供应链断链风险，各国围绕关键物资关键环节展开激烈争夺

新冠肺炎疫情使世界经济陷入严重衰退，对人类生命安全和健康构成重大威胁。各国纷纷采取封锁措施，各国经济也不同程度地按下了"暂停键"，导致大量生产活动陷入停顿，交通、运输、旅游、销售等服务业损失惨重，失业率骤升，需求萎缩，金融市场剧烈震荡，世界经济陷入严重收缩。疫情暴发推动百年未有之大变局加速演变，对国际经贸合作格局与经贸规则重构产生深远影响。全球产业链、供应链安全问题和保护主义突出。疫情导致全球产业链供应链重新调整势必对未来国际经贸秩序与经贸规则产生深远影响。一方面，疫情防控带来的经济社会发展困局或成为推动新一轮国际经贸规则争夺的客观动力；另一方面，产业安全、产业政策、供应链问题以及疫情相关的保护主义等将在未来的经贸规则中有所体现。

疫情暴发以来，全球产业链供应链格局正在经历新的重构，呈现出如下几个趋势。一是保护主义从需求侧向供给侧蔓延，能源等重要大宗商品、关键产品的"卖方出口保护"取代工业制成品的"买方进口保护"，成为全球产业链供应链新的风险点。二是产业链供应链合作从利润导向型向安全导向型倾斜，不少跨国企业从安全和韧性角度谋划全球布局。三是产业链供应链合作的焦点和堵点从生产环节向流通环节转移，全球海运费高涨、各国疏港物流梗阻凸显流通的重要性。四是数字经济重塑全球产业链供应链格局，全球大企业将利用物联网、云计算、自动化等手段加强供应商管理，提升物流运输效率和稳定性。

疫情暴发后，全球产业链供应链格局面临四大突出梗阻。一是全球产业链供应链区域化、本土化、碎片化趋势加剧。受疫情影响，高度依赖全球产业链的跨国企业将进一步强化市场导向。医药等关键产品，半导体、电子设备等关键产业以及核心制造环节将以安全可控为优先布局导向，全球价值链"缩链"趋势更加明显。二是芯片以及能源等大宗商品产业链供应链安全与韧性成为新挑战。2021 年以来汽车、手机、游戏机、笔记本电脑等产业"缺芯"问题越来越严重。受库存不足、俄澳供给缩减、墨西哥湾极端天气等影响，欧洲气荒引发广泛恐慌。三是全球海运费大幅波动及港口物流中断影响

供应链稳定。受疫情影响，全球海运紧张局势凸显，从我国境内出发的海运价格从 2000—3000 美元跳涨至 1 万美元。同时，疫情导致美英等国卡车司机、港口装卸人员短缺，导致国内"疏港－公路运输段"供应链断裂成为突出问题。

（六）俄乌冲突等地缘政治危机冲击全球秩序，大规模经济制裁与保护主义相互交织

2 月 21 日，俄罗斯承认乌克兰顿涅茨克、卢甘斯克两州独立，24 日发起对乌特别军事行动，乌克兰危机爆发。面对俄罗斯的军事行动，美欧对俄实施"核弹级"制裁，停止"北溪－2"项目，推动对俄科技脱钩，并将部分俄银行剔除出 SWIFT 系统。据估计，仅退出 SWIFT 系统就将使俄 GDP 萎缩 5%。欧盟对乌支援空前团结，瑞士放弃中立国立场反俄挺欧，德国破例对乌给予大批致命性武器援助，并大幅增长国防开支至 GDP 的 2%。从国际舆论战线看，美国总统拜登 3 月 1 日在国情咨文中大肆鼓吹俄乌冲突是"民主与专制的斗争"，把乌克兰人民形容为对抗俄罗斯的"力量之墙"，美西方在意识形态领域达到冷战后的空前团结的水平，国际舆论战场斗争白热化。北约或加大对立陶宛、波兰驻军，并可能拉瑞典、芬兰加入，对俄军事压力大增，美国总统拜登直言全球

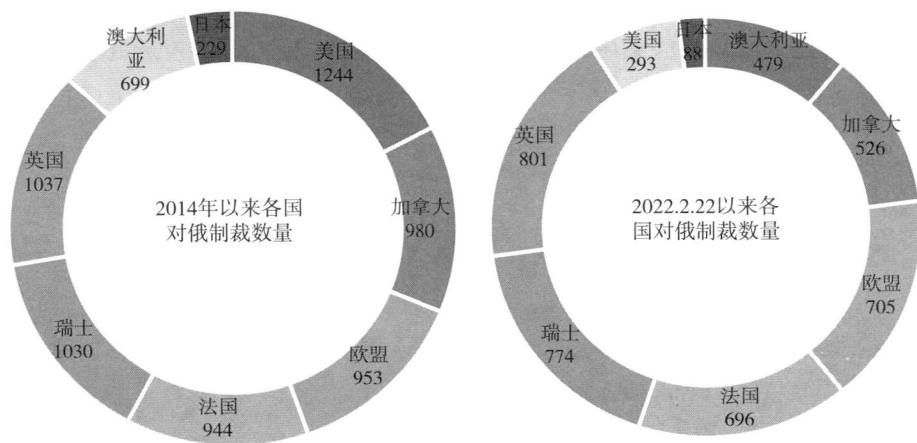

图 1　各国对俄经济制裁情况

数据来源：https：//www. castellum. ai/。

注：截至 2022 年 3 月 21 日。

面临爆发世界大战风险。美欧还联合日本、加拿大、瑞士、澳大利亚、新加坡等，对俄实施空前严厉的经济制裁。贸易保护主义与经济制裁措施相互交织，或成为未来国际贸易保护主义发展的新背景与新态势。

二、当前国际贸易保护主义的新趋势

当前，国际贸易保护主义在手段、产业、对象、焦点、规则、国别格局、组织形态、不确定性、治理框架、伴生特征等方面表现出 9 大动向，具体内容如下。

（一）保护手段"四世同堂"交汇叠加

当前，历史上从未同时并存的保护主义 1.0—4.0 版交汇碰头。1.0 版：关税、配额等"前 WTO"壁垒。2017 年以来美国"关税大棒"是其典型标志。2.0 版：检验检疫、环境、劳工、"两反一保"措施等 WTO 体系下的非关税壁垒。据《2019 年亚太贸易和投资报告》测算，卫生和植物检疫要求等非关税壁垒的平均成本就相当于国内生产总值的 1.6%，全球约为 1.4 万亿美元。3.0 版：政府采购、知识产权、区域自贸浪潮等 WTO"灰色区域"的保护壁垒。如拜登政府施政纲领计划推出 4000 亿美元的采购投资，重新推出 2009 年美国经济刺激法案中"购买美国货"条款。4.0 版：数字贸易、国有企业等"后 WTO"保护主义。拜登政府多次剑指我国所谓强制技术转让、侵犯知识产权、对互联网和数字经济审查等。4 代保护手段交汇大大加剧了国际贸易保护主义的烈度、隐蔽性和危害性。

（二）保护产业呈"边境政策侧重高科技、边境后政策明显分化"态势

从政策着力点看，保护主义在涉及商品、要素进出的边境政策和以国内政策和制度型开放为主的边境后政策 2 个方面均有新表现。从边境政策看，除关税壁垒外，高科技领域保护主义加剧成为重要态势。2020 年 10 月，美国家安全委员会公布了《关键技术和新兴技术清单》，强化对量子计算、芯片、太空技术等领域合作限制。同年 11 月，美国会发布《如何应对中国的挑战：美国的技术竞争新战略》报告，提出"小院高墙"的科技防御新策略，对特定科技领域采

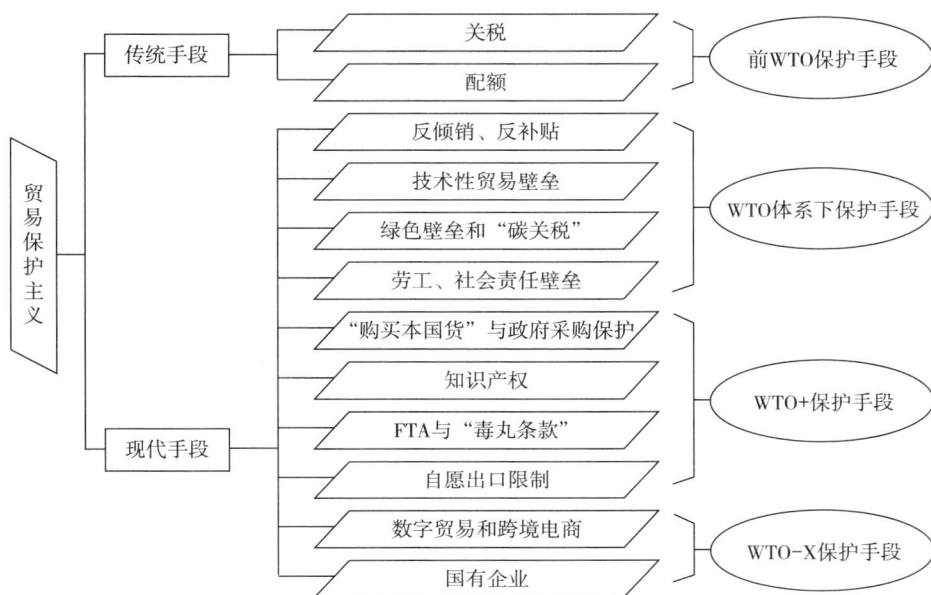

图2 保护主义的手段和壁垒类型

资料来源：作者绘制。

取更为严格的出口管制、人员限制、投资审查。从边境后政策看，各国关注产业明显分化。从 G20 国家看，2020 年 1—10 月出台的对贸易有不利影响的国内经济政策中，土耳其和墨西哥更侧重农业，其政策占比分别为 25.93% 和18.18%；印度、巴西、法国侧重制造业，其政策占比分别为 53.57%、42.86%、40.91%；美国、印度尼西亚、南非、俄罗斯、韩国侧重服务业，政策占比分别为 79.73%、52.17%、50%、46.67%、46.67%。

（三）货物贸易仍为"重灾区"但服务贸易保护主义猛增

2020 年，全球共出台货物贸易保护措施 1140 条，增长 42.5%，占全部保护措施的 57.1%，份额较 2016 年的 86.6% 明显下降，达到 2009 年有记录以来的最低值。服务贸易保护措施 414 条，较去年翻了一倍，份额增至 20.7%，达到有记录以来最高值。投资和人员流动的保护措施分别为 25 条和 6 条，占比 1.3% 和 0.3%，维持在近年来的较低水平。

（四）规则竞争成为重要竞争领域

经贸规则是一把"刀子"，它能限制还是加剧保护主义全看握在谁手中。

目前，保护主义者越来越频繁使用规则手段服务于自身利益，其表现有二。一是加紧在新领域布局保护主义条款。如在数字经济领域，美加墨协定、CPTPP以及欧盟的《一般数据保护条例》《非个人数据自由流动条例》率先对数字流动和电子商务进行谈判，在区域内部放松数据和信息流动限制的同时，对区域外国家树起保护壁垒，在数字本地化要求、数据跨境流动限制、强制公开源代码和加密密钥等领域，取得数字规则保护主义的先手棋。二是利用区域自贸协定等形式搞封闭化规则。最典型代表是美加墨协议中的"毒丸条款"，该条款将加剧贸易规则的圈层化、破碎化，其负面影响不容忽视。

（五）保护与开放的国别格局发生"南—北"易势

2020年以来，发展中国家成为拉动全球自由开放的主力。2020年初至2021年3月20日，巴西、阿根廷、印度、巴基斯坦包揽全球自由便利政策的前4位，前10名中发达国家仅美占据1席，与2009—2019年英、德、奥、西、荷、卢的6席形成鲜明对比。发达国家成为保护主义的主力，其中，美、英、德、法包揽全球贸易限制政策的前4位，发达国家在保护主义前10名中占据7位，而2009—2019年间发达国家在前4名中仅占2位、在前10名中仅占5位。"发达国家保守化""发展中国家开放化"两个趋势并行不悖。另外，在国内补贴方面，2020年1—10月G20成员中补贴政策数量前6名为美、意、加、英、德、日等发达国家，发展中国家的补贴普遍较少。

（六）组织形态呈多边主义影响力下降、双边和区域规则作用上升态势

以WTO为代表的多边主义影响力阶段性趋弱，区域化、双边化浪潮席卷全球。从区域化看，截至2021年3月，向WTO通报并正在实施的自贸协定总数已达553个，比2020年新增53个，该数字在2000年时仅为98个。从双边化趋势看，国家间的双边摩擦成为国际经贸关系的重要内容。如日韩半导体摩擦、欧美数字税摩擦、中美经贸摩擦等。受此影响，经贸关系受地缘政治等因素影响更深更大。

（七）贸易政策不确定性崛起为保护主义新壁垒

根据经济学人（EIU）智库数据，受中美贸易摩擦等因素影响，世界贸易不确定性指数在2018年2季度从5.11的水平上急速攀升，2019年4季度升

区域贸易协定（RTA）体系

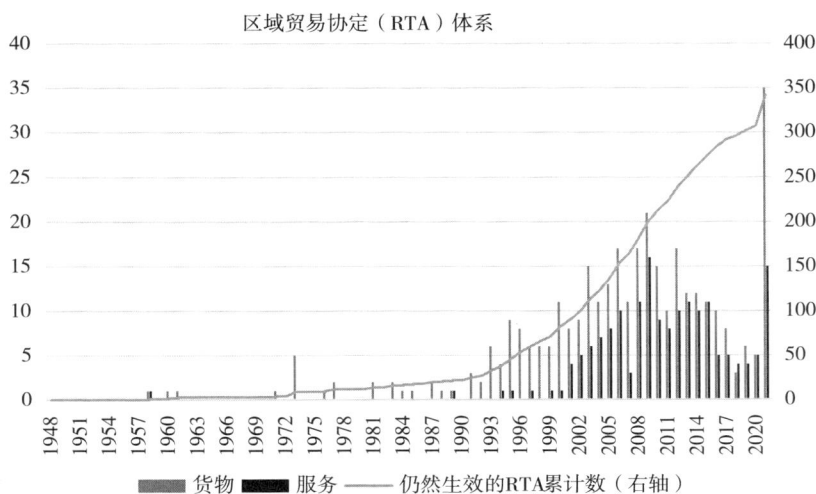

图3　全球货物服务区域贸易协定新签订情况及累计总数

数据来源：WTO 网站。

至 174.34 的历史高点，远高于 2000—2017 年间 1.48 的平均水平，美国所实施的高举关税大棒、发动贸易制裁等政策是导致这一结果的重要推手。该指数至 2020 年 4 季度虽已暂时回落到 1.03 的水平，但不确定性指数再次攀升风险巨大，已经构成国际经贸合作的新壁垒。

（八）保护主义对现有全球治理框架的挑战不断加大

把保护主义纳入全球治理框架是 1929 年大萧条的重大教训，也是应对 2008 年国际金融危机的重大经验。然而种种迹象表明，保护主义正在挑战以 G20 和 WTO 为代表的新老治理框架。一方面，以 WTO 为代表的传统多边治理框架影响力趋降，2020 年底上诉机构停摆是其突出标志。另一方面，G20 等新治理机制对保护主义约束力正在降低。2017 年 G20 财长和央行行长会议首次未能纳入反对保护主义的内容。据统计，2020 年 1—10 月，G20 国家实施的贸易干预措施数量为 1371 项，其中对贸易造成切实危害的措施占比近 80%，而 2017 年同期的贸易干预措施仅 700 项，其中对贸易造成切实危害的措施占比仅 73%。

（九）与世纪疫情及俄乌冲突等重大国际形势变化伴生演化

新冠肺炎疫情对保护主义产生了重要冲击，主要包括两方面。一是推动疫情相关领域的货物贸易便利化。2019 年 10 月至 2020 年 5 月全球推出 363 项贸易相关措施，其中 71% 与疫情相关；其中 57% 以上为疫情物资进出口便利化措施，如 2 月 22 日，巴西宣布暂时取消了对苯磺酸顺阿曲库铵等 3 种抗疫药物的进口关税。二是推高针对非疫情相关物资的保护主义。据 WTO 统计，2019 年 10 月至 2020 年 5 月，全球共出台了 56 项、估值高达 4231 亿美元商品额的贸易限制新措施，达到 2012 年以来的第三高。总之，保护主义在疫情影响下呈现出新的特征。

俄乌冲突爆发以来，经济制裁成为美西方对俄的重要"进攻性"手段。截至 3 月 21 日，美西方对俄制裁措施总数已达 7116 项，其中，2 月 22 日以来的制裁措施已达 4362 项。从制裁措施看，除严厉的金融制裁外，对俄高技术产品出口管制与贸易制裁成为重要内容。一是强化高技术产品等出口管制，重点包括：商业管制清单第 3—9 类产品，及对俄军事管制产品；炼油行业产品等俄重点行业产品；飞机设备、半导体和先进软件等关键技术领域产品。同时，美国将与俄军事行动相关的 10 个国家 91 个实体列入 BIS 出口管制实体清单，实施出口管制措施。二是美欧取消俄永久性正常贸易关系待遇，禁止进口俄原油、天然气、煤炭等能源，钢铁、海鲜、酒类、钻石等产品；禁止向俄出口奢侈品、

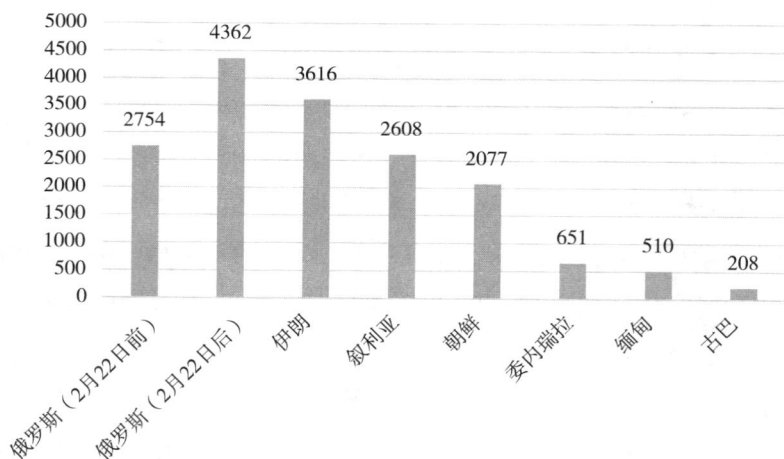

图 4　美西方对俄罗斯及其他国家制裁情况

数据来源：https：//www.castellum.ai/。

高级汽车等。贸易保护主义与经济制裁相融合，形成影响地缘政治格局的重要进攻性武器，其潜在危险性不容忽视。

三、国际贸易保护主义对我影响

国际贸易保护主义表现出的一系列新特征新趋势对我参与国际经贸合作、构建新发展格局带来一系列影响与挑战，主要包括如下 4 个方面。

（一）保护主义不断加剧对我参与经济全球化构成严峻挑战

随着保护主义从 1.0 版到 4.0 版四路来犯，全球产业链价值链"缩链"趋势加剧，对我稳定经济增长、对外贸易和利用外资等相关领域构成压力。

（二）各国经贸利益取向失序化对我参与全球化立场、方式与路径构成明显冲击

从"南—北"轴线看，发展中成员利益诉求多样化，巴西、韩国主动放弃 WTO 的发展中国家地位可见一斑。从"东—西"轴线看，意识形态和发展模式之争愈演愈烈。从"多边—区域—双边"轴线看，主要经济体纷纷弃多边而求双边和区域化，CPTPP、美加墨协定、欧日经济伙伴关系协定等大型 FTA 纷纷推出。这些动向对维护多边体制主渠道地位、保障发展中成员特殊与差别待遇等造成巨大挑战。

（三）强化经贸体系围堵，排挤共建"一带一路"经贸投资合作

当前，国际经贸秩序出现巨大调整，地缘关系、盟友体系、单边制裁等对国际经贸合作的影响将达到二战结束以来的新高度，对共建"一带一路"的影响不容忽视。从我周边看，美西方区域化集团化保护主义趋势对我构成严峻挑战。一是以 CPTPP 为抓手构筑孤立"一带一路"的自贸秩序。美国对我加入 CPTPP 高度防范，9 月 20 日美参议院金融委员会两党议员表示，中国加入 CPTPP 影响美"国家安全"。二是强化产业链"去中国化"。2021 年 9 月 15 日，美英澳建立"三边安全伙伴关系机制（AUKUS）"，旨在加强军事、高端技术和供应链合作，并向澳提供核动力潜艇。AUKUS 将产业基地合作列为优先事项，相互开放三国最尖端科技、工业和市场，意在打造美西方高端生产网络。该机制与"印太战略"和"蓝点网络"计划相结合，对共建"一带

一路"产业链合作构成明显竞争和排挤。

（四）国家贸易保护主义对我安全挑战风险上升

在政治博弈领域，美西方国家炒作发展中国家地位问题，通过重置"发达国家"标准，意在取消我发展中国家地位与相应的特殊与差别待遇。该做法除损害我贸易利益之外，直指我"发展中国家是基础"的外交布局，恐瓦解我在发展中世界的影响力，与十九大报告中对我作为发展中国家地位的判断相悖，负面影响不容忽视。在发展模式竞争领域，美西方加大对我国有企业、市场导向条件等议题的攻势，炒作所谓"国家资本主义"问题，大肆污蔑我发展模式。在数字贸易领域，美西方迫使各国开放互联网自由接入，挑战我国数字主权和意识形态安全，并在推动数据流动自由化方面过快过急提高标准，对发展中国家数字安全构成挑战。在经济制裁领域，美西方相继推出剔除出 SWIFT 系统、列入 SDN 名单、禁用美元清算结算体系、收紧高科技产品及高端软件等出口管制、取消永久性正常贸易关系待遇、提高对他国重点出口品关税壁垒等深具保护主义色彩的手段和措施，对全球经贸合作构成巨大威胁，对我国家安全构成潜在调整。

四、应对国际贸易保护主义的政策建议

鉴于国际贸易保护主义对我参与全球化的严峻威胁，建议把应对保护主义作为重要战略任务，积极参与 WTO 和全球经济治理体系改革，推动完善国内宏观调控体系、政策扶持体系和国际宏观政策协调机制。

一是分类施策应对保护主义"四路"来犯。推动全球治理改革，维护以 WTO 为代表的多边贸易体制，发挥 G20 等治理平台作用，加强对提高关税、配额等违反 WTO 规则的保护主义手段的抵制。推动 WTO 改革，针对技术性壁垒、绿色壁垒以及政府采购等 WTO 规则模糊地带进行更具体、更准确的规定，防止保护主义钻规则的"空子"。在数字经济等新领域"争先手"，加快参与经贸规则重构，营造于我有利的规则环境。

二是加快建立完善应对保护主义的政策体系。加强宏观政策统筹协调，促进财政、货币、产业等宏观政策向保护主义影响大、重要性高的领域聚焦，

形成宏观政策"一盘棋"。针对贸易保护主义严重冲击的货物贸易、服务贸易、科技合作等重点领域，根据国际通行规则，从市场主体、营商环境、产业链供应链扶持等方面加强定向支持，形成应对保护主义的政策合力。加强贸易反制立法工作，做好与国际法尤其是 WTO 改革的有效衔接，夯实贸易反制的法治基础。

三是强化对疫情及俄乌冲突等因素造成产业链供应链危机的前瞻应对。强化大宗商品保障机制，提高关键资源储备水平，增强运营能力。建立大宗商品价格稳定基金，提高市场化可持续运作能力。增强芯片等关键供应链环节攻关力度，重点攻克技术含量并非最高但现实需求量极大的汽车芯片、传感器芯片等，依托"中国制造"大市场实现产能有效扩张。强化外贸产业链供应链畅通运转，提高出口信用保险水平，增加外商客户信保额度，促进出口市场多元化，积极推动与共建"一带一路"国家的产业链供应链合作。紧扣产业链供应链重组新动向大力发展数字经济，积极对接数字跨境自由流动、本地化存储等高标准议题，加快数字基础设施建设，推动数字丝绸之路合作走深走实。

四是加强国际宏观经济政策协调。统筹应对保护主义及相关涉外事务，建立负责国际宏观经济政策协调的高层次专门化实体机构。加强保护主义动向及影响研究，跟踪评估主要国家宏观决策进程及其对我影响，科学比选我方最优对策，提高决策科学性、前瞻性和可操作性。加强预期管理和舆论引导，科学引导国内外社会预期。

参考文献：

［1］Handley, K. and Limao, N., 2017, "Policy Uncertainty, Trade, and Welfare: Theory and Evidence for China and the United States", American Economic Review, 107 (9): 2731－2783.

［2］Kinzius, L., Sandkamp, A. and Yalcin, E., 2019, "Trade Protection and the Role of Non－Tariff Barriers", Review of World Economics, 155 (4): 603－643.

［3］雷达，初晓. 国际经济秩序演变与百年未有之大变局［J］. 国际商务研究，2021 (01).

［4］唐宜红，张鹏杨. 美国特朗普政府对华贸易保护的新态势［J］. 国际贸易，2017 (10).

2022 年 6 月

第十五章

全球价值链分工模式影响世界收入
分配格局的研究综述

内容提要：全球价值链分工模式是近30年来经济全球化的重要特征，与此同时，世界收入分配格局也发生了较大变化。逆全球化思潮泛起的背景下，全球化与收入分配的关系已成为学界与政界重点关注的问题。全球价值链分工模式以碎片化生产为特征，囊括了更广泛的市场主体，在全球范围内配置资源的同时也产生了明显的国家间收入分配效应，导致不同国家、不同阶层对全球化的态度褒贬不一。通过对现有文献的系统回顾，本文梳理了全球价值链概念与理论的形成与演进，归纳和评述了其主要的度量方式，讨论了其影响收入分配的理论机制，并总结了经验研究的主要结论，以期发掘现有研究的不足和未来可拓展的研究方向。

一、全球价值链分工模式的理论分析与测度研究

（一）全球价值链分工的概念与理论分析

20世纪90年代以来，随着通信技术快速进步、贸易壁垒大幅下降、政治制度逐步发展，越来越多的主体加入到国际生产分工体系中。跨国公司的兴起让产品制造不再局限于国家内部，而是在全球范围内采购原材料、生产组装零部件、外包售后服务，制造业产品"国家制造"的标签逐渐变成了"世界制造"，全球价值链概念逐渐形成。

全球价值链的发展同时驱动了国际贸易理论的演进。以最终品贸易为主要方式的传统国际贸易中，新古典贸易理论解释了不同国家因技术差异、要

素禀赋差异与偏好差异形成的产业间贸易，新贸易理论解释了不同国家因规模经济和产品差异形成的产业内贸易。然而，随着生产分工从企业内部向企业间、国家间转变，"分解"和"任务贸易"（Grossman 和 Hansberg，2008）被纳入贸易模型，推动了全球价值链研究范式的形成。在关于全球价值链的定义中，世界银行（2021）强调了其"跨越国境两次的中间品贸易"的特征。

20 世纪 90 年代初，Gereffi 开发了关于全球价值链的第一个原始框架，用于解释国际生产网络的组织，其基础是巨大的买家与生产者在驱动商品链条方面的经济力量。此后，学者们对价值链和网络就投入产出结构、属地维度展开拓展，进行定性分析与定量应用。现有文献中关于全球价值链的理论研究可以归纳为两方面：一是生产过程的阶段化机制，二是企业选择全球价值链的组织形式。首先，关于生产过程的阶段化机制，指的是生产主导者（leading firms）为实现生产成本最小化，选择将每个生产环节外包给生产成本最低的主体，例如 Antràs 和 de Gortari（2020）使用数理模型刻画了这一由多国家、多阶段生产环节组成的生产链，解释了贸易成本的降低是全球价值链形成的重要原因。其次，关于企业选择的组织形式，指的是全球价值链分工会影响最终品生产商与不同上游供应商之间的契约关系，以及全球价值链会沿着价值链来配置控制权以引导上游供应商贡献其最大的努力程度（Antras 和 Chor，2005）。

（二）全球价值链的测度研究

由于全球价值链贸易和传统贸易相比，在贸易形式、特点上发生了较大变化，因此需要新的度量方法研究贸易的影响因素与经济效应。现有文献中关于全球价值链的测度主要基于对某种产品或某个产业的生产追踪展开，已有文献通过一系列估计和推算，形成了针对多层面、多主体较为完备的测算体系。其中，基于国家、行业层面对全球价值链的测度主要有两类，一是追踪增加值来源的测算体系，二是追踪生产工序的测算体系。

1. 追踪增加值来源的测算体系

Hummels 等（2001）首次使用了垂直专业化指数（HIY）测度全球价值链分工程度。垂直专业化指数运用投入产出方法考察了一国出口中包含的进口成分以及一国出口中作为中间品被别国进口的成分，实现了从进口方面和出口方面考察一国参与垂直国际分工的程度。附加值贸易测度体系以上述研究为基础，对 HIY 方法逐步进行了改善，成为新型国际分工体系下更加有效的分析贸易的工具。具体来说，HIY 在测算一国垂直专业化时存在两个关键假设：其一，国内最终消费品和出口产品生产对进口中间品的依赖程度是一样的，但这一假设当一国加工贸易占比很大时（比如中国）就得不到满足，因为出口产品的生产需要投入更多的进口中间品；其二，所有进口中间品完全是由国外价值增值构成的。这就意味着，在一国进口中并不含有间接国内成分，这一假设同样不符合现实，因为它剔除了本国向另一国家出口中间品，经后者加工后再返销给本国的情况。

随后，Johnson 和 Noguera（2011）剔除了贸易中的重复计算部分，Koopman 等（2012）更进一步考虑了加工贸易的存在，提出基于附加值贸易的框架，避免了对增加值部分的重复计算。在这一体系下，也衍生出全球价值链参与度、全球价值链分工地位等指标，并研究发现中国加工贸易的全球价值链参与程度较高，但是位于全球价值链分工地位的最低端。此后，Wang 等（2017）再次基于生产视角而非贸易视角，提出了一国参与全球价值链生产中的参与度等测度方法，并更具体地按照中间品的使用用途以及跨境次数，提出了前向参与度、后向参与度、简单参与度、复杂参与度等概念。以上测度方法在当前的文献中得到广泛应用，集中于分析各国参与全球价值链的变化趋势，并探讨其产生的经济效应。

2. 追踪生产次序的测算体系

按照全球价值链序贯生产的特征，Costinot 等（2012，2013）提出了全球供应链模型，认为在序贯生产的假设条件下，较后次序完成的生产环节失误率较低，因此需要更高技术水平的要素来完成。Fally（2011）则根据特定环节生产距离最终产品需要经历的阶段数，定义了全球价值链的生产阶段数，在此基础上，Antras 等（2012）构建了上游度指标，测度一国特定生产任务在全球价值链上的"物理位置"。苏庆义和高凌云（2015）基于这一测度方法，验证了发达国家在全球价值链中位置更接近下游的结论，鞠建东和余心玎（2014）使用这一测度方法分析了中国产业结构的演变趋势。

3. 全球价值链指标测度主要使用的数据库介绍

测度国家层面全球价值链参与度常用的数据库主要包括：世界投入产出数据库（WIOD）、Eora MRIO 数据库、ADB – MRIO 数据库以及 OECD 数据库。这几个数据库在所涵盖的国家或地区数量、产业部门数、时间跨度等方面具有不同的特征，具体内容如表 1 所示。

表 1　测算全球价值链指标常用数据库内容

投入产出表	国家或地区数	部门数	时间区间
WIOD – 2013	40	35	1995—2011 年
WIOD – 2016	43	56	2000—2014 年
Eora MRIO	189	26	1990—2018 年
OECD – Tiva – 2017	64	34	1995—2014 年
ADB – MRIO2017	61	35	2011—2016 年

资料来源：依据文献整理。

（三）全球价值链分工的经济效应研究

随着全球价值链分工理论与测度体系的完善，关于全球价值链分工产生经济效应的研究已较为丰富。就研究问题来看，现有文献研究探讨了全球价值链分工对生产率提升（如吕越等，2017；陈启斐等，2021）、产业升级（如盛斌和赵文涛，2021；刘冬冬等，2021）、就业促进（谢锐等，2020；闫冰倩和田开兰，2020；史青和赵跃叶，2020）、减少碳排放（吕越和吕云龙，2019）等方面的积极影响。同时，也有丰富的文献关注了全球价值链分工可能产生的消极影响，例如加剧全球金融风险、引起发达国家制造业空心化和发展中国家被低端锁定（如 Humphrey 和 Schmitz，2002）等问题。

（四）关于全球价值链现状的研究

世界贸易组织、亚洲开发银行、日本亚洲经济研究所等机构联合发布的《全球价值链发展报告 2021：超越生产》（以下简称《报告》）称，经历了 30 余年的快速发展，全球贸易一体化的节奏有所放缓，但其参与部门仍在推动部分经济体的增长，包括孟加拉国（纺织品）和越南（电器）等国。现阶段，全球价值链发展已逐步超越制造业生产模式，纳入了更多创新和知识要素（例如数字技术），产业链供应链正从传统的生产流程转向以服务业为主导的增长模式，为全球经济增长提供了新的发展路径。

关于全球价值链对就业与收入的影响，《报告》称，亚洲 15 国数据表明，全球价值链生产活动规模的增加推动了各国收入的趋同。发展中经济体在全球价值链中专注于劳动密集型环节有利于其创造更多的就业机会，发达经济体也正通过创新和知识产权在全球价值链中获得更高的附加值与较高的劳动收入份额。随着全球价值链服务化程度的提高，其发展会更依赖各国的人力资本。

二、国家间收入分配研究现状

（一）国家间收入分配的度量与趋势变化

关于国家间收入差距的测度，现有大多文献主要采用各国人均 GDP 的泰尔指数或基尼系数表示。此外，随着发展中经济体的快速成长，也有文献使用发展中国家在全球范围内 GDP 的比重来衡量发达国家与发展中国家的差异化水平。依据对指标的测算，本文使用世界银行提供的数据，绘制了 1960—2020 年间世界 189 个经济体之间的收入差距，如图 2 所示。由图 2 可知，1960 年以来，世界各国收入差距（使用各国人均 GDP 泰尔指数衡量）呈明显的倒 U 型演变特点，其中拐点出现在 1990 年附近。1960—1990 年之间，国家间收入差距逐步扩大，到 1990 年之后，国家间收入差距缩小，同时高收入国家 GDP 占全球 GDP 比重日趋降低。巴黎经济学院世界不平等实验室（World Inequality Lab）发布的《2022 年世界不平等报告》也表明，过去的 20 年中，最富有的 10% 国家的平均收入与最贫穷 50% 国家的平均收入之间的差距从 50 倍左右下降到略低于 40 倍，国家之间的不平等现象有所弱化。

（二）国家间收入分配的影响因素分析

关于国家间收入分配变化的影响因素，现有文献的研究主要集中于对技术进步、全球化、金融发展、制度变迁等因素的讨论。

第一，技术水平是收入水平的决定性因素。技术差距也就成为影响国家间收入差距的决定性因素（Katz 和 Murphy，1992；Feenstra 和 Hanson，1996；

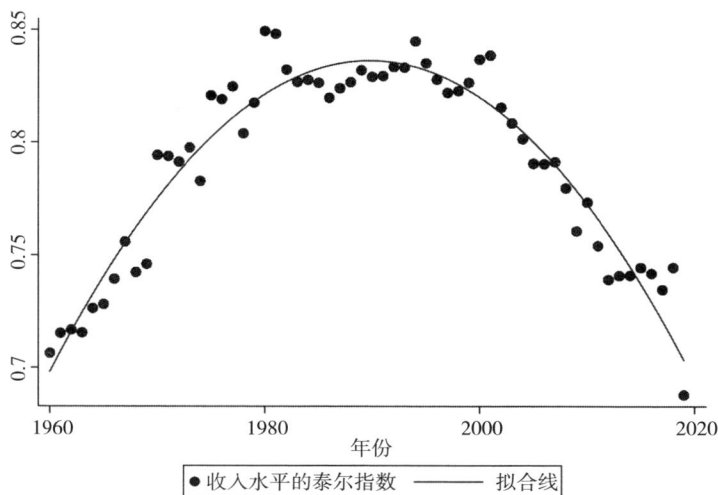

图 1　1960—2020 年间全球人均收入泰尔系数变化

数据来源：世界银行数据库。

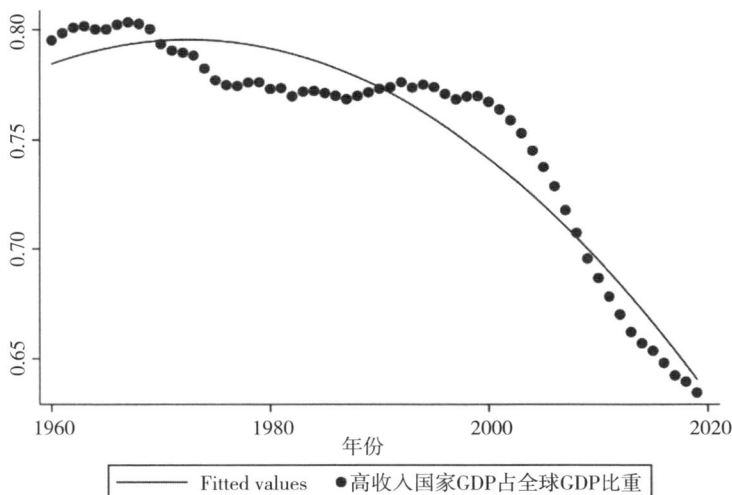

图 2　1960—2020 年间全球高收入国家 GDP 占全球比重变化

数据来源：世界银行数据库。

Helpman，2016）。科技发展及其引致的产业转型升级、产品更新换代、价值链攀升都促使劳动工人可以获得更多的就业机会与收入，而技术水平较低的国家中，劳动则可能面临较少的工作机会与较低的收入。例如，李建伟和王勇（2017）研究认为国际产业转移和技术分布变化是决定国家间收入差距变化的决定性因素。随着发展中国家与发达国家技术进步差距快速缩小，中国等新兴大国崛起打破了高收入国家对贸易的垄断格局，全球治理强调消灭发展中国家的极端贫困，全球价值链分工模式对提高低收入国家的收入水平与降低国家间收入差距起到了重要作用。

第二，全球化被认为是影响国家间收入分配的重要因素。该方向文献与本文的研究最为相关，影响机制也最为相似，但较为早期的文献主要使用最终品贸易与直接投资作为度量全球化的指标。具体来看，首先，迄今为止发展的四代贸易理论（古典贸易理论、新古典贸易理论、新贸易理论和新新贸易理论）均表明贸易对全球和某一国来说可以创造总体上的净收益。其次，在全球化对收入分配的影响研究中，经典的赫克歇尔－俄林模型认为，全球化对收入分配的影响取决于一个国家的资源禀赋。一般来说，一国会出口其禀赋较密集的产品，进口稀缺要素产品，因此在资本充足的国家（如美国），资本受益，劳动力受损，而在劳动力资源充足的国家（如中国），情况正好相反。此外，如果没有全球化，资本家只能在境内逐利，全球化则让其可以在全球范围内逐利。显然，全球化会放大各国的要素禀赋，进而改变国家间收入差距。庄巨忠和拉维·坎布尔（2013）认为全球化会影响收入分配，贸易会改变对技术工人和非技术工人的相对需求与相对工资，全球化进一步放大了技术进步对收入分配的影响。万广华和朱美华（2020）认为全球化成为国家间收入差距发生变化的重要影响因素。

此外，现有文献还提出了金融发展水平、国家制度、营商环境等其他影响收入差距的因素。例如，张天舒等（2020）研究表明金融发展水平与法制程度会对不同国家收入差距产生影响，较完善的制度会改善国家收入水平，从而对国家间收入差距产生影响。Acemoglu（2015）在《国家为什么会失败》（*Why Nations Fail*）一书中认为，汲取型制度与包容型制度的差异，是导致国家产生差异最根本因素。任晓玉（2017）选用基尼系数作为衡量南北国家间收入差距的指标，分析多因素对南北国家间收入差距的影响，表明长期中全球总收入财富与基尼系数呈负相关关系，即随着全球总财富水平的提高，国家间收入差距会逐步降低。

三、全球价值链影响国家间收入分配研究

全球价值链分工的发展成为经济全球化在近几十年的主要动力，超过三分之二的世界贸易通过全球价值链发生（Johnson 和 Noguera，2012；Koopman 等，2014；荆林波、袁平红，2019），大国的经济增长通过以贸易为载体的国际生产消费联系会对其他经济体产生重要的溢出效应（谢锐等，2020），前所未有地强化了经济增长的国际联动（潘文卿等，2015；唐宜红等，2018；杨继军，2019）。作为全球化的结果，世界经济在效率上有了大幅提升，经济体间的增长差距也发生了变化。

（一）全球价值链是否会对国家间收入分配产生影响

关于全球价值链分工模式对国家间收入差距的影响，现有文献给出了不完全一致的研究结论。第一类观点认为，全球价值链分工推动了穷国追赶富国的步伐，进而缩小了国家间经济差距（如世界银行，2021；UNCTAD，2013；Baldwin，2016）。这意味着全球价值链分工过程中的中间品贸易所产生的技术外溢效应和经济增长效应大于传统贸易的作用，其削减贫困的效果也大于标准贸易。而第二类观点则认为，全球价值链在不断扩展、深化过程中，少数国家掌握了绝大部分配置生产的权力（庞珣和何晴倩，2021），高收入水平的发达国家更集中于完成高附加值率的生产环节，而中低收入国家则更集中于完成低附加值生产环节，进一步加剧了国家间收入不平等程度。并且随着生产模式的固化，发展中国家将长期处于低端环节，收入差距的扩大趋势难以改变。例如，万广华等（2008）研究表明全球化进程中，低收入组国家间收入差距发生了扩大。Milanovic 和 Yitzhaki（2006）研究表明全球价值链分工模式下，世界经济效率大大提升，但国家间收入差距也进一步拉大。

（二）全球价值链分工影响国家间收入差距的机制分析

更深入地看，现有文献主要从技术外溢、要素重置与国家间相互依赖视角，提供了解释全球价值链分工影响国家间收入差距的机制。

第一，技术外溢渠道。由于生产率和技术水平是解释增长和收入水平变化的主要因素（Jones，1999），技术外溢渠道必然会被视为全球价值链影响收入差

距的重要渠道。关于全球价值链分工模式对技术水平影响的研究中，吕越等（2017）认为高度专业化的生产模式可以提高生产效率并产生技术外溢。进一步地，技术外溢带来参与国，尤其是低收入国家的收入水平提升（WTO，2019）。

同时，持久的企业间关系有助于技术和收益沿着价值链进行扩散（世界银行，2021），全球价值链作为生产分工链与销售链，同时也是技术传播链。De Marchi（2018）研究表明，在发达国家主导的全球价值链中，发展中国家通过积极参与生产环节，大大提升了其生产率、产出以及就业，更进一步也为其本身带来了创新的机会。例如，在埃塞俄比亚，参与全球价值链公司的生产率是参与传统贸易的相似公司的两倍多。其他发展中国家的企业，也通过参与全球价值链实现了生产率的显著增长。据 WTO 估计，全球价值链参与率每增加 1%，人均收入增长将超过 1%，远高于标准贸易带来的 0.2% 收入增长。通常情况下，当一个国家的出口从初级产品转向用进口的生产要素生产的基本工业品（例如用进口的纺织品产出的服装）时，增长幅度最大，孟加拉国、柬埔寨和越南的情况就是如此。

第二，关于要素重新配置。要素重新配置是指全球价值链分工通过放大各国生产要素的比较优势，对生产要素进行全球范围内的重置，进而影响收入分配格局。从经济学视角来看，内生增长理论认为，在经济全球化过程中，技术创新对发达国家的回报更高，发展中国家则获利较少。Wade（2001）研究表明，全球价值链分工模式通过在全球市场范围内重新配置生产要素，放大了各国要素的比较优势，进而引起各国收入的发散而非收敛。但 Freeman（1995）基于理论分析认为，发达国家与发展中国家之间进行贸易，会导致在可贸易行业中，低技能劳动要素流动性加强，进而出现两类国家低技能劳动要素收入趋同的现象。盛斌和黎峰（2021）研究表明，经济全球化推动了要素大规模跨境流动，市场规模扩大与竞争激化显著加强了资源再配置效应。在全球价值链分工条件下，低流动性要素由于贸易投资而变得可替代性增强，价格需求弹性提高决定了工人议价能力的减弱，因而全球化进程在很大程度上扩大了高流动性要素与低流动性要素的收入差距（罗德里克，2000），最终在国家层面加总后，对国家间收入差距产生影响。

从政治学视角来看，庞珣和何晴倩（2021）研究认为，全球价值链的主导者掌握了配置生产环节的能力，更进一步，主导者通过配置生产，将会强化其主导作用和权力。因此，具有结构性权力的国家可以通过选择要素流动与增加值流动的方式，最大化其自身利益获得。近年来，国际格局总体呈现"中心—边缘"的高度等级分化和日益增强的"东升西降"的变化趋势，这体现出现有生产分工模式对现有生产格局的进一步固化，核心国家将更加核心，而体系边缘国家被进一步边缘化。以上两方面力量共同推动了不同国家之间收入差距的扩大。

第三，关于国家间的相互依赖。全球价值链作为串联多国的生产组织模式，增强了各国之间的相互依赖性。现有文献研究表明，全球价值链分工模式下，各国相互依赖程度的加强是引起收入、经济周期等产生协同的重要因素。一方面，共同依赖程度的提高意味着两国行业比较优势愈发显著，双方在要素市场上的供需也更加契合，且在彼此的关系中投入了大量专用性资产（Williamson，1975）。例如，一国在向对方提供定制化中间品时，一旦发生交易中断，不仅难以获取替代资源，还会同时耗费双方巨大的成本。因此，为避免风险，两国企业更趋向通过股权或非股权合作的形式建立更多的投入和产出联系，实现更强的依赖关系，以争取更大的全球市场份额。因此全球价值链分工也会对贸易保护作用起到抑制作用。另一方面，共同依赖程度的升高意味着两国对彼此关键资源认同感的增强，这赋予了两国企业对双边经济往来中可能面临的风险所做出快速反应的能力，以抵御可能造成贸易关系破裂的外部冲击（陈立敏和乔治，2021）。因此，Di Giovanni 和 Levchenko（2009）研究表明价值链贸易程度的加强会对双边部门的联动产生正向促进作用，与之相似，Ng（2010）、潘文卿等（2015）、唐宜红等（2018）、唐宜红和张鹏杨（2020）研究表明，全球价值链分工将促进参与国的经济协同发展，实现经济周期、收入与产出的协同。吕越等（2020）则利用全球金融危机事件作为冲击，研究表明全球价值链分工也会大大提高各国面临负面冲击时的联动性。

此外，不同于最终品贸易引起的双边联动，价值链分工模式下中间品贸易形成的双边联动效应会更强。例如，谢锐等（2020）认为全球价值链间接联系效应均要远强于价值链直接联系效应。以中国为例，在2000—2014年，中国经济增长的增加值溢出效应增长了 9032 亿美元，其中，间接联系效应贡献了 1366 亿美元，而直接联系效应促使增加值溢出效应降低 87 亿美元。间接联系效应高于直接联系效应，说明在全球价值链分工的背景下，隐含在中间品中的增加值在国家间多次流动，全球价值链网络中心国经济增长溢出影响的传递依赖的不是直接贸易联系的增强，而是间接贸易联系的发展。

以上三类文献基于全球价值链的重要特征，从技术外溢、要素重新配置以及相互依赖的视角，探讨了全球价值链分工模式对国家间收入分配的影响，其研究结论与重点各异，但均为未来的研究提供了丰富的文献基础与思路。

四、文献评述与研究展望

20 世纪 90 年代以来，随着交通和运输成本的不断下降，跨国公司把产品生产链条进行细分并在全球范围内进行统一配置。在以贸易的全球整合和生产的全球分割为特征的全球价值链分工背景下，各国以要素禀赋结构为基础，调整在生产网络中的位置，追求贸易利益最大化。不同国家的收益分配结果体现出其各自生产要素、技术水平等方面的差异。在以上的梳理中，尽管现有文献对全球价值链如何影响世界收入分配格局已形成较为系统的分析体系，但是尚且存在不足之处，有待于进一步深入研究。

第一，全球价值链分工模式影响收入分配的机制研究需要进一步完善。现有文献依然大多使用文献演绎方法进行理论推导，而从影响机制来看，不同渠道对结论的影响可能是相反的，从而也导致不同文献的研究结论不尽一致。因此，在 Antràs 和 de Gortari（2020）基于全球价值链碎片化模式提出较为完善理论框架的基础上，未来的研究有待将产出等经济变量纳入其中，并通过模型推导探讨其影响因素与经济效应。这将为分析全球价值链的形成、理解其经济效应提供更为严密的理论框架，基于这一框架的探讨值得深入挖掘与应用。

第二，国家间收入分配的界定与度量需要进一步明确与细化。一方面，现有文献集中考察全球所有国家之间收入差距的变化，得出一般性的研究结论。但事实上，在对不同类型国家进行分组考察，例如对发展中国家间收入差距、发达国家间收入差距的探讨，仍具有重要的现实意义，也是未来需要研究的方向。另一方面，现有文献往往使用单一测度方法（如基尼系数、泰尔指数等）进行研究，而事实上，为得出更全面的结论，应在全面梳理变量测度方法与经济学含义的基础上，进行完善的稳健性检验，提高研究的可靠性。

第三，全球价值链分工对国家间收入分配影响的研究框架可以应用于国内研究。从促进构建新发展格局的角度看，全球价值链分工模式对国家间收入差距影响的研究框架可以引入到国内经济循环中，探究一国内部区域市场一体化对地区间收入差距的影响，这也是未来值得研究的方向。

参考文献：

［1］陈立敏，乔治．相互依赖、全球价值链嵌入与国际贸易利益［J］．国际金融研究，2021（09）：34－44.

［2］荆林波，袁平红．全球价值链变化新趋势及中国对策［J］．管理世界，2019，35（11）：72－79.

［3］鞠建东，余心玎．全球价值链上的中国角色——基于中国行业上游度和海关数据的研究［J］．南开经济研究，2014（03）：39－52.

［4］李建伟，王勇．国家间收入差距演进轨迹与启示［J］．改革，2017（10）：81－94.

［5］吕越，黄艳希，陈勇兵．全球价值链嵌入的生产率效应：影响与机制分析［J］．世界经济，2017，40（07）：28－51.

［6］吕越，罗伟，包群．企业上游度、贸易危机与价值链传导的长鞭效应［J］．经济学（季刊），2020，19（03）：875－896.

［7］潘文卿，娄莹，李宏彬．价值链贸易与经济周期的联动：国际规律及中国经验［J］．经济研究，2015，50（11）：20－33.

［8］庞珣，何晴倩．全球价值链中的结构性权力与国际格局演变［J］．中国社会科学，2021（09）：26－46＋204－205.

［9］盛斌，黎峰．经济全球化中的生产要素分工、流动与收益［J］．世界经济与政治论坛，2021（05）：1－22.

［10］盛斌，赵文涛．全球价值链嵌入与中国经济增长的"结构路径之谜"［J］．经济科学，2021（04）：20－36.

［11］世界银行，2020年世界发展报告：在全球价值链时代以贸易促发展［R］．2021.

［12］苏庆义，高凌云．全球价值链分工位置及其演进规律［J］．统计研究，2015，32（12）：38－45.

［13］唐宜红，张鹏杨，梅冬州．全球价值链嵌入与国际经济周期联动：基于增加值贸易视角［J］．世界经济，2018，41（11）：49－73.

［14］唐宜红，张鹏杨．全球价值链嵌入对贸易保护的抑制效应：基于经济波动视角的研究［J］．中国社会科学，2020（07）：61－80＋205.

［15］托马斯·皮凯蒂．不平等经济学，［M］．北京：中国人民大学出版社，1997.

［16］万广华，张藕香，Mahvash Saeed Qureshi．全球化与国家间的收入差距：来自81个国家面板数据的实证分析［J］．世界经济文汇，2008（02）：28－42＋45＋43－44.

［17］王直，魏尚进，祝坤福．总贸易核算法：官方贸易统计与全球价值链的度量［J］．中国社会科学，2015（09）：108－127＋205－206.

［18］谢锐，陈湘杰，朱帮助．价值链分工网络中心国经济增长的全球包容性研究［J］．管理世界，2020，36（12）：65－77.

［19］闫冰倩，田开兰．全球价值链分工下产业布局演变对中国增加值和就业的影响研究［J］．中国工业经济，2020（12）：121－139.

［20］Antras P, Chor D, Fally T. Measuring the Upstreamness of Production and Trade Flows ［J］. American Economic Review, 2012, 102（3）：412－416.

［21］Antras P, Chor D. Organizing the Global Value Chain ［J］. Econometrica, 2012, 81（6）：2127－2204.

［22］Antràs P, Gortari A D. On the Geography of Global Value Chains ［J］. Econometrica, 2020, 88.

［23］Baldwin R. The Great Convergence ［M］. Cambridge：The Belknap Press of Harvard University Press, 2016.

［24］De Marchi V, Giuliani E, Rabellotti R. Do Global Value Chains Offer Developing Countries Learning and Innovation Opportunities? ［J］. The European Journal of Development Research, 2018, 30（3）：389－407.

［25］Eaton, J., Kortum, S. Technology, geography, and trade. Econometrica, 2002, 70（5），1741－1779.

［26］EC Y Ng. Production fragmentation and business－cycle comovement. Journal of International Economics 82.1, 2010,：1－14.

［27］Freeman, Richard B. "Are Your Wages Set in Beijing?" The Journal of Economic Perspectives, vol. 9, no. 3, 1995, pp. 15－32.

［28］Hummels D L, Ishii J, Yi K, et al. The nature and growth of verticalspecialization in world trade ［J］. Journal of International Economics, 2001, 54（1）: 75 – 96.

［29］Hummels D, Jorgensen R, Munch J. The Wage Effects of Offshoring: Evidence from Danish Matched Worker – Firm Data ［J］. American Economic Review, 2014, 104（6）: 1597 – 1629.

［30］Humphrey, J. and H. Schmitz, 2002, "Does Insertion in Global Value Chains Affect Upgrading in Industrial Clusters", Regional Studies, 36（9）: 1017 – 1027.

［31］Koopman R, Powers W, Wang Z, et al. Give credit where credit is due: Tracing value added in global productionchains ［R］. National Bureau of Economic Research, 2010.

［32］Koopman R, Wang Z, Wei S J. Tracing value – added and double counting in gross exports ［J］. American Economic Review, 2014, 104（2）: 459 – 94.

［33］WTO. Technological innovation, supply chain trade, and workers in a globalized world ［M］, Global Value Chain Development Report, 2019.

［34］United Nations Conference on Trade and Development. World Investment Report 2013: Global Value Chains: Investment and Trade for Development ［M］. Switzerland: United Nations Publication, 2013.

2022 年 4 月

第四篇

大国博弈相关问题研究

第十六章

中美汇率之争与人民币汇率形成机制改革——历史回顾及展望

内容提要： 中美贸易摩擦以来，人民币汇率是否受到操纵成为焦点问题之一。所谓"汇率操纵"是美国单方面对贸易伙伴提出的指责，并辅以单方面惩罚措施，是美国单边主义和霸权主义在双边贸易中的体现。2019 年 8 月，美国指控中国为"汇率操纵国"，2020 年 1 月取消指控。2021 年 12 月，美拜登政府再次修改相关评估标准。目前看，中美汇率之争远未结束，未来美国以汇率为工具实施贸易保护主义的行为还会继续甚或升级。为此，中短期看，应继续深化人民币汇率形成机制市场化改革，提升汇率管理透明度，使人民币汇率能够充分反映市场供求，面对外部冲击时以其良好的弹性发挥金融防火墙效应；从长期看，应夯实国内经济基础，加快金融深化步伐，扩大金融开放，稳步推动人民币国际化，从而真正摆脱人民币汇率的外部制约。

一、人民币汇率形成机制改革历程

党的十一届三中全会后，作为经济体制改革的重要组成部分，人民币汇率制度启动了市场化改革进程。迄今为止，人民币汇率形成机制已历经四次重大变革，市场化程度显著提升，对宏观经济均衡发展和金融稳定作出重大贡献。

（一）改革启动：从计划经济时期汇率制度转向官方汇率与调剂汇率并存的双重汇率制度（1981—1993 年）

1979 年 8 月，国务院决定改革我国汇率制度，1981 起正式试行。截至1993 年底，双重汇率制度经历了两个阶段演变：

第一阶段（1981—1984 年），人民币汇率实行内部结算价和官方公开牌价并存的双重汇率制度。内部结算价为 1 美元兑换 2.8 元人民币，仅适用于货物贸易进出口的内部结算。官方汇率公开牌价仍延用之前的钉住一篮子货币的可调整的钉住汇率制，1984 年底，人民币兑美元汇率为 1 美元兑换 2.3 元人民币。

第二阶段（1985—1993 年底），人民币汇率取消内部结算价，实行官方汇率与外汇调剂市场汇率并存的汇率制度。官方汇率从 1985 年的 1 美元兑换 2.8 元人民币逐步贬值至 1993 年底的 1 美元兑换 5.8 元人民币左右。外汇调剂市场汇率波动频繁，在央行的干预下，1993 年下半年基本稳定在 1 美元兑换 8.7 元人民币的水平。

（二）市场化改革启动：实行以市场供求为基础的、单一的、有管理的浮动汇率制度（1994 年 1 月—2005 年 7 月）

1993 年 11 月，党的十四届三中全会通过的《中共中央关于建立社会主义市场经济体制若干问题的决定》提出"建立以市场为基础的有管理的浮动汇率制度"的改革方向。同年 12 月 25 日，国务院作出《关于金融体制改革的决定》，提出改革外汇管理体制，协调外汇政策和货币政策。1994 年 1 月 1 日，人民币汇率完成并轨，实行单一汇率。美元兑换人民币汇率从 1：5.76 调整为 1：8.7。同年 4 月份，全国统一的外汇市场正式运行。自此，我国正式实行以市场供求为基础的、单一的、有管理的浮动汇率制度，中间价参考银行间市场上日加权平均价确定，汇率形成机制由企业结售汇、银行外汇结算头寸限额和中央银行干预三位一体构成。在这种制度安排下，外贸企业只能持有外汇账户限额以内的外汇，外汇专业银行只能持有周转限额以内的外汇，进入外汇市场的交易主体需要取得经严格审批的会员资格，而央行一直在其中担当最终市场出清者的角色，在汇率形成过程中起决定性作用。

自人民币汇率并轨后，我国外汇市场上总体上供大于求，外汇储备增长迅速，人民币汇率稳中有升，从 1994 年 1 美元兑换 8.7 元人民币逐步升值到 1 美元兑换 8.3 元人民币的水平。1997 年亚洲金融危机爆发后，为防止亚洲金融危机期间周边国家和地区货币轮番贬值的进一步扩散，中国政府承诺人民币不贬值，自 1998 年初起主动将人民币兑美元汇率基本稳定在 8.28 元左右的水平，为抵御危机发挥了重要作用，为亚洲乃至全球经济的复苏作出了巨大贡献。1999 年，国际货币基金组织把中国列为单一钉住美元的汇率制度。

（三）进一步完善有管理的浮动汇率制度：实行以市场供求为基础、参考一篮子货币进行调节、有管理的浮动汇率制度（2005 年 7 月—2015 年 8 月）

2005 年 7 月 21 日，我国再次启动人民币汇率形成机制改革，实行以市场供求为基础、参考一篮子货币进行调节、有管理的浮动汇率制度。人民币汇率不再盯住单一美元，而是按照我国对外经济发展的实际情况，选择若干种主要货币，赋予相应的权重，组成一个货币篮子。同时，根据国内外经济金融形势，以市场供求为基础，参考一篮子货币计算人民币多边汇率指数的变化，对人民币汇率进行管理和调节。

2005 年 7 月 21 日人民币对美元汇率中间价一次性调高 2.1%，为 8.11 元人民币兑 1 美元，作为次日银行间外汇市场交易中间价。2006 年 1 月改变中间价的定价方式，银行间即期外汇市场引入询价交易方式，同时保留撮合方式。银行间外汇市场交易主体既可选择以集中授信、集中竞价的方式交易，也可选择以双边授信、双边清算的方式进行询价交易。同时在银行间外汇市场引入美元做市商制度，为市场提供流动性。询价交易逐渐取代竞价交易成为最主要的交易方式，市场的价格发现功能得到发展。2005 年 8 月 8 日引入远期外汇交易，并允许银行在获得远期交易资格 6 个月后从事掉期交易，2011 年 4 月 1 日引入人民币外汇期权交易，以培育银行间外汇市场的风险管理功能。2007 年 5 月银行间即期外汇市场人民币对美元交易价浮动幅度由 0.3% 扩大至 0.5%，银行间外汇市场非美元货币对人民币汇率的波动区间扩大至 3%，外汇指定银行为客户提供当日美元最高现汇买卖差价不得超过当日汇率中间价的幅度由 0.25% 扩大到 1%，取消非美元货币挂牌汇价的价差幅度限制。

2008 年 9 月金融危机爆发后至 2010 年 6 月，为应对金融危机影响，我国收紧了人民币兑美元汇率的波动区间，将美元兑人民币汇率基本控制在 6.81—6.85 元的区间内。

2010 年 6 月，人民银行宣布在 2005 年汇改的基础上进一步推进人民币汇率形成机制改革，增强人民币汇率弹性。2012 年 4 月银行间即期外汇市场人民币对美元交易价浮动幅度由 0.5% 扩大至 1%，外汇指定银行为客户提供当日美元最高现汇买卖差价不得超过当日汇率中间价的幅度由 1% 扩大至 2%，人民币汇率弹性进一步加大。

（四）继续完善人民币汇率中间价形成机制：实行"收盘价 + 一篮子货币汇率变化"进而"收盘价 + 一篮子货币汇率变化 + 逆周期因子"的人民币兑美元汇率中间价形成机制（2015 年 8 月 11 日至今）

2015 年 8 月 11 日，中国人民银行对汇率中间价形成机制进行重大改革。即做市商在每日银行间外汇市场开盘前，参考上日银行间外汇市场收盘汇率，综合考虑外汇供求情况以及国际主要货币汇率变化，向中国外汇交易中心提供中间价报价，逐渐形成"收盘汇率 + 一篮子货币汇率变化"的人民币兑美元汇率中间价形成机制。12 月 11 日中国外汇交易中心首次发布 CFETS 人民币汇率指数，强调加大货币篮子的参考力度。此次汇率形成机制改革针对之前中间价与前日收盘价连接性很弱、市场未能在汇率形成中发挥决定性作用的弊端，同时央行一次性释放 3% 人民币贬值压力。此外，人民币对美元汇率浮动区间自 2014 年 3 月已由 1% 扩大至 2%。由此，新的中间价形成机制加之单日浮动幅度扩大，使得人民币对美元汇率的弹性加大。2017 年 5 月，外汇市场自律机制在中间价报价模型中引入"逆周期因子"，形成"收盘汇率 + 一篮子货币汇率变化 + 逆周期因子"的人民币兑美元汇率中间价形成机制。此后根据市场情况暂停逆周期因子的使用，2018 年重启中间价报价"逆周期因子"。2019 年 8 月 5 日，受中美贸易摩擦升级影响，人民币兑美元汇率在市场力量推动下突破一直以来公认的"7"这个心理关口。然而，破 7 并未引发市场恐慌，随着 9 月美联储两次降息，美元指数走低，加之市场对中美经贸谈判预期改善，市场风险偏好上升，人民币对美元汇率小幅升值，离岸和在岸人民币对美元市场汇率先后升破 7 元。汇率围绕"7"双向浮动特征明显，人民币汇率机制朝向市场化的清洁浮动即自由浮动汇率迈出了关键一步。2020 年 10 月，逆周期因子从人民币对美元中间价报价模型中淡出使用，人民银行已经退出外汇市场常态化干预，人民币汇率双向波动成为常态。2020 年新冠肺炎疫情给全球经济带来重大冲击，由于中国应对疫情有方、宏观调控得当，经济率先从疫情中复苏。在经济基本面支撑下，以及我国金融开放有序推进下，人民币汇率稳中有升。2020 年全年，人民币对美元中间价升值 6.9%，2021 年升值 2.3%。

二、美国指控贸易伙伴"汇率操纵"历史演进

（一）美国财政部"汇率操纵"法律依据及实践

1971 年美国货物贸易收支由多年顺差转为逆差（参见图 1），且贸易不平衡逐渐加剧。1987 年美国货物贸易逆差 1596 亿美元，较 1971 年 23 亿美元增长 68 倍。为此，美国各界纷纷要求政府针对具有不公平贸易优势的贸易伙伴采取行动。1988 年，美国国会通过《1988 年综合贸易与竞争力法案》（*Omnibus Trade and Competitiveness Act of* 1988），由当时总统里根签署成为法律。

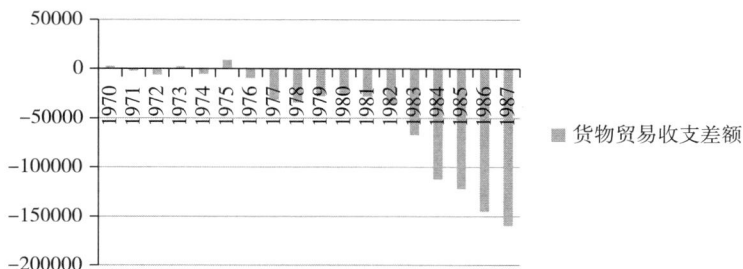

图 1　1970—1987 年美国货物贸易收支情况（单位：百万美元）

资料来源：美国商务部。

《1988 年综合贸易与竞争力法案》第 3005 条规定，美国财政部每半年需向国会提交一份国际经济包括汇率政策的报告，第 3004 条规定，报告必须考虑"是否有国家操纵本国货币兑美元汇率以阻止国际收支平衡的有效调整，或为在国际贸易中谋取不公平竞争优势"。关于汇率操纵的标准，该法案规定了两个判定条件，即贸易伙伴国存在大量经常账户盈余和巨额对美贸易顺差。1988 年 10 月，财政部向国会提交了首份《国际经济和汇率政策》报告。依

照《1988 年综合贸易与竞争力法案》，历史上曾被美国财政部列为汇率操纵国（地区）的有韩国、中国台湾地区以及中国（参见表 1）。1995 年 1 月 WTO 成立，美国同意通过世贸组织机制解决贸易争端。自此之后，美国再未给任何一个国家贴上汇率操纵标签。

表 1　1988—1995 年被美国指控为汇率操纵的国家（或地区）

	时间	背景
韩国	1988 年 10 月、1989 年 4 月和 1989 年 10 月被列为"汇率操纵国"名单	1988 年韩元兑美元升值 15.8%，韩国对美出口大幅下滑，经常项目顺差占 GDP 比重由 1988 年的 8.4% 下降至 1989 年的 2.5%。1990 年 3 月，韩国央行宣布放弃盯住一篮子货币汇率制度，启用市场平均汇率（MARS）制度（浮动＋区间），1990 年 4 月美国将韩国从名单中移出
中国台湾	1988 年 10 月、1989 年 4 月、1992 年 5 月和 12 月被列入"汇率操纵国"（或地区）名单	中国台湾地区于 1989 年 4 月改革汇率形成机制体制，主要是减少市场干预，放松资本管制。1988 年 10 月至 1992 年 12 月，新台币兑美元累计升值 12.3%，1988—1993 年中国台湾对美贸易顺差由 105 亿美元降至 69 亿美元，降幅达 52%。1993 年 5 月，中国台湾地区被移出名单
中国大陆	1992 年 5 月和 12 月、1993 年 5 月和 11 月、1994 年 7 月被列入"汇率操纵国"名单	1991 年 5 月，美财政部在汇率报告中首次提及中国大陆。依据美国统计，中国对美出口 1989 年增长 42%，1990 年增长 27%，1991 年对美贸易顺差为 127 亿美元，增长 22%，成为美国第二大逆差来源国（第一是日本）。1992 年 5 月美将中国列为汇率操控国的主要原因是"政府对外汇市场高度管制和贸易限制"。1993 年 12 月，国务院正式颁布了《关于进一步改革外汇管理体制的通知》，中国实行有管理的浮动汇率制度改革，放松外汇管制，实行结售汇制度。同时，中国与 IMF 就经常项目可兑换进行积极磋商（1996 年 12 月 1 日中国接受国际货币基金组织协定第八条），美国认可中国对汇率制度和外汇市场的改革以及放松资本管制的工作，1994 年 12 月将中国移出名单

资料来源：美国商务部 *Report to the Congress on International Economic and Exchange Rate Policies*，1988 年 10 月—1994 年 12 月各期，作者整理。

（二）美国汇率操纵标准演变

美国《1988 年综合贸易与竞争力法案》关于汇率操纵的标准没有清晰定义，只是提出来两个判定条件，即贸易伙伴国存在大量经常账户盈余和巨额对美贸易顺差。2015 年 3 月，美国出台《2015 年贸易便利与贸易执行法案》（*Trade Facilitation and Enforcement Act of* 2015），该法案规定了新的报告内容、监测指标以及对汇率操纵国的惩罚措施（参见表 2）。随后，美财政部对法案中的汇率操纵标准进行了量化，设置了门槛，即"巨额对美贸易顺差"的标准是"过去 12 个月对美贸易顺差达到 200 亿美元"，"大量经常账户盈余"的标准是"过去 12 个月经常账户盈余超过 GDP 的 3%"，"持续单向外汇干预"的标准是"一年内反复净买入外汇超过 GDP 的 2%"。2016 年 4 月，美财政部向国会提交《美国主要贸易伙伴外汇政策》报告，首次适用新评价指标。

2019 年 5 月美国财政部在其公布的半年度汇率政策报告中，重新调整了标准，将经常项目顺差占 GDP 比重从 3% 调至 2%，将单边汇率干预明确为至少 6 个反复净买入且过去 12 个月净买入总金额占本国 GDP 比重 2%（参见表 2）。同时，美国财政部对 21 个贸易伙伴进行了审核，将 9 个国家列入观察名单，即：中国、德国、爱尔兰、意大利、日本、韩国、马来西亚、新加坡和越南，印度和瑞士被移出观察对象。

2019 年 8 月，美国财政部突然宣布将中国列为"汇率操作国"，2020 年 1 月 13 日，美国财政部在其推迟半年之久发布的《美国财政部关于美国主要贸易伙伴宏观经济和外汇政策的半年度报告》中，取消了对中国汇率操纵国的认定，同时将中国与日本、德国、爱尔兰、意大利、韩国、马来西亚、新加坡、越南和瑞士等其他 9 个国家一同列入观察名单。

2021 年 12 月，美财政部在其发布的半年度汇率报告中，再次对认定标准进行了修改：一是对美贸易顺差由至少 200 亿美元货物贸易顺差调整货物与服务贸易顺差至少 150 亿美元；二是把经常项目顺差占 GDP 比重从 2% 重新调回 3%；三是持续单向干预外汇市场从 6 个月延长为至少 8 个月（参见表 2）。依据新标准，美财政部将中国、日本、韩国、德国、爱尔兰、意大利、印度、马来西亚、新加坡、泰国、墨西哥、瑞士等 12 个国家列入汇率政策观察名单。

表2　美国财政部"汇率操纵"法律依据及认定标准

适用法律	标准	2016 年量化指标（过去 12 个月）	2019 年 5 月修订指标（过去 12 个月）	2021 年 12 月修订指标（过去 12 个月）
《1988 年综合贸易与竞争力法案》《2015 年贸易便利与贸易强化法案》2019 年 5 月修订标准	巨额对美贸易顺差	对美贸易顺差超过 200 亿美元	对美贸易顺差超过 200 亿美元	对美货物与服务贸易顺差超过 150 亿美元
	大量经常账户盈余	经常账户盈余超过 GDP 的 3%	经常账户盈余超过 GDP 的 2%	经常账户盈余超过 GDP 的 3%
	持续单向外汇干预	净买入外汇超过 GDP 的 2%	净买入外汇超过 GDP 的 2%（至少 6 个月反复净买入）	净买入外汇超过 GDP 的 2%（至少 8 个月反复净买入）

资料来源：美国财政部。

（三）中美贸易战背景下美国祭出汇率工具

2019 年 5 月美国财政部半年度汇率报告显示，中国 2018 年对美贸易顺差 4190 亿美元，经常账户盈余占 GDP 比重为 0.2%，人民银行对外汇市场进行了温和干预，最终认定所有贸易伙伴都不存在汇率操纵。但是，随着中美贸易摩擦不断升级，人民币汇率贬值压力加大，在市场力量推动下，2019 年 8 月 5 日人民币兑美元汇率突破"7"，当天美国宣布中国为"汇率操纵国"，中国成为自 WTO 成立以来首次也是唯一一个被美国贴上汇率操纵标签的国家。

美国指控中国汇率操纵的依据包括：一是中国人民银行官方信息。2019 年 8 月 5 日中国人民银行有关负责人就人民币汇率相关问题回答《金融时报》记者提问，其中提到"近年来在应对汇率波动过程中，人民银行积累了丰富的经验和政策工具，并将继续创新和丰富调控工具箱，针对外汇市场可能出现的正反馈行为，要采取必要的、有针对性的措施"，美国据此认为中国央行承认一直干预外汇市场。二是人民币汇率短期贬值。自 2019 年 8 月人民币兑美元汇率呈现快速贬值态势，8 月 5 日上午在岸/离岸即期汇率均破"7"，美指责是中国官方有意促成。

2020 年 1 月 13 日，美财政部在推迟半年之久的汇率报告中选取 20 个贸易伙伴，对其截至 2019 年 6 月的前四个季度情况进行了评估。报告认为，中国对美货物贸易顺差 4010 亿美元，经常账户顺差占 GDP 比重为 1.2%，中国央行对外汇市场基本没有干预但国有银行在 2019 年前 6 个月净购汇，总体评估中国不符合汇率操纵标准，取消了对中国"汇率操纵国"的认定。

三、中美汇率之争前景研判及相关建议

（一）美最新修订汇率操纵标准有所放宽，但对中国没有实质性影响

美国最新修订标准将服务贸易纳入考虑，同时将经常收支逆差占 GDP 比重提升了 1%，汇率干预时间考量也延长了 2 个月，总体上较特朗普政府时期修订的标准有所放宽。但是，从中美贸易现实看，据美国统计，美国对华货物贸易逆差今年一直保持在 3000 亿美元以上，对华服务贸易顺差从未超过 400 亿美元（参见图 2），远超"对美货物与服务贸易顺差超过 150 亿美元"的标准。如此，中国将始终都在美国汇率监察名单上。

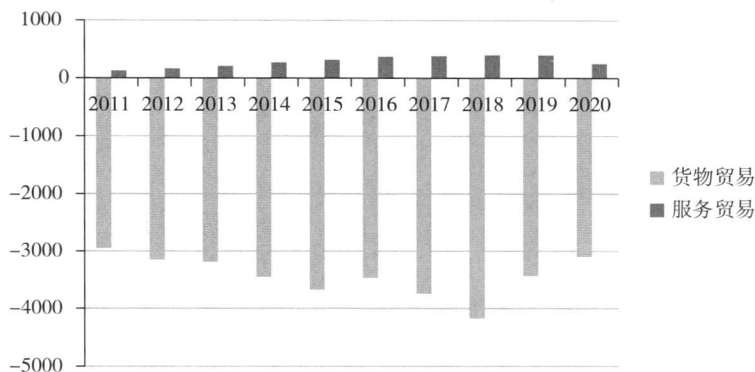

图 2　美国对华贸易收支情况（单位：亿美元）

资料来源：美国 BEA。

（二）美财政部"汇率操纵"标准存在很大弹性，中美汇率之争是一场持久战

汇率是美国利器，其锋利源于美元的国际货币地位带来的金融霸权以及背后依托的经济霸权。按照美相关法律规定，一旦认定贸易伙伴操纵汇率，

政府将启动双边谈判，用一年时间敦促对方进行制度调整，包括汇率形成机制改革、资本账户开放、减少贸易壁垒等。若实施效果不佳，美将采取以下部分或全部措施：（1）禁止该国获得 OPIC（美国海外私人投资公司）任何融资；（2）将该国排除在美国政府采购之外；（3）提请国际货币基金组织（IMF）加强对其监测；（4）不与该国缔结贸易协定或者启动任何有该国参与的贸易协定谈判，等等。从历史看，被美国贴上"汇率操纵"标签的经济体为数极少，发展到被美国采取上述制裁措施的还没有。但是，一旦被美指控为"汇率操纵"，相关经济体均在美施压下，短期内采取汇率升值、扩大进口、开放金融市场等举措，经常收支迅速恶化，对经济带来明显的负面冲击（如前所述）。尽管美国已取消对我国"汇率操纵国"的认定，但中美汇率之争远未结束。中美存在巨额贸易逆差，人民币汇率会随着经济周期波动，可能长达几个月处于贬值通道，很容易引发美国操控汇率的指责，加之美认定标准极具弹性，再次将中国列为"汇率操纵国"的可能性不能排除。

2020 年 2 月 4 日，美国商务部发布新规，将对从"汇率低估"国家进口的商品加征反补贴税。根据这项规定，如果商务部认定一国汇率低估对出口商品构成"应抵消补贴"，同时美国国际贸易委员会认定该商品对美国国内产业造成损害，美国商务部将加征反补贴税。此前，美多届政府都曾威胁过对所谓汇率补贴实施反补贴，但因认定困难且过程复杂最终均未实施。特朗普政府再次将其祭出，且已作为《反补贴不公平货币补贴最终规则》公布，未来美国以汇率为工具实施贸易保护主义的行为还会不断升级。此外，中美汇率之争还会向多双边贸易领域蔓延。《美墨加三国协议》（USMCA）增加了关于汇率的具体承诺，即各方需具备由市场决定价格的汇率机制，避免竞争性贬值，对外汇干预行为需立即告知对方，并在每月结束后 7 天内，公布当月在即期、远期市场进行的外汇干预。作为美国商签贸易协定的范本，USMCA汇率相关承诺将在美新签贸易协定中复制，在 WTO 规则改革中纳入的可能性也很大。综上，美国以汇率为武器对我国进行攻击的可能性依然很大，我需对此保持高度警惕。

（三）外部压力化作改革动力，顺势而为主动应对

一是继续深化汇率体制机制改革。适应我国金融开放快速推进的需求，

深化汇率形成机制改革，减少对汇率水平的逆周期调节。扩大汇率浮动区间，增加汇率弹性。加快向浮动汇率制度趋近，切实发挥汇率在内外经济部门之间有效配置资源的价格功能。二是提升汇率管理的透明度。在我国与美国进行的系列谈判和磋商中，央行管理汇率市场、外汇相关数据等的披露不可避免，也符合市场期待。理性看待当前国际货币体系仍以美元为核心的现实特点，加强与美联储沟通和协调利大于弊，避免被美国随意扣上"汇率操纵国"帽子，引发市场混乱，影响投资者信心。三是加强与 IMF 的协商。根据 GATT 第 15（2）条，WTO 在被请求考虑或处理有关货币储备、国际收支或外汇安排等问题时，应与 IMF 进行充分磋商，因此 IMF 享有汇率争端的实质管辖权或专属管辖权。我应借助 IMF 加强与国际社会对话，展示我恪守不进行竞争性贬值的承诺，防止人民币汇率在经济下行周期或受突发性冲击时的正常贬值被泛操纵化。四是从长期看，应夯实国内经济基础，加快金融深化步伐，扩大金融开放，有序推动人民币国际化，从而真正摆脱人民币汇率的外部制约。

参考文献：

［1］Report to the Congress on International Economic and Exchange Rate Policies – April，1989，U. S. DEPARTMENT OF THE TREASURY，https：//home. treasury. gov/system/files/206/ReporttotheCongressonInternationalEconomicandExchangeRatePolicies – April1989. pdf.

［2］Report to the Congress on International Economic and Exchange Rate Policies – May 1991，U. S. DEPARTMENT OF THE TREASURY，https：//home. treasury. gov/system/files/206/ReporttotheCongressonInternationalEconomicandExchangeRatePolicies – May1991. pdf.

［3］Report to Congress on International Economic and ExchangeRate Policies 04092015，U. S. DEPARTMENT OF THE TREASURY，https：//home. treasury. gov/system/files/206/Report% 20to% 20Congress% 20on% 20International% 20Economic% 20and% 20Exchange% 20Rate% 20Policies% 2004092015. pdf.

［4］December – 2021 – FXR – FINAL，U. S. DEPARTMENT OF THE TREASURY，https：//home. treasury. gov/policy – issues/international/macroeconomic – and – foreign – exchange – policies – of – major – trading – partners – of – the – united – states.

2022 年 6 月

第十七章

中美博弈下的人民币国际化

内容提要：改革开放以来，人民币的国际地位明显提升。俄乌冲突后，美国滥用金融裁制使主权货币充当国际货币固有矛盾更加凸显，但是不具备全面去美元化的现实可行性，打破美元霸权可以采用分化、制衡或替代三大路径，在逆全球化和保护主义浪潮汹涌的背景下，中国作为多边主义的倡导者和全球化的大力支持者，全面"去美元化"不是一剂良药。人民币国际化可以采用"局部推进、重点突破"的策略，要在区域和次循环体系中拓展人民币使用空间。

一、推进人民币国际化仍任重道远

中国改革开放40多年也是经济全球化快速发展的时期，中国成为推动全球化的最重要的力量，无论是国际贸易还是国际投资以及国际产业分工格局演变中，中国力量都不容小觑。2021年，中国的国际贸易总额为6.06万亿美元（约合人民币39.1万亿元），占全球贸易总额比例达21.26%；流入中国的国际直接投资（FDI）达到了创纪录的1790亿美元，占全球直接投资流量的11%；对外直接投资达到1452亿美元，成为世界第一大贸易国、第二大直接投资流入国和第一大直接投资来源国。然而，人民币作为中国商品和服务的计价货币却没有随着中国产品和服务"走出去"以及资金、技术和劳动力等生产要素的全球配置而成为主要的国际货币，无论是从结算货币、金融计价货币还是储备货币的全球占比看，人民币的国际使用程度都不尽如人意。2021年，人民币作为贸易计价货币占全球的比重不足3%，我国跨境贸易人

240

民币结算占中国对外贸易结算的比例也只有21%；金融计价货币方面，人民币占比则更低，人民币国际信贷和人民币债券的全球占比都不足1%；从国际储备货币地位看，尽管2016年人民币加入SDR篮子以来，储备货币地位有所提升，但2021年作为第五大储备货币，占全球储备货币的比例也只有2.8%，美元仍占59%的份额。改革开放以来，人民币的国际地位明显提升，尤其是人民币入篮且在篮子中的份额已于2022年5月再次提升至12.28%，说明人民币"出口标准"和"广泛使用"性得到国际认可。但是，从目前人民币实际国际使用程度看，推进人民币国际化仍任重道远。

目前的国际货币体系本质上是牙买加体系即"没有体系"的体系，美元并没有"合法性"基础，美元之所以成为主导国际货币更多地是因为它具备"四性"即安全性、投资性、便利性和通用性。拜登曾在一次演讲中说，"美国是世界上唯一一个能从危机中变得更强大的国家"，之所以如此，我认为最根本的原因是美元优势地位。研究美国历次危机会发现，美元的确是美国转嫁国内经济金融危机的利器。仰仗美元国际货币地位，利用美元薅世界羊毛是美国惯用伎俩。一方面，通过扩大货币发行，获得更多的铸币税收益；另一方面，通过汇率的升值、贬值周期调整获取更大利益。2022年2月俄乌冲突以来，美国通货膨胀达到历史高位，4月份甚至超过8%，通货膨胀意味着美元的对内贬值，也就是美元购买力下降（不值钱了），然而与此同时，美元指数却从2021年11月的93.3迅速上升到5月18日的103.7，升值超过11%，美元对外大幅升值，对欧元、日元、人民币等主要货币都显著升值。美国正是通过美元的对内贬值和对外升值，进一步向全世界薅了羊毛，用印出来的美元通过贸易换来更多的国外商品或通过对外投资获得更多海外资产。

二、俄乌冲突后，美国滥用金融制裁使主权货币充当国际货币固有矛盾更加凸显

一个主权国家货币充当国际货币这一公共品不可避免地会产生很多矛盾，一方面，美国要通过国际收支逆差为全球提供美元流动性，而美国国际收支长期逆差必然使美国成为债务国，美国对外债务的扩张会破坏美元信用。不仅如此，作为主权货币，美元并不是在全球公共治理的框架下服务于全球化，

美联储货币政策只服务于美国利益。更严重的是，俄乌冲突以来，美国滥用金融制裁，使美元武器化，把俄罗斯金融机构踢出 SWIFT 体系、冻结俄罗斯央行外汇储备等举措已经颠覆了国际货币金融合作的基本规则，也使美元信用以及美元所依托的美国国家信用面临空前危机。禁止某些国家、某些人使用美元就像互联互通的桥梁毫无征兆地不允许特定人群走一样，必然导致全球化倒退。国际贸易、投资和经济技术合作等都会因跨境资金融通的瓶颈制约而严重受阻。建立一个安全可靠的、非政治和非意识形态化的国际支付清算体系已经成为全球化可持续的必要前提。诚然，推倒重建的国际货币体系改革难度异乎寻常，这是一个"改革者被改革"的死结，美国维护美元核心地位的决心与其维护全球霸权和领导地位的决心一样大。

三、当前不具备全面去美元化的现实可行性

尽管美元信用遭到广泛质疑，尤其是俄乌冲突以来美元信用面临更大危机，但不得不承认的是，目前世界经济政治格局下，美元又几乎是无二之选。首先，在全球化的语境下，国际货币的"四性"要求决定了其具有"赢者通吃"的特点，全球使用一种通用货币进行国际交换无疑是最有效率的。而美元无疑优于其他任何货币，近些年来，从可替代的货币看，欧元国际地位因欧元区经济衰退、内部分化以及政策协调等原因是下滑的，英镑和日元的国际地位也是低位徘徊。我国目前拥有 3 万多亿美元的外汇储备，之所以是美元为主的，是因为美元是支付和结算的"硬通货"，试想，如果我们大搞币种多元化，大量持有了日元、欧元资产，那么俄乌冲突以来，储备资产的损失会很大，外汇储备的安全性更难保障。

在中美博弈且美国把中国当成主要威胁和竞争对手的情况下，加之美国滥用金融制裁使我国大量美元储备资产的安全性受到威胁，但减持外汇储备不同于一般的资产置换，不是说卖就卖的。储备资产在国际收支平衡表上是负值，是资本流出，换句话说只能投资国外，那么不持有美元资产就要持有黄金或欧元、英镑等其他储备货币资产，而黄金和特别提款权毕竟只是少部分，主要还是外汇储备。要知道，截至 2021 年末，中国的对外全口径负债已

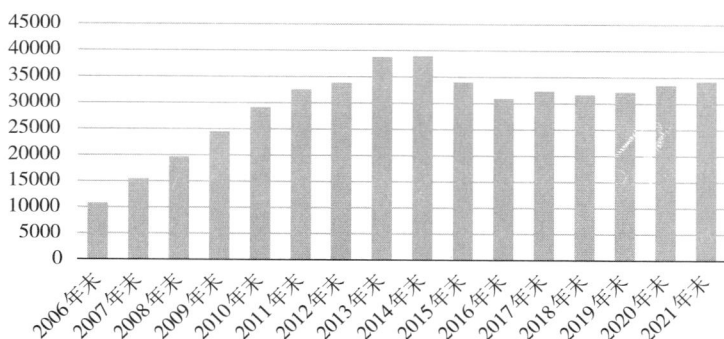

图 1　我国储备资产规模（单位：亿美元）

经达到 7.3 万亿美元，极端情况下一旦这些资本恐慌性外流，3 万多亿美元的外汇储备消耗起来也可能会很快。当然，外汇储备的确有个适度规模问题，但外汇储备多对防止国际支付危机发挥重要作用，至少也不能算多么不好的事情。

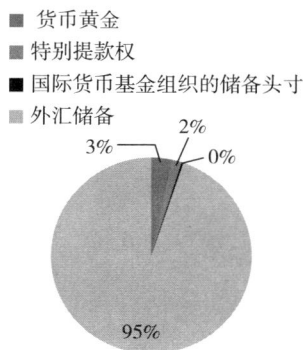

图 2　2021 年末我国储备资产构成

　　在目前美元本位的货币体系下，美元储备资产的绝对安全是不存在的。全面去美元化更是不现实的，去美元化可能导致"俄罗斯化"。有人认为俄罗斯成功阻击了欧美的金融制裁，稳定了卢布汇率，而实际上卢布汇率稳定是管制的结果，与欧美国家脱钩对俄罗斯经济的影响是深远的。我国很多领域处在跟跑阶段，与美西方被动和主动的脱钩显然不符合我国根本利益。适当减少外汇储备从而减持美元储备资产虽然可以降低安全风险，但减少外汇储备并不是"减持"那么简单，所谓"减持"外汇储备需要国际收支结构性的调整，就是通过增加进口、扩大对外投资来消耗它。我们可以开具各种减少外汇储备为目标的药方，诸如扩大战略物资进口，增加国家物资储备、扩大国内高技术产品进口、减少出口尤其是资源能耗高的产品出口、扩大对外直接投资和证券投资、减少和限制企业境外融资，等等，虽然可以减少国际收支顺差和消耗外汇储备，但是实践证明，这些举措容易造成"一刀切"，反而对经济造成严重伤害。建立更加合理的可持续的国际收支结构，实际上是经济结构调整和全球经济再平衡的大问题，为了减少美元储备而刻意调整国际收支结构无疑也是"舍本逐末"。担心外汇储备多而产生资产安全风险就想方设法减储备就是"头痛医头、脚痛医脚"。需要在新发展格局的框架下进行国际收支结构的渐进调整，需要内外循环的互动、需要经济发展模式的深刻变化、需要中国内需潜力释放、需要中国在全球产业链价值链位置的提升、需要科技创新引领和产业竞争力的提升，而这些也恰恰是影响人民币国际化的基础因素。人民币成为国际货币需要国家综合实力支撑和国家信用的背书，人民币对外提供流动性将是中国崛起和实现伟大复兴的副产品，是"水到渠成"的事情，届时我们可能真的不需要关心储备规模的问题了。

此外，美国不太可能像制裁俄罗斯那样对待中国的海外资产，原因是美国在中国也有庞大的存量资产，只不过中国在美资产是以收益低的官方外汇储备资产形式为主，美国在华资产是以收益较高的私人投资形式为主。从国际投资存量看，我国是债权国，我国海外净资产2020年末是2.3万亿美元，2021年是1.98万亿美元；美国是债务国，美国2021年末在海外的净负债10万亿美元。然而，我国国际投资的净收益持续为负，2021年全口径净流出高达10430亿美元，美国则持续为正，2021年投资收入是2000亿美元。可以这样打个比方，相当于美国拿着我们借他的钱到中国和其他国家投资大赚，说明美国海外资产的质量真的很高，而中国海外资产的收益水平的确不乐观。那么，我们为什么借给美国钱？原因就是美元是国际储备货币。美国作为受益者对中国进行各种制裁挑衅可以理解成进攻型防御，是为了保护美元霸权地位以及不合理的国际货币体系给美国带来的巨大利益。美国打压中国的目的也不是脱钩，而是意图把中国锁定在食物链的底端。我国很多海外资产不仅没有收益，而且还产生亏损，"祸根"恐怕也不在于拥有太多低收益的美元储备资产（美债收益相对美国直接股权投资低但相对于中国整体对外投资收益还算高的），企业缺乏国际竞争力、仍处在产业链价值链低端才是根源。日本在境外的投资收益早已成为其经常账户收入的重要来源，就是因为其企业有较强的国际竞争力。

当前，在美元信用面临质疑和中美博弈的背景下，不宜夸大外汇储备的安全风险，适当减持外汇储备尤其是美债可以作为一个方向，但绝不可盲目减持，一旦这样做既强化与美对立，又伤害本国经济。俄罗斯在采取军事行动前，已经为应对美西方制裁做了准备，大幅减持美债，购买黄金。2007—2009 年俄罗斯持有美债由 85 亿美元迅速提高到 1384 亿美元。2014 年克里米亚并入俄罗斯联邦，美国等西方国家对俄罗斯采取制裁措施，俄罗斯开始减持美债，2019、2021、2021 年末持有量分别仅为 100、60、39 亿美元。2021年末，美国国债的外国投资者，第一大持有者是日本（1.30 万亿美元），第二就是中国（1.07 万亿美元），中国持有美债的规模与俄罗斯不可同日而语，中国这种量级的储备规模用黄金来替代是不可想象的。我们看到，尽管面临美国贸易制裁，2021 年我国外汇储备不仅没有减少，反而增加了 336 亿美元。中国是中美关系的当事方和构建者，不是第三方，中国要积极与美国管控和化解分歧，扭抱防脱钩。中美作为两个最大的经济体，既要避免陷入大国战争，也要避免将世界分成"两大集团"和两个"平行体系"。需要认识到，中美作为全球失衡的重要当事方，一个债务国、一个债权国，在美元本位货币的背景下，有其客观必然性，毕竟美元需要通过国际收支逆差向外输出流动性。不可否认，美西方仍是我对外开放的基本盘，而与西方发达国家经贸往来恐怕主要还是要使用美元，只要全球化继续，美元的核心货币地位仍难以撼动，在相当长的时期，也是我们开展国际经贸合作主要使用的货币。在逆全球化和保护主义浪潮汹涌的背景下，中国作为多边主义的倡导者和全球化的大力支持者，全面"去美元化"不是一剂良药。

四、打破美元霸权：分化、制衡或替代

美元霸权是美国国家霸权的产物，也是经济、科技、军事实力的体现。随着美元霸权的滥用，打破美元霸权越来越成为一个共识。打破美元霸权途径无非有三：分化、制衡和替代。

一是分化。国际上分化美元霸权的努力从来都没有停止过，无论是欧元的诞生还是日元的国际化都在尝试分化美元。国际货币基金组织的特别提款权也可以看作是对美元储备资产职能的一种分化。各种零敲碎打地建立的区域性或者双边的货币安排在区域内起到了一定的分化作用，尤其欧元在支付货币方面一定程度与美元分庭抗礼。依据 SWIFT 追踪指标显示，2022 年 5 月份美元支付运用量由 4 月 39.77% 降至 38.35%，欧元支付运用量由 4 月 36.32% 上升至 39.03%。人民币支付运用比重由 4 月 1.95% 降至 1.9%，全球支付运用量位居第五名。分化它的效果整体上并不理想，多元化格局远没有形成，美元的地位基本保持稳定。俄乌局势以来，美国滥用金融制裁，为分化它创造了一定的空间：一是建立非政治化的中性的国际支付清算系统；二是石油等大宗商品的非美元计价。

二是制衡。制衡美元霸权就是为美元立规矩，既然充当了全球公共品就应该由全球公认的治理架构下执行国际货币职能，比如由联合国、国际货币基金组织、世界银行等国际组织制定相应规则并实施监督，对其进行约束。目前看，制衡它的难度很大。但在多边框架下，推动建立公平的国际货币金融体系也是一个重要的努力方向。

三是替代。就是用非主权货币比如黄金、数字货币、资源等替代美元。黄金具备国际货币的属性，但目前重回金本位最大的限制是黄金的量，随着信息技术的应用，实物黄金的交割需求可以得到控制，黄金替代美元可以重新评估。此外，数字货币也可能提供替代方案。另外，锚定石油等战略资源的以区块链技术为核心的加密数字货币也在探讨中。美元的替代方案无疑是最难也是最理想的选项。

五、推动人民币国际化需要局部突破，构筑区域循环体系

美国把中国视为战略竞争对手，人民币被视为美元霸权的潜在挑战者。在缺乏非主权货币替代美元的情况下，推动人民币国际化实际也是分化美元霸权，构建更加公平的国际货币体系的需要。人民币相较于美元的优势是中国是世界上最大的贸易国，有潜在的人民币贸易结算的需求，但从"四性"对比看，安全性、投资性、便利性和通用性方面，人民币都与美元有较大差距。由于受中国资本账户未完全放开、金融市场发育程度、人民币可自由兑换程度等的影响，人民币的国际使用整体上还不太方便，投资渠道相对有限，这也是多年来人民币国际化程度不尽如人意的原因。

从长远看，随着中国经济实力提升，金融发展和开放扩大，人民币未来可能成为美元霸权的挑战者。但在目前中美实力差距仍然较大的情况下，人民币国际化可以采用"局部推进、重点突破"的策略，在区域中拓展人民币的使用空间。一是利用贸易规模优势，推动跨境贸易的人民币结算。二是推动大宗商品贸易的人民币计价。完善我国与沙特、伊朗、俄罗斯等国家的石油天然气贸易以人民币计价的制度安排。三是持续推动人民币的区域化。由于东亚、东南亚是中国经济产业一体化程度最高的区域，也是国际货币合作效益最大和当前人民币接受度最高的区域，所以，要创造条件促进人民币在该区域的国际使用。加快香港人民币离岸金融中心建设，扩大离岸人民币债券市场规模。加快与东盟国家的货币金融合作，可以在 RCEP 框架下开展区域货币金融合作。四是推动建立非政治化的人民币跨境支付系统。俄乌冲突以来，构建全球性非 SWIFT 支付结算系统有现实的需要。目前很多国家在双边或区域范围内探讨支付结算安排，但有公信力、中立的、去意识形态化、非政治化的全球性金融支付结算系统需要构建新的规则和标准。弥合这一全球金融基础设施的不足是人民币国际化的重要机遇。

2022 年 5 月

第十八章

美国产业政策新动向及对我影响

内容提要： 2008 年金融危机后，美国经济政策开始转向新凯恩斯主义，产业政策成为国家干预经济的一项内容，奥巴马和特朗普时代都提出了制造业回归美国的口号，但实际效果远不及预期。拜登上台后，为恢复疫情影响的经济，保持美国在全球的经济、技术、产业领先地位，继续强化国家对经济的干预，初步形成了新的经济政策体系，产业政策是其中重点之一。当前美国产业政策主要内容，一是加强对美国创新和高科技产业的支持，二是重振美国制造业，三是保证美国供应链安全，四是打压中国的产业和创新。美国加强产业政策，对我国经济、产业和创新也会造成影响，一方面技术创新和高科技产业成为中美大国博弈的焦点，我国开放创新发展空间将受到很大压缩，需要加快转向自主创新，要构建有利于自主创新的体制；另一方面也扰乱了我国产业链供应链，对开放经济、产业升级等造成一定负面影响，需要我国调整参与全球产业分工和国别合作模式。

一、美国产业政策和宏观政策的演变

产业政策是国家干预经济的重要手段，与宏观经济政策和理论流派紧密相连。20 世纪以来，美国经济经历了干预主义和自由主义三轮大的调整和摇摆，在 2008 年金融危机之后这一轮新的国家干预主义回潮后，特别是拜登政府上台后，产业政策已经成为美国政府积极干预经济的重要手段。

1929 年资本主义国家经济大危机后，自亚当·斯密以降自由竞争的古典经济学和国家不干预经济的政策主张受到挑战。1933 年，美国开始了罗斯福新政，其重点除整顿银行、建立社会保障体系外，最主要的是加大交通、水利、市政等基础设施等公共工程建设，通过扩大政府投资推动经济复苏。罗斯福新政也包括产业方面的内容，但主要是防范盲目竞争引起的生产过剩，并不是通常意义上的以调整产业结构为目的的产业政策。1936 年，以《就业、利息和货币通论》出版为标志，主张扩张性经济政策的凯恩斯主义登台，为美国国家经济干预提供了理论基础。凯恩斯主义不但成功带动西方国家走出"大萧条"，而且二战后推动了经济恢复和进入黄金增长期，在 40 多年的时间内取得了巨大成功。

20 世纪 70 年代中后期，西方资本国家经济开始出现滞涨现象，扩张性的凯恩斯主义政策对此无能为力。此时，新自由主义经济学粉墨登场，其主要内容包括，反对过多的国家经济干预，主张实现私有化，产业无须保护，贫富差距扩大有助于提高效率，提倡经济全球化等。显然，产业政策并不是自由主义经济学的主张。20 世纪 80 年代以后，新自由主义经济学影响很广，不但西方资本主义国家普遍接受了其政策主张，而且俄罗斯"休克疗法"、拉美国家的"华盛顿共识"改革，也深受该学说影响。1980 年，美国实行了日后被称为"里根经济学"的经济政策，其主要内容是削减政府预算、降低企业和个人所得税、减少社会福利开支、严控货币发行量、放宽企业规制等，显然这些都符合新自由主义经济学的政策主张。里根经济学在应对通胀和提升经济效率方面取得了成功，在里根任期内，美国经济摆脱了滞涨，经济增长、就业增加、通胀下降。新自由主义经济学的另一项影响就是，推动了 90 年代开始出现的新一轮经济全球化浪潮。美国在这一轮全球化中充分发挥了比较优势，一方面美国的高科技、金融、贸易等中高端产业在全球市场占有率不断提高，获得了巨大收益，另一方面大量一般性产业特别是制造业加速向外转移，造成了制造业的空心化。与这个过程相伴的是美国的分配端失衡和贫富差距扩大，美国精英阶层收入大幅增加，享受全球化红利，而美国大量普通产业工人失业，收入和生活长期得不到改善甚至下降，这为日后的金融危机和社会撕裂埋下了隐患。

2008 年国际金融危机爆发后，美西方国家开始反思和清算新自由主义经济学，并重新出现了以加强国家干预为特征的新凯恩斯主义。一方面，在宏观层面，美国政府在恢复经济中发挥了重要作用，甚至不惜采用超常规的量化宽松政策来应对国际金融危机和新冠肺炎疫情危机；另一方面，国家干预经济也延伸到产业政策中，促进实体经济发展和制造业回归成为连续三届美国总统的重要政策指向。在奥巴马时期，美国提出了"再工业化"战略，试图推动制造业回归美国、重振美国制造业，但成效不彰。特朗普上台后，以贫富不断拉大而出现的民粹主义为关注点，声称"让美国再次伟大""美国优先"，推进经济逆全球化进程，不但在国际上"退群""退圈"，实行单边主义、保护主义，扰乱了全球产业链和分工体系，更是与我国挑起了历史上规模最大的贸易战。特朗普虽也提出制造业回归美国，但在高度全球分工的产业体系中也没有取得明显效果。

二、拜登的产业政策：内容和特点

2021 年，拜登是在新冠肺炎疫情导致全球经济衰退、美国社会撕裂程度持续加大、大国博弈不断深化、美国全球地位下降的复杂背景下就任美国总统的。拜登上台后颁布了一系列行政命令和方案，在经济方面初步形成了政策框架。一方面实施大规模短期的经济刺激政策。3 月，一份总额 1.9 万亿美元的新冠肺炎疫情纾困法案，在国会通过后由拜登签署，主要用于为民众发放现金补贴、扩大失业救济、向地方政府提供资助等。另一方面是提出中长期提升美国竞争力的法案。3 月底，拜登抛出了"美国就业计划"，总投资约为 2.25 万亿美元，分 8 年发放。这项计划沿用了凯恩斯主义通过扩大政府支出提振经济、增加就业的思路，但涵盖领域以基础设施和制造业为主，因此也被称为基础设施计划，它基本体现了拜登的产业政策。为平衡大规模政府支出引发的财政赤字，拜登政府同时还提出了一项以增税为主的税收计划。"美国就业计划"提出后，在国会两党引发了激烈争论，共和党主张计划仅包括严格意义的基础设施，即便在拜登将计划总额下调到 1.7 万亿美元后，该计划未在国会通过。后来，拜登政府对计划进行了调整。11 月美国会通过了《基础设施投资和就业法案》。法案包括了 5500 亿美元的新增基础设施建设拨款，主要用于道路、桥梁、供水工程、宽带和电网等核心基础设施建设，并在 5 年内用完。

受经济自由主义传统影响，美国一般不会制定专门的产业政策，拜登也没有明确提及产业政策，但从其行政命令和法案看，很多都与产业发展有关，也就是有实质意义的产业政策，其主要内容可概括为以下四个方面。

第一，大力增加社会的研发投入。在 20 世纪 60 年代，美国联邦政府的研发支出占 GDP 比重曾达到超过 2% 的最高点，约占美国整体科研投入的2/3，并在此后培育出超级计算机、互联网等一系列维持美国科技和经济霸权的产业，但目前美联邦政府的研发强度下降到只有 0.7%，是过去 25 年发达国家中少有的研发强度下降的国家。此外，与产业联系紧密的应用技术开发是目前美国的短板，阻碍了从基础研究到高科技产业创新链条的顺畅运行。在拜登的就业计划中，一是拟大幅增加对前沿技术的研发投入，包括量子计算、高级通讯技术、先进半导体制造、人工智能、新能源汽车、生物医药等，以及绿色低碳和新能源技术。这与特朗普时期有很大区别，后者不但大幅削减联邦研发支出，而且新能源支出更是被削减的重点。二是在前沿技术支持方式上，除传统的以国防部和航空航天局为代表的技术采购方式外，主要包括支持升级国家实验室和研发基础设施，为美国制造企业研发创新提供融资、税收优惠等支持，建立小企业孵化器和创新网络，提升社区和农村地区的创新能力等。三是将国家科学基金改为国家科学技术基金，将应用技术开发提升到与基础科学研究同样重要的地位，以支持技术走出实验室进入市场。美国会在提升美国创新能力上也与拜登政府高度一致，6 月初，美参院迅速通过了《美国创新与竞争法案》，目的是提高美国技术优势以应对中国竞争，该法案授权动用约 2500 亿美元以加强半导体、电信设备、5G 等领域的技术和研究，这是美国政府数十年来对科学研究的最大投资。

第二，振兴制造业。一是扩大联邦政府对制造业的采购。1 月底，拜登颁布了一项政府采购行政令，要求各政府部门严格执行购买美国货的法律条款。在就业计划中，拜登提出了广泛的基础设施建设计划，包括交通、宽带、电力、水利、学校、医院等，不但这些基础设施过程需要政府采购，而且这些工程需要的钢铁、水泥、工程机械等产品也要采购美国国货，而这些恰恰是美国制造业空心化比较严重的产业。拜登还提出扩大新能源汽车、清洁材料等产品以及先进核反应堆的关键技术的采购，如提出用新能源汽车替换现有政府用车，用政府购买支持制造业发展、扩大就业。二是支持对关键产品制造业投资，加强半导体等美国关键产品的制造供应链的弹性。三是加强人才培养。拜登就业计划提出，将为劳动力提供教育和培训投入，以便提升劳动力适应高技术制造业的能力。

第三，保障供应链安全。逆全球化和新冠肺炎疫情加大了各国对供应链安全的关注，在中美大国博弈加深的情况下，拜登政府对供应链安全更为关注。一是对关键产业的供应链安全开展评估。2月，拜登签署了《美国的供应链行政令》，要求对半导体、高性能电池、关键矿产和原材料、药品的供应链百日评估，对国防、卫生健康、信息通信技术、能源、交通、农业的供应链专项评估。评估内容包括对境外供应链的依赖程度，美国国内技术储备和生产能力，可能扰乱供应链的各种风险因素等。特朗普时代也评估过产业链，但远未像拜登时代这么具体。二是补齐供应链短板。拜登将半导体和稀土作为两个供应链安全的重点领域。在半导体产业，拜登计划为上年通过的《2021年国防授权法》中包含的"芯片法"提供预算支持，也就是为半导体制造，特别是购买半导体制造设备提供补贴。在稀土产业，美国国防部为稀土企业提供资金，用于轻稀土的开采和冶炼技术开发，以加强美国内稀土生产能力。三是提高供应链安全性。一方面，美国在关键供应链将竞争对手排除在外，在特朗普时代，中国已经在5G等新一代通信技术中被美排除在外，拜登政府延续和扩大了这一政策。另一方面，拜登提出要加强与传统盟友的合作，如果供应链不能回归美国，则也要由盟友组成的供应链替代竞争对手的供应链，以加强美国产业韧性。

第四，打压我国产业发展和创新。特朗普时期，中美关系发生逆转，美国社会各界对遏制中国发展和与中国竞争逐步达成共识。拜登上台后，更是宣布中国是唯一有能力将其经济、外交、军事和技术力量结合起来，对美国构成持久挑战的竞争对手，中美关系继续恶化。产业政策成为遏制我国发展、维护美国霸权地位的重要手段。一是继续甚至升级特朗普时期的经贸摩擦。拜登上台后，并未取消特朗普时期对华加征的高关税，反而加严了科技战，4月将我国超算企业列入出口管制的实体清单，6月初又将华为、中芯国际等列入美国投资"黑名单"，不允许美公民对这些企业投资，对我科技企业在原先的出口管制清单上叠加了投资限制，利用"小院高墙"方式全力打压我国科技企业意图十分明显。此外，美国还利用涉疆涉港等我内政问题炒作，限制我部分新疆产品出口。二是企图联合盟友扩大对华包围圈。在特朗普时期，美国就联手盟友利用多边出口管制机制，以及推动盟国加强外资安全审查机制，限制我国企业购买或投资先进技术、设备等。拜登更重视盟国和国际组织的作用，上台后宣称"美国回来了"，继续与盟国利用上述两个机制切断我先进技术来源。拜登积极推进与盟友的民主价值观外交并取得了一定成效，6月的 G7 峰会上，不但提出了针对发展中国家的新基建计划，而且提出要打造美西方国家有韧性的供应链，与中国实现部分"脱钩"，显然美西方国家已出现"抱团"对抗中国的趋势。此外，美国还与盟国联手试图推动形成国际经贸新规则，例如特朗普时期美国与欧日联手提出制定约束产业补贴的新国际规则，其主要对象也是我国，拜登也继续推动盟国采取约束我国的经贸规则。

综合看来，美国产业政策有以下特点。

第一，多原因导致加强产业政策。拜登对产业政策的重视程度超过奥巴马和特朗普，国家对产业发展的干预度增强，其产业政策主要是为四个主要目标服务的。一是服务经济从疫情中恢复，如政府加大对基础设施的投资；二是服务于美国竞争力提升，如加大创新和高科技投入；三是服务于缩小贫富差距，如重振制造业、加强对技能工人的培训等；四是服务于与中国的竞争，如保障产业链安全。当然，一项具体的产业政策往往同时服务于多个目标，如基础设施建设短期之内可拉动经济，而长期有利于制造业回流、提升美国经济竞争力。

第二，产业政策侧重于产业结构政策。产业政策扶持的产业可分为三类。一是强化创新和高科技产业，其目的是保障美国的全球领先地位和与中国竞争中获胜，这是美国产业政策的核心；二是提升基础设施产业，其目的是为结构调整提供长久的支持；三是推动一般制造业回流，其目的是保证美国的经济安全和扩大中低端就业。此外，也使用了产业限制政策，典型的就是限制对我高科技产品出口。

第三，产业政策手段多种多样。美国产业政策手段通常以政府采购、财政补贴为主，它们主要用于扶持产业发展和科技创新方面。此外，还有一些不常用的手段，例如一些行政令等法律手段，典型的是政府购买美国货的行政令；再如对外贸易投资政策，除直接对贸易和投资的限制政策外，美国政府还利用国际规则以及利用盟友来打压竞争对手。

第四，通过"两手抓"产业政策与我国竞争。与特朗普政府"损人不利己"、以压制竞争对手为主的产业政策不同，拜登政府应对我竞争采取了"两手抓"的办法，一手是做强自己，提升美国创新能力、推动制造业回归，提升美国的全球竞争力，另一手延续特朗普政策，对我持续甚至升级打压，以削弱我实力，减少对美挑战。

也要看到，拜登的产业政策能否落实也会遇到很多掣肘，奥巴马、特朗普时期的制造业回归，都没有取得预期的成效。一是美国国会的制约。美国两党虽然在应对中国竞争方面达成高度共识，但在具体法案上，两党仍会激烈博弈，拜登的就业计划最终在大幅缩水和调整后才获得国令通过。二是债务问题。经济刺激计划使美国赤字率屡创新高，美国产业政策实施需要大规模财政投入，很可能带来新的债务风险。三是盟友支持的不确定性。美国遏制中国的产业政策需要欧洲日韩等盟国的支持，但中国巨大的市场对盟国有巨大的吸引力，加之上届特朗普政府削弱与盟国关系带来的信誉损失，使盟国不一定能完全配合美国的布局，特别是在经济领域很难与美国完全站在一边，反而很可能与我国加强合作。四是美国的产业发展环境。美国长期的制造业空心化，使美国缺乏高素质工人、有经验的管理人员、配套能力等制造业发展要素，加之美国综合成本较高，在吸引一般制造业回流方面并不具备优势。

三、美国拜登政府产业政策对我国的影响

第一，中美在科技创新和高科技产业方面的竞争将更为激烈，倒逼我国提升自主创新能力。拜登一上台，就提出在与中国竞争中，保持科技和产业方面的国际领先地位，对美国繁荣和安全至关重要，这表明，中美大国博弈将长期存在，甚至有可能激化，科技领域将成为两国竞争的重中之重。美国

产业政策中将创新作为核心，而我国"十四五"规划也提出创新在我国现代化建设全局中居于核心地位，两国提出的科技创新前沿领域高度重合，都希望能抢占新科技前沿和战略性产业的制高点。美国仍是全球创新能力最强的国家，其优势在于基础研究强、高科技和军事产业发达、位于全球价值链高端、对盟友和国际规则有较强的影响力，短板是研发投入下降、应用基础研究滞后、缺乏大规模制造业支撑等。拜登政府的创新和高科技产业政策，一方面是补齐美国短板，大幅增加前沿技术研发和科技投入，提高美国在全球的创新和技术领先能力，另一方面是持续打压我国创新和高科技产业，除传统限制对华技术出口、投资的科技战外，美国甚至还可能中断两国科技交流、禁止中国理工科学生赴美留学、扩大科技"长臂管辖"范围、以间谍为名起诉更多与我国有交往的科学家、继续动员盟国加大对我国技术限制和封锁等。整体看来，美国对全球创新资源吸引力增强，在部分前沿科技领域和战略性新兴产业取得突破可能性增加。相比之下，我国通过国际合作、利用国际资源进行开放创新、发展高科技产业的空间将被压缩，过去中美技术差距缩小的趋势有可能会拉大，前沿技术和高科技产业将更多依靠自主创新。

第二，我国参与国际分工模式受到挑战，倒逼我国重构全球产业链。上一轮经济全球化，形成了主要国家各自依托比较优势形成的大范围国际分工体系，我国是经济全球化的受益者，也是国际分工体系的重要参与者，形成了进口中高端中间产品、利用本地劳动力等资源要素境内加工、主要面向发达国家出口的对外开放基本格局，对中间品、先进技术进口和出口市场都有较大依赖。当前美国产业政策对我国国际分工格局的影响，一是降低对美出口。美国振兴制造业、保障供应链安全，将提升美国制造能力或从其他国家采购能力，特别是降低对我关键产品的进口依赖，不但会减少我国对美出口，而且也使我失去利用关键产品对美反制的机会，但在非关键领域，由于中美制造基础相差悬殊，美国仍可成为中国出口的主要对象。二是加快国内产业转移。中美大国博弈深化带来的长期不稳定，特别是互相加征关税的长期化、美国与我扩大科技"脱钩"等，将对全球供应链产生冲击，部分跨国公司调整全球生产布局，由我国生产转向"中国＋1"布局，导致国内部分产业加快对外转移，削弱我国全球制造基地地位，并对部分地区产业、贸易、就业等产生负面影响。三是威胁我国供应链安全。在全球高度分工的电子信息、通信、装备等产业中，美国凭借其技术垄断优势，限制关键或核心设备、技术、零部件等对我出口，甚至通过长臂管辖和联合盟国，扩大对我出口限制范围，将对我国下游终端产品制造业造成重大冲击，倒逼我国进口替代或转向第三国进口，降低开放利益。美国对华科技"脱钩"，在打压中国高科技产业的同时，也有助于美国该领域的制造业回归和发展，未来华为手机事件亦有可能在别的产业上演。四是拖慢我国形成新全球分工新模式。当前，随着要素禀赋和产业结构升级，我国参与国际分工方式正在发生深刻变化，与发达国家由互补转向竞争，双方分工模式将转为基于相似要素禀赋而形成的水平专业化分工模式，这也是目前发达国家之间的主要分工模式。我国作为技术创新和中高端产业的后发者，嵌入发达国家间已有的分工体系难度很大，而美国试图联合盟国搞封闭的小圈子，将我国排除在外，进一步加剧了我国进入新分工体系的难度，甚至阻断我国产业升级过程。

四、我应对美国加强产业政策的建议

第一，新时代更加注重产业政策。近年来，美国政府加大对经济干预、制定产业政策的主要考虑，包括推动经济复苏、应对中国竞争、缩小国内贫富差距等，这些都是市场失灵的领域。中国作为社会主义市场经济国家和发展中国家，长期以来一直存在较强、行之有效和具有中国特色的产业政策。在当前百年未有之大变局复杂的内外部环境下，尤其是美西方国家纷纷加强产业政策的背景下，从应对中美大国博弈、构建新发展格局、实现创新驱动战略、推动产业升级和高质量发展、保证经济安全等角度考察，我国应该更加注重调整产业政策。现阶段产业政策中，最重要的是产业结构政策和产业技术政策，前者重点是加大对高科技产业发展的支持，抢占全球经济发展制高点，后者重点则是实现由引进技术到自主创新的转变。

第二，补齐我国创新链的短板。我国在全球创新竞争中具有一定优势，如超大规模市场、丰富应用场景、雄厚制造业基础、大量低成本研发资源以及集中力量办大事的举国体制等，但劣势和短板在于创新链条上游的基础研究，特别是应用基础研究，如基础材料、基础工艺、基础零部件等。一方面要加快实施自主创新战略。核心技术是要不来、买不来、讨不来的，在美国对华科技战越演越烈背景下，我国引进先进技术也更加困难，而前沿技术是各国正在探索研究的，因此无论是先进技术、核心技术还是前沿技术，都只能依靠自主创新。另一方面要明确创新链中的市场与政府边界。基础研究、应用基础研究、产业共性技术研究等，具有投入很高、组织复杂、外部经济明显等特征，是政府投入支持的对象，应利用好举国体制集中力量进行攻关，突破"卡脖子"技术，并鼓励有明确导向的基础研究和应用基础研究，为高科技产业发展提供支撑；开发试验研究和科技成果产业化等，则应该交由市场机制完成。

第三，吸引智慧要素提高创新能力。大国经济和产业竞争的核心是对优质要素的竞争，美国产业政策一方面要吸引更多的优质要素流向美国，另一方面也要阻断中高端要素流向我国。优质要素更看重制度环境，为此我国应该加快推进制度型开放，参照发达国家经验，营造有利于一流人才、一流企业、一流研发机构等智慧要素流入的综合环境，实现由直接引进技术到间接引进人才等要素进行本土创新的转变。

第四，加强与美国以外发达国家的合作。现阶段，我国与美国的经济合作受到严重阻碍，短期内"脱钩"趋势加剧；与美国以外发达国家，主要是欧洲国家和日韩的经济合作受影响较小，这些国家体量相对较小且存在内部竞争关系，因此未来它们将在中美之间寻找新的平衡点，不会在经济上与美国完全站在一起。这些国家在经济、产业、技术、市场等方面与美国有很强的替代关系，与这些国家的经济合作能够维持或者加强，我国的国际循环就能正常进行。为此，在坚持我核心利益的基础上，与美国以外的发达国家政经分开，以积极推动中欧投资协定、RCEP尽早落地生效为重点，加强与这些国家经贸合作，分化美国与西方盟国，保障我国全球产业链供应链的基本稳定，并探索与这些国家形成新型国际分工关系，尊重各自发展空间、不搞赢者通吃，嵌入全球中高端分工体系。

2022 年 9 月

第十九章

美国国债扩张的外溢效应研究

内容提要： 新冠肺炎疫情暴发以来，美国再次大幅扩张国债规模，为继南北战争、第二次世界大战、2008 年国际金融危机后的第四次大规模扩张。截至目前，美国国债规模已经突破 30 万亿美元，其中外国投资者的持有比重达到 25%。美国国债扩张的外溢效应已有所显现，主要体现为：全球通胀水平高企，经济"类滞胀"风险上升；大宗商品价格高涨，资本投资炒作风险上升；全球债务规模膨胀，新兴市场国家违约风险上升。本研究将以美国国债扩张的速度和动因为切入点，研究美国国债扩张的传导途径和外溢效应，通过面板向量自回归模型对产出、利率、汇率、价格四大直接渠道和贸易、资本两大间接渠道进行分析评估，并结合实证分析结果，对未来美国国债调整对我国的影响进行研判。

经济（金融）危机的主要表现形式包括银行业危机、资产价格泡沫危机、通货膨胀危机、汇率危机、债务危机。历史经验表明，债务危机是经济（金融）危机的最主要表现形式，其本质是借债主体对未来信用的过度透支，导致债务规模发散式增长，直至出现不能支付本金或利息的"明斯基时刻"①。对于美国而言，由于美元作为国际储备货币，虽然其国债规模持续扩张，但是可以通过提高债务上限方式缓解自身债务危机，但是对其他国家的外溢效应显著，甚至可能引发全球经济（金融）危机。尤其是新冠肺炎疫情暴发以来，美

---

① "明斯基时刻"（Minsky Moment）是指美国经济学家海曼·明斯基（Hyman Minsky）所描述的资产价格崩溃的时刻。明斯基观点主要是经济长时期稳定可能导致债务增加、杠杆比率上升，进而从内部滋生爆发金融危机和陷入漫长去杠杆化周期的风险。

国国债突破 30 万亿美元，以美元为核心的国际货币体系的痼疾再次暴露。

一、新冠肺炎疫情以来美国国债规模的变化趋势及外溢表现

（一）美国国债的扩张速度

美国国债（Us Treasury Securities）是由美国财政部代表发行的国家公债，为美国联邦政府借款融资的工具。美国国债起源于美国联邦政府的成立，由第一任财长亚历山大·汉密尔顿（Alexander Hamilton）提出，国债市场拥有长达 230 余年的历史。

1. 新冠肺炎疫情前美国国债的扩张情况

历史上美国国债规模曾出现三次大规模增长。第一次大规模增长是在南北战争时期，1860 年美国国债规模仅为 6484 万美元，但到 1863 年已超过 10 亿美元，南北战争后进一步增加到 27 亿美元，其后增长趋缓，直至一战爆发，美国参战后国债规模迅速增长到 274 亿美元。第二次大规模增长是在二战时期，1940 年美国国债规模仅为 430 亿美元，二战后 1946 年增长到 2694 亿美元，其后国债规模增长速度与通货膨胀增长率接近，直至 20 世纪 80 年代再次开始迅速增长，1980 年至 1990 年期间国债规模增长了 2.6 倍。第三次大规模增长是在 2008 年国际金融危机时期，实际自 1980 年开始国债规模持续攀升，分别于 1982、1986、1990、1992、1996、2002、2004、2005、2007 年突破 1、2、3、4、5、6、7、8 万亿美元，金融危机爆发后国债规模平均以每半年 1 万亿美元的速度增长，分别于 2008 年 9 月、2009 年 3 月、2009 年 11 月、2010 年 6 月突破 10、11、12、13 万亿美元。截至新冠肺炎疫情暴发前的 2019 年末，美国国债规模已经突破 23 万亿美元。从国债占国内生产总值（GDP）比重（以下简称"国债负担率"）看，除南北战争和一战期间超过 30% 以外，国债负担率在二战以前总体保持低位，但二战期间受财政刺激和国防支出增加，国债负担率一度超过 120%，其后有所回落，但 21 世纪以后再次回升并突破 100%。

2. 新冠肺炎疫情以来美国国债的扩张情况

新冠肺炎疫情暴发后，美国国债和美联储资产负债表规模均出现快速增长。

截至 2022 年 2 月，美国国债规模突破 30 万亿美元，美联储资产负债表逼近 9 万亿美元，分别较疫情前的 2019 年 12 月扩大 30.6%、114.5%。具体看，疫情暴发前，美国国债规模仅为 23 万亿美元，其后于 2020 年 4 月、5 月、6 月分别突破 24、25、26 万亿美元，月平均增幅达到 9300 亿美元；2020 年 7 月至 2021 年 9 月，扩张速度有所放缓，月平均增幅降至 1300 亿美元，其中 2021 年 3 月至 8 月间保持在 28 至 28.5 万亿美元之间；2021 年 10 月以来，美国国债扩张速度再次高企，分别于 2021 年 12 月、2022 年 1 月突破 29、30 万亿美元。

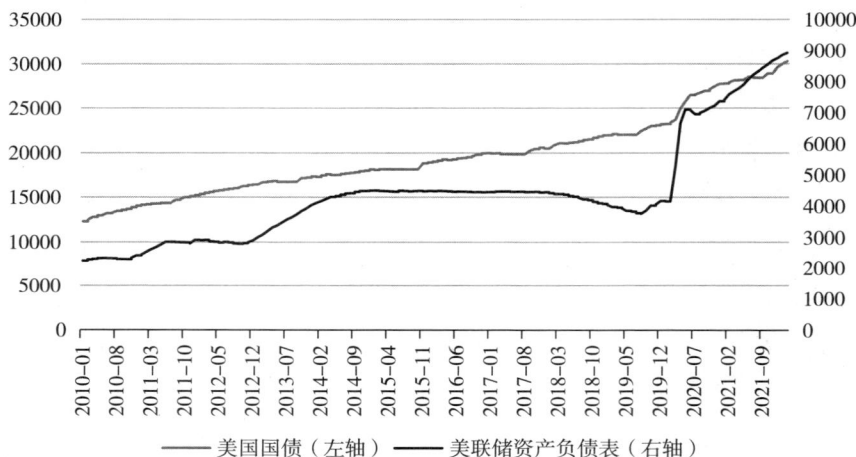

图 1　2010 年以来美国国债和美联储资产负债表规模变化（单位：十亿美元）

资料来源：美国财政部，美联储。

（二）美国国债的持有情况

从持有者构成看，外国投资者是美国国债的重要持有者，日本、中国、英国、卢森堡、爱尔兰为美国国债的前五大外国投资者。国际金融危机以来，外国投资者持有美国国债的比重由 20% 提高到 25% 左右。虽然 2008 年美国爆发了次贷危机，但是得益于美元作为国际储备货币的重要地位，外国投资者持有美国国债的比重不降反升，于 2014 年达到 34% 的高点，其后下降至 30% 附近。新冠肺炎疫情暴发以来，外国投资者持有美国国债的比重继续下跌，截至 2022 年 1 月降至 25.5%。其背后的主要原因是虽然外国投资者持有的规模仍在上涨，但是美国国债总体规模扩张过快，稀释了外国投资者的持有比例。分国别看，中国于 2008 年 9 月超过日本，成为美国国债的第一大外国持有者，其后日本于 2019 年 6 月反超中国，目前仍保持为第一。根据美国财政部数据，中国最早在 1978 年开始购买美国国债，2000 年至 2010 年期间中国持有美国国债数量与日俱增；其中，2001 年至 2003 年期间每年增持约 500 亿美元，2004 年至 2007 年期间每年增持约 1000 亿美元，2008 年国际金融危机后美国发行了大量国债，2008 年至 2010 年期间每年增持约 2200 亿美元。但区别于国际金融危机，此次新冠肺炎疫情美国大规模发行国债后，中国没有加速增持美国国债，而是保持在 1 万亿美元附近。

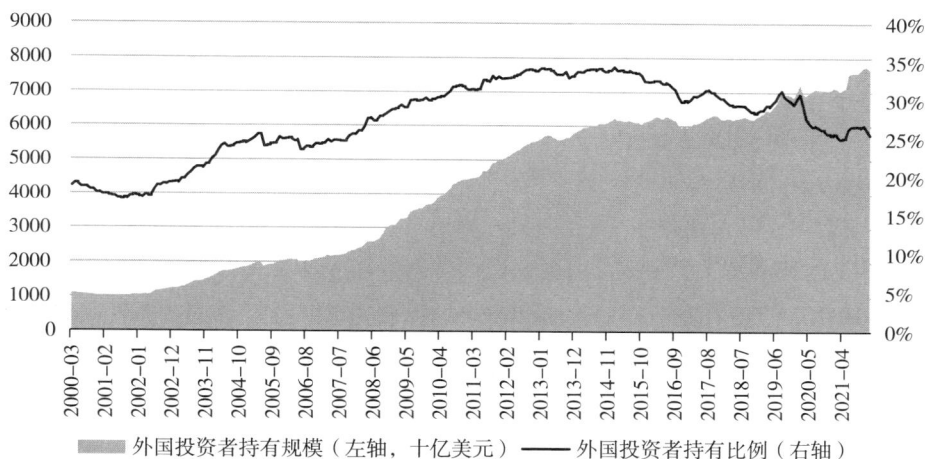

图 2　2000 年以来外国投资者持有美国国债的规模和比例变化

数据来源：美国财政部。

（三）美国国债扩张对全球经济的外溢表现

疫情以来，全球经济陷入"三高一低"的困局，高通胀、高利率、高债务困难和挑战并存，全球经济复苏愈加不确定。美国作为全球最大的经济体，其扩张性的刺激政策一定程度上影响着全球经济复苏。

1. 全球通胀水平高企，经济"类滞胀"风险上升

新冠肺炎疫情以来，美国史无前例的财政强刺激和货币超宽松政策推动总需求持续上升，叠加疫情冲击和地缘政治影响下供给结构性严重不足，2021 年 12 月以来美国消费者物价指数（CPI）同比涨幅连续多月位于 7% 以上。同期，

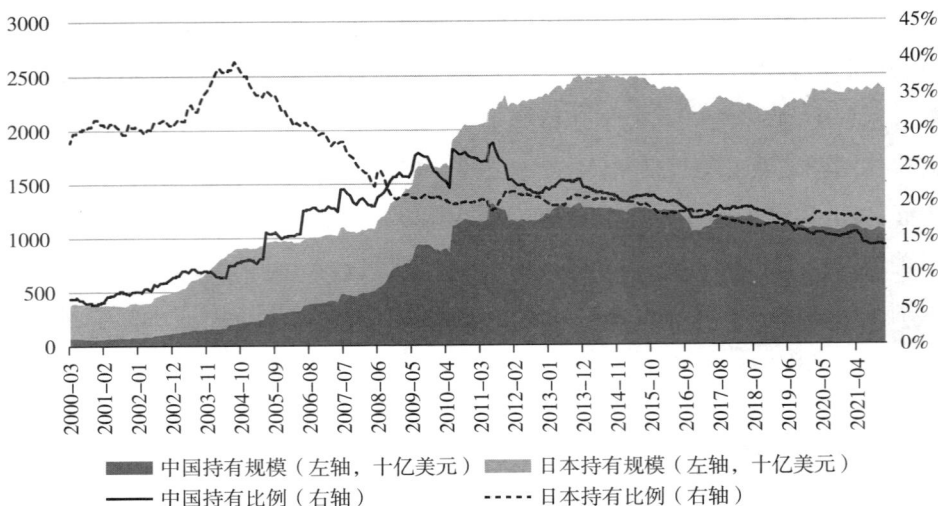

图 3　2000 年以来中国和日本持有美国国债的规模和比例变化

数据来源：美国财政部。

欧盟 CPI 同比涨幅突破 6%，印度、巴西等新兴市场国家 CPI 同比涨幅分别达到
6% 和 10%。但随着疫情初期被压抑需求的释放完成，叠加各国刺激性财政和货
币政策退出，全球经济增长或将显著放缓，长期的"低增长 + 高通胀"或拖累
全球经济陷入"类滞胀"。IMF 数据显示，预计 2024 年以后全球经济增速将降
至 3% 左右，全球通胀也将稳定在 3% 左右。世界银行指出，世界经济同时面临
新冠肺炎疫情、通货膨胀和政策不确定性的挑战，政府支出和货币政策均无前
例可循，无论从全球还是发达国家看，通胀都处于 2008 年以来的最高水平，反
通胀和稳增长的矛盾命题正在影响着几乎所有国家。

　　从与通胀的相关性看，美国国债扩张作为其财政刺激政策的直接表现是
推高美国通胀的重要因素。美国历次国债快速扩张后续跟随的都是通胀水平
高企，但通胀的上涨相对滞后于国债的扩张。2003 年至 2005 年期间，美国国
债保持着 8%—10% 的同比增速，同期通胀持续走高，于 2005 年 9 月达到
4.7%；国际金融危机后的 2008 年至 2011 年期间，美国国债增速超过 10% 甚
至突破 20%，2011 年开始通胀也出现回升，一度接近 4%；新冠肺炎疫情以
来，美国再次扩张国债，但此次通胀上升的态势更为明显和剧烈，3 个月内从
2% 攀升至 5%。

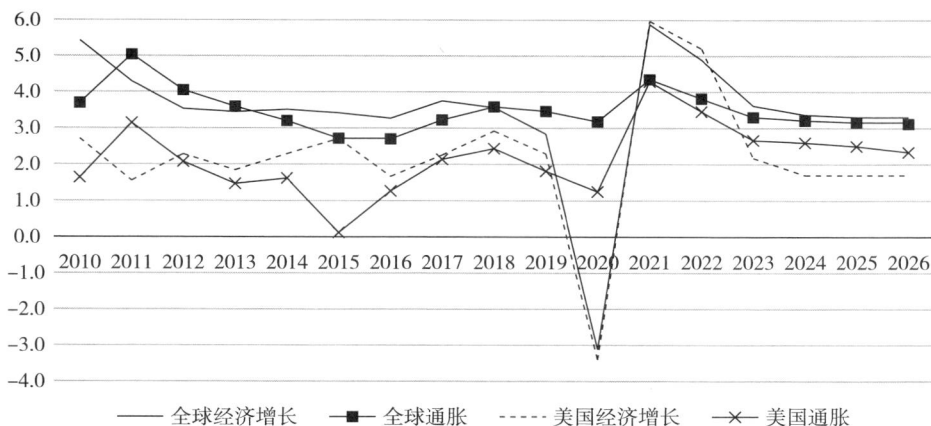

图 4　全球、美国经济增长和通胀水平变化走势

数据来源：IMF 世界经济展望（WEO）数据库。

注：2021 年开始为预测数据。

图 5　美国 CPI 同比涨幅与国债同比涨幅变化趋势

数据来源：美国劳工部，美国财政部。

2. 大宗商品价格高涨，资本投资炒作风险上升

2020 年 4 月以来，大宗商品价格开始大幅上涨，截至 2022 年 1 月末[①]，

[①]　由于 2022 年 2 月俄乌冲突爆发，因此数据使用到 2022 年 1 月。

CRB 现货综合指数已接近 600，诸多国际大宗商品进入新一轮价格上涨周期。以原油为代表的主要能源和以铜为代表的重要金属价格均已超过疫情前水平，甚至逼近国际金融危机时期水平，大豆、玉米等农产品价格创历史新高。其背后的主要原因之一是，为应对疫情冲击，主要国家采取刺激性的财政和货币政策，大量流动性流入国际大宗商品市场，供需两侧出现结构性失衡。考虑到大宗商品具有投资性质，资本追涨杀跌进一步加剧了疫情以来国际大宗商品价格波动。若大宗商品价格过低，资源输出国将严重受到拖累；若大宗商品价格过高，全球各国均将面临严重的输入性通胀压力。

从与大宗商品价格的相关性看，国际大宗商品交易以美元作为主要的计价和结算货币，疫情以来美元进入下行通道，以美元计价的大宗商品被动涨价。疫情以来，美国持续扩大国债发行规模，债务违约风险不断上升，美元资产安全性随之下降，美元指数一度跌至 90 以下。同期，国际大宗商品价格与美元指数表现出一定的负相关关系。具体看，2020 年 1 月至 2022 年 1 月期间，国际大宗商品价格与美元指数的相关性为 -0.45；其中，2020 年全年相关性为 -0.70。这说明，疫情暴发初期，国际大宗商品价格与美元指数具有较明显的负相关关系。

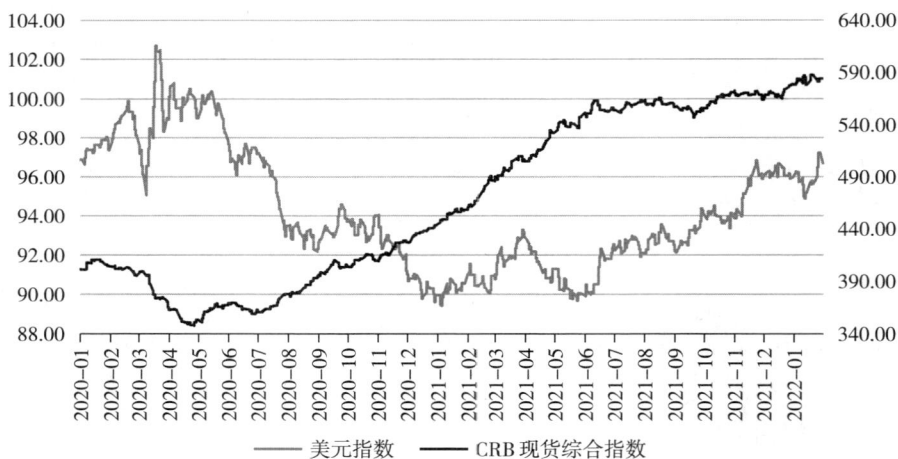

图 6　美元指数与 CRB 现货综合指数变化趋势

数据来源：Wind 数据库。

3. 全球债务规模膨胀，新兴市场国家违约风险上升

根据IMF全球债务数据库的数据，2020年全球债务占GDP的比重由2019年的227%上升至256%；其中，政府部门债务增量占全球债务增量的一半以上，全球公共债务占GDP比重达到创纪录的99%。发达国家的债务增长更为显著，其公共债务占GDP的比重从2007年的70%左右上升至2020年的124%。在国际金融危机和新冠肺炎疫情的双重作用下，公共债务占全球债务比重接近40%，为20世纪60年代中期以来的最高值。

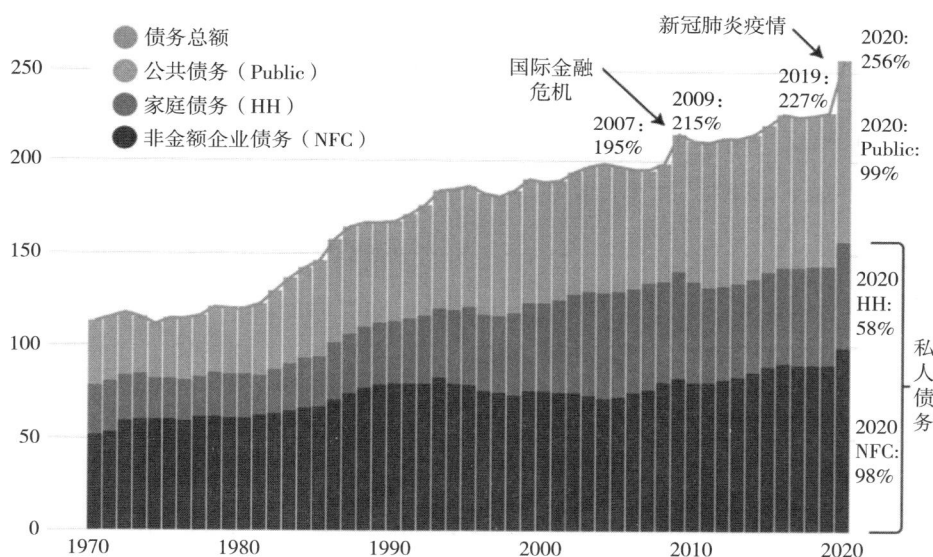

图7 1970年以来全球债务规模变化

数据来源：IMF，Global Debt Reaches a Record ＄226 Trillion.

虽然全球债务规模高企，但与此同时融资鸿沟也不断加剧。数据显示，在2020年全球增加的28万亿美元债务中，发达国家和中国占据90%以上。由于较低的利率环境、良好的主权信用以及发达的金融市场，以美国为代表的发达国家更容易进行融资，然而大多数发展中国家融资渠道有限、借款利率较高。随着美联储开启加息周期、美国放缓国债扩张速度，下一步新兴市场国家面临资本外流和货币贬值的双重压力，不仅面临融资难的问题，而且面临偿还难的问题。

二、新冠肺炎疫情以来美国国债扩张的主要动因

(一) 疫情以来多轮财政刺激的直接效应

自新冠肺炎疫情暴发以来, 美国政府出台多轮财政刺激政策以提振经济。据统计, 2020 年以来美国政府出台的七轮财政刺激政策规模合计达到 6.88 万亿美元, 占 GDP 的比重约为 30%。根据国会预算办公室 (Congressional Budget Office, CBO) 的数据, 为应对疫情采取的财政刺激政策, 使得美国 2020 财年 (上年的 10 月 1 日至本年的 9 月 30 日) 的财政赤字膨胀至 3.1 万亿美元, 占 GDP 的比重为 14.9%, 是二战以来的最高水平; 2021 年的财政赤字为 3.0 万亿美元, 占 GDP 的比重为 13.4%。根据 CBO 发布的《10 年期预算展望》和《长期预算展望》, 2020、2021 年公众持有的国债占 GDP 的比重分别为 100.1%、102.7%, 并预计将于 2031、2041、2051 年分别达到 107.2%、144.6%、202.0%。

表 1　2020 年以来美国政府出台的应对疫情的财政刺激政策

法案	时间	金额
《冠状病毒准备和响应补充拨款法案》	2020 年 3 月 6 日	83 亿美元
《家庭首次冠状病毒应对法案》	2020 年 3 月 18 日	1920 亿美元
《冠状病毒援助、救济和经济紧急安全法案》	2020 年 3 月 25 日	2.2 万亿美元
《薪资保护计划和医疗保健增强法案》	2020 年 4 月 23 日	4840 亿美元
《新冠肺炎疫情救济法案》	2020 年 12 月 27 日	9000 亿美元
《新冠肺炎疫情纾困救助法案》	2021 年 3 月 11 日	1.9 万亿美元
《基础设施投资和就业法案》	2021 年 11 月 15 日	1.2 万亿美元
合计金额		6.88 万亿美元

资料来源: 根据相关资料整理。

分国别看, 发达国家财政刺激政策规模明显高于新兴市场国家财政刺激政策规模, 并且美国位于发达国家前列。根据 IMF 的 COVID - 19 财政政策响

应数据库（Database of Fiscal Policy Responses to COVID－19）①，截至 2021 年 10 月，发达国家出台的财政刺激政策规模占 GDP 比重的平均值为 23.1%，而新兴市场国家的平均值为 9.9%。从发达国家看，意大利、日本、德国、英国的财政刺激政策规模占 GDP 比重高于美国，分别为 46.2%、45.1%、43.1%、36.0%。从新兴市场国家看，除毛里求斯外，其他国家财政刺激政策规模占 GDP 比重均低于 20%；其中，中国、巴西、印度、南非、俄罗斯分别为 6.1%、15.4%、10.3%、9.4%、6.5%。

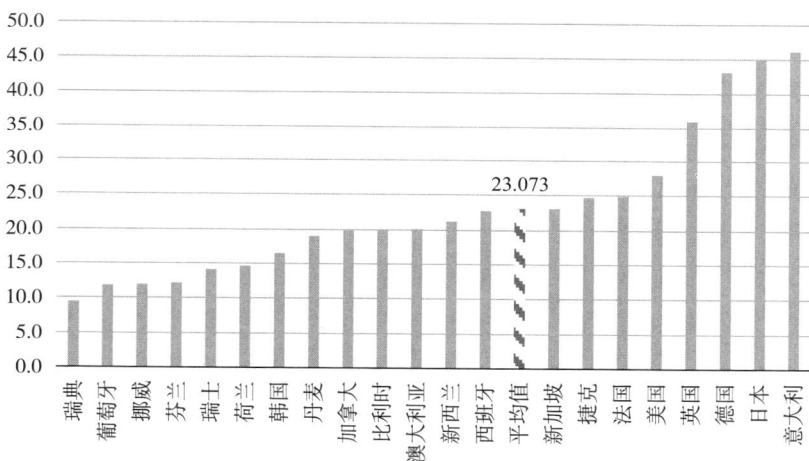

图 8　发达国家应对疫情的财政刺激政策规模占 GDP 比重（单位：%）

数据来源：IMF COVID－19 财政政策响应数据库。

（二）疫情以来量化宽松政策的间接效应

新冠肺炎疫情发生后，美联储推出应对疫情的非常规货币政策工具，实行无限量化宽松政策，向市场释放充裕的流动性，其中一大部分资金用于购买美国国债。美联储数据显示，疫情前的 2019 年末，美国国债在美联储资产负债表中的比重为 56%，到 2020 年末扩大约 8 个百分点到 64%，其后保持在 64% 附近，创金融危机以来的最高水平。从美联储持有的国债占美国国债总

① COVID－19 财政政策响应数据库总结了自 2020 年 1 月以来各国采取的与 COVID－19 相关的财政措施。

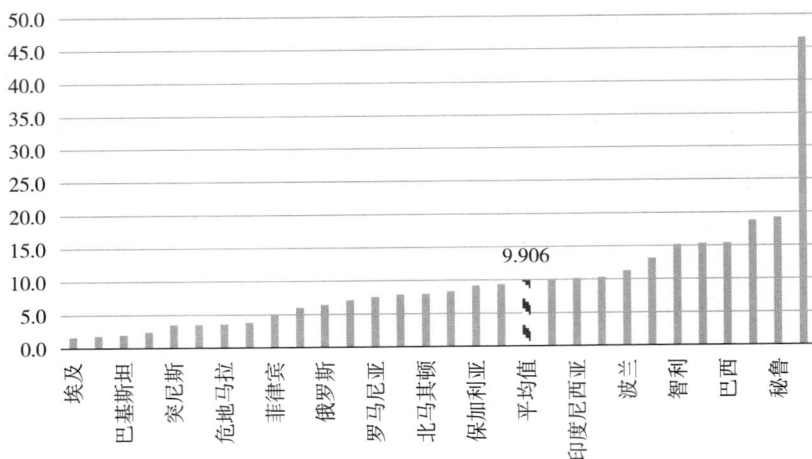

图9 新兴市场国家应对疫情的财政刺激政策规模占 GDP 比重（单位：%）

数据来源：IMF COVID－19 财政政策响应数据库。

额的比重看，疫情前的 2019 年末，美国国债在美联储资产负债表中的比重为 13%，到 2020 年末扩大约 9 个百分点到 22%，其后继续扩大到 25% 附近，创 2003 年以来的最高水平。这背后反映的是美国将债务货币化，本质是央行通过印发货币的方式为政府债务提供融资，导致财政政策和货币政策之间的"防火墙"逐渐弱化，甚至出现了极高的相关性。

从历史情况看，美国国债规模与美联储资产负债表规模具有较强的相关关系。若以前 6 个月的数据计算当期的美国国债和美联储资产负债表的相关性，可以发现在危机发生后美国国债规模和美联储资产负债表具有较强的正相关关系，如 2010 年 1 月至 7 月、2020 年 1 月至 2022 年 12 月。特别是，新冠肺炎疫情以来，两者的相关性普遍达到 0.9。但当经济向好时，美联储采取收缩的货币政策，美国国债和美联储资产负债表则呈现负相关关系。

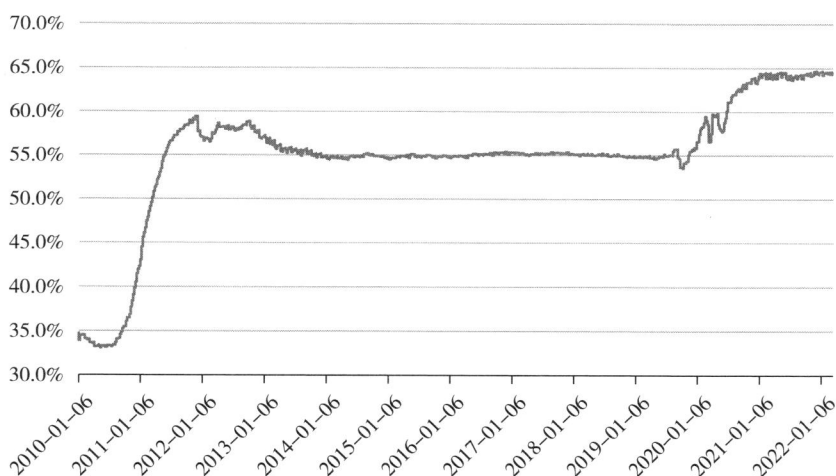

图 10　2010 年以来美国国债在美联储资产负债表中的比重

数据来源：美联储。

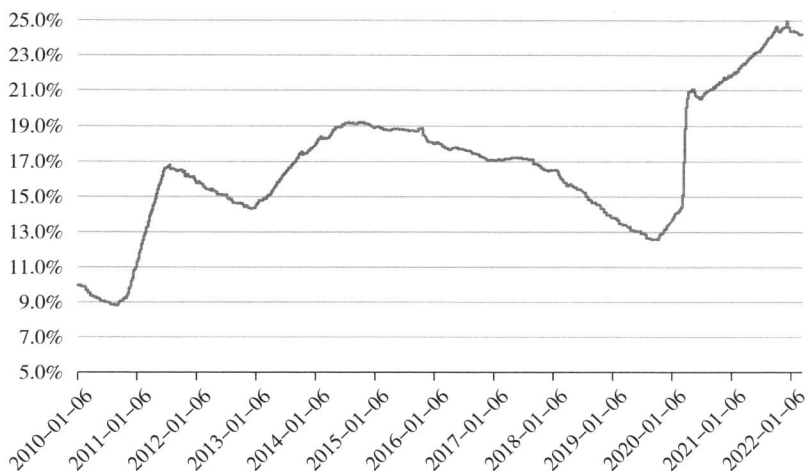

图 11　2010 年以来美联储持有的国债占美国国债总额的比重

数据来源：美国财政部，美联储。

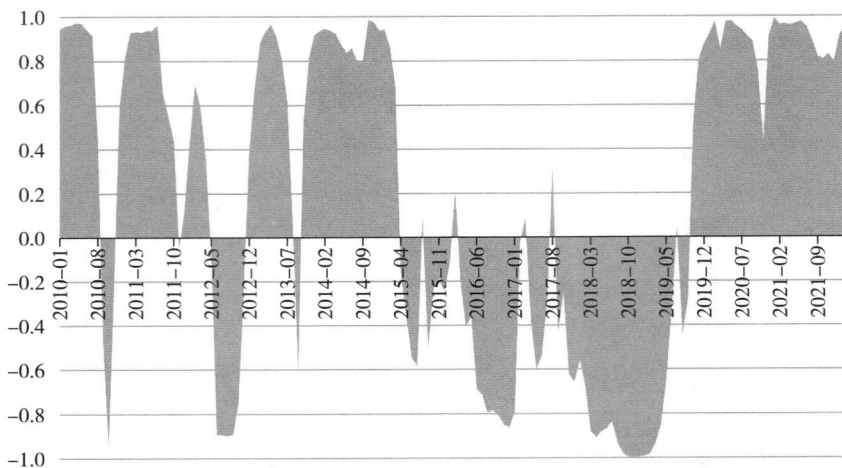

图 12　2010 年以来美国国债与美联储资产负债表的相关关系

数据来源：美国财政部，美联储，经作者测算。

三、美国国债扩张的外溢效应分析

（一）渠道维度

由于美国国债扩张的外溢效应渠道较为复杂，本研究重点关注产出渠道、利率渠道、汇率渠道和价格渠道。从产出渠道看，可以进一步区分为贸易渠道和资本渠道。贸易渠道方面，如果美国实施偏松的宏观政策，短期内国内需求扩张，其对外的进口需求可能上升，但中长期随着债务负担上升，对其他国家的外贸需求可能下行。资本渠道方面，美国实施偏松的宏观政策后，其国内利率下降，资本从美国向其他国家流动；但若其收紧宏观政策，其国内经济基本面向好，国际资本回流美国倾向提高。从利率渠道看，美国通过量化宽松货币政策将债务货币化，导致全球流动性过剩，对新兴市场国家经济金融发展形成正向刺激作用，但随着发达国家宏观政策调整，尤其是退出量化宽松货币政策，将导致新兴市场国家宏观经济政策实施陷入"两难"。从汇率渠道看，当美国债务规模持续扩张时，美元相对贬值，其他国家货币相对升值，但若美国收紧宏观政策后，美元升值预期上升，其他国家面临货币相对贬值、主权债务风险上升等风险。从价格渠道看，由于大宗商品普遍具有投资性质，当主要发达国家宏观政策普遍宽松时，过剩的流动性推升资本追逐大宗商品"投资炒作"的热情，加剧各国输入性通胀压力。

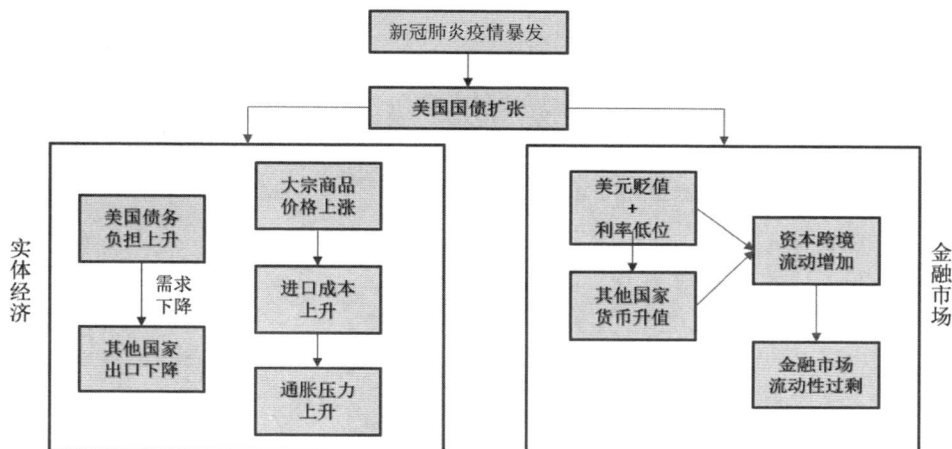

图 13　美国国债扩张的传导路径示意图

资料来源：作者绘制。

具体看，产出渠道重点关注各国 GDP 增速、对美贸易依存度（对美进出口额占各国进出口总额比重）、外资依存度（吸引外资流量占 GDP 比重）；利率渠道重点关注各国货币政策利率；汇率渠道重点关注各国主权货币兑美元汇率；价格渠道重点关注国际大宗商品价格、各国 CPI 增速。

（二）国别维度

重点关注美国国债扩张对于二十国集团（G20）国家的外溢效应，包括阿根廷、澳大利亚、巴西、加拿大、中国、法国、德国、印度、印度尼西亚、意大利、日本、韩国、墨西哥、俄罗斯、沙特阿拉伯、南非、土耳其、英国。

表 2　2020 年部分 G20 国家 GDP 和中央政府债务占 GDP 比重

国家	GDP（十亿美元）	中央政府债务占 GDP 比重（%）
澳大利亚	1327.8	44.1
巴西	1444.7	92.9
加拿大	1645.4	59.3

国家	GDP（十亿美元）	中央政府债务占 GDP 比重（%）
法国	2630.3	93.4
德国	3846.4	44.9
印度	2660.2	55.3
印度尼西亚	1058.4	39.4
意大利	1888.7	151.3
日本	5057.8	221.1
韩国	1637.9	42.4
墨西哥	1073.9	42.0
俄罗斯	1483.5	18.6
沙特阿拉伯	700.1	32.5
南非	335.4	69.4
土耳其	720.0	35.9
英国	2759.8	103.5
美国	20953.0	119.0

数据来源：世界银行世界发展指数（WDI）数据库，IMF 全球债务数据库。

（三）影响分析

由于国债扩张的外溢效应各种传导渠道之间并非相互独立且存在相互交叉的情况，文献中外溢效应的实证研究多采用向量自回归（VAR）模型及其拓展模型。本研究将采用面板向量自回归（PVAR）模型进行分析，兼具时间序列和面板数据的分析优势。

1. 数据选取

本研究选取 G20 国家（除去美国和欧盟）作为研究对象，选取各国GDP 增速、CPI 增速、货币政策利率、主权货币兑美元汇率以及对美贸易依存度、外资依存度、国际大宗商品价格增速、美国国债增速作为研究变量。样本区间为 2000 年至 2020 年，涵盖国际金融危机和新冠肺炎疫情两个重要的时间节点。

表 3　主要变量说明和数据来源

变量类型	变量名称	变量含义	数据来源
被解释变量	GDP	各国经济增速	世界银行 WDI 数据库
	CPI	各国通胀增速	世界银行 WDI 数据库,Wind 数据库
	r	货币政策基准利率或存款利率	世界银行 WDI 数据库,CEIC 数据库
	ex	各国主权货币兑美元汇率	世界银行 WDI 数据库
解释变量	usdebt	美国国债增速	美国财政部
控制变量	crb	大宗商品价格增速	Wind 数据库
渠道变量	trade	各国对美进出口额占各国进出口总额比重	UN Comtrade 数据库
	FDI	各国吸引外资流量占 GDP 比重	世界银行 WDI 数据库

资料来源：作者整理。

2. 模型设定

基于 Holtz – Eakin 等（1988）、Love 和 Zicchino（2006），构建 PVAR 模型如下：

$$Y_{it} = \Phi_0 + \sum_{j=1}^{p} \Phi_j Y_{i,t-j} + \alpha_i + \beta_t + \varepsilon_{it}$$

式中，$Y_{it} = (GDP_{it}, CPI_{it}, r_{it}, ex_{it})$，$\Phi_0$ 为截距向量，Φ_j 为滞后向量的参数矩阵，α_i 为个体效应，β_t 为时间效应，ε_{it} 为服从正态分布的随机扰动项。其中，i 代表样本国家，t 代表年度数据，j 代表滞后阶数，p 代表最优滞后阶数。

根据理论分析，美国国债扩张的外溢效应通过国际贸易和资本流动渠道影响其他国家，因此模型引入各国对美贸易依存度的交叉项（$usdebt_t \times trade_{it}$）和各国外资依存度的交叉项（$usdebt_t \times FDI_{it}$）。若交叉项系数与美国国债变量 $usdebt_t$ 系数符号相同，则表明国际贸易和资本流动对外溢效应具有正向促进作用，反之则为负向抑制作用。

通过实证分析（详见附表1），主要有如下结论。（1）美国国债扩张对其他国家的经济增长具有直接作用，但显著的正向作用滞后 2 期，即在美国国债扩张的第二年，其他国家的经济才会受益于其扩张。（2）资本渠道，即

$usdebt_t \times FDI_{it}$，对其他国家的经济增长和通货膨胀具有间接作用，其中对经济增长为负向，对通货膨胀为正向。这说明，一个国家如果较为依赖外资，当美国国债扩张时，国际资本被美国国债分流，导致该国外资不足，经济受到负向冲击；同时，由于美国国债扩张增加全球的流动性，导致该国通胀压力上行。（3）贸易渠道，即 $usdebt_t \times trade_{it}$，对其他国家的货币政策利率具有负向的间接影响，当美国国债扩张时，往往代表美国财政货币政策较为宽松，一般而言其他国家也会跟随美国采取较为宽松的货币政策，防止美元相对贬值、本国货币被动升值的风险。

四、美国国债调整对我国影响研判

（一）当前美国国债扩张对我国的外溢效应

实证分析表明，美国国债扩张不仅通过产出渠道、利率渠道、汇率渠道、价格渠道直接影响其他国家经济，而且通过贸易和投资两个渠道间接影响。从我国的情况看，由于我国疫情率先得到控制，经济复苏早于美国，因此美国国债扩张对我国经济的直接影响不太明显，但是我国作为全球第一货物贸易大国和全球第二大外资目的地，美国国债扩张通过贸易渠道和资本渠道对我国的影响不容小觑。

一方面，美国是我国第三大贸易伙伴，2021年我国对美进出口额占我国进出口总额的12.5%。根据实证分析，美国国债扩张可能对我国货币政策利率产生负向冲击，当前我国也确实位于利率下行周期，与实证分析的结果一致。另一方面，新冠肺炎疫情以来，我国吸引外资规模逆势上扬。联合国贸发会议（UNCTAD）数据显示，2020年我国吸引外资的规模接近1500亿美元，仅与美国相差约70亿美元，较2019年增长约6%，成为疫情以来外资重要的集聚地。因此，我国也需要注意，美国国债扩张效应对我国经济的间接影响，积极应对后疫情时代的跨境资金流出风险。

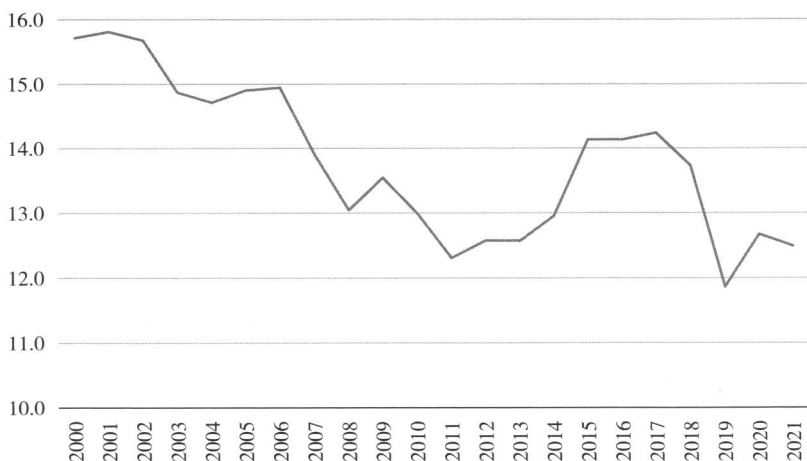

图 14　2000 年以来我国对美进出口额占进出口总额的比重（单位：%）

数据来源：UN Comtrade 数据库，海关总署。

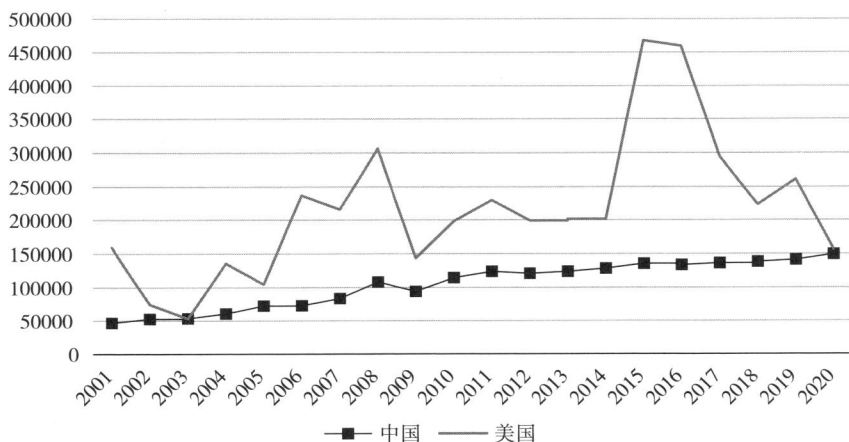

图 15　2001—2020 年我国和美国吸引外商直接投资情况（单位：百万美元）

数据来源：UNCTAD 数据库。

（二）后疫情时代美国国债调整对我国的影响分析

一方面，虽然当前美国没有明确是否放缓国债扩张步伐，但是从美国政府正在推进的《重建美好未来法案》《2021 年创新和竞争法案》（或《2022年竞争法案》）来看，短期内美国很难减少财政支出，预计未来几年内美国财政支出仍将持续增加，这就导致美国国债规模将继续走高。从对我国影响看，虽然美元作为全球储备货币，美国国债几乎没有违约风险，但是美国国债仍面临贬值风险。目前，我国仍持有1万亿美元规模的美国国债，同时在我国3万亿外汇储备中也有50%以上①美元资产，如果美债贬值，我国面临海外资产贬值、外汇储备缩水的双重风险。

另一方面，美联储已正式进入加息周期，全球主要国家也跟风开启加息，"加息＋缩表"的双重作用下美国国债扩张或难再依赖美联储。考虑到当前全球疫情仍未得到有效控制，国际环境更趋复杂多变，同时国内经济发展面临需求收缩、供给冲击、预期转弱三重压力。在这样的形势下，保持宏观经济政策连续性、稳定性、可持续性，给予市场主体合理预期和适度支持，显得尤为重要。然而，美国货币政策转向给我国宏观经济政策实施带来两难。若跟随美国加息，恐将导致我国企业融资成本攀升，债务还本付息压力加大，抑制我国经济复苏活力；若与美加息周期相反，可能导致市场预期逆转，形成资本外流、人民币贬值、金融市场动荡的相互强化的"负反馈"。考虑到当前我国在全球经济治理中的话语权仍然有限，坚持"以我为主"的宏观政策仍面临较多外部不确定性。

五、政策建议

（一）坚持供给侧结构性改革，推动经济高质量发展

面对外部环境深刻复杂的变化，要积极应对外部的风险和挑战，更要处理好应对外部压力与释放内部积极性的关系，更好地聚焦核心力量、化解主要风险、解决主要矛盾。既要抵御美国等发达国家的风险外溢，也要坚持自身改革发展目标不动摇。持续巩固拓展疫情防控和经济社会发展成果，统筹国内国际两个大局，坚持供给侧结构性改革，推动经济高质量发展。要客观清醒认识，当前我国经济运行主要矛盾仍然是供给侧结构性的。要更多采取改革的办法，更多运用市场化、法治化手段，巩固"三去一降一补"成果，

---

① 《国家外汇管理局年报（2019）》显示，2015年我国外汇储备中美元占比58%。

增强微观主体活力，加强科技自立自强，提升产业链供应链安全稳定，畅通国民经济循环。在碳达峰、碳中和的背景下，持续推动产业结构、能源结构等绿色低碳转型，实现经济包容性增长和可持续发展。

（二）保持宏观政策连续性，做好预调微调和跨周期调节

短期内，立足国内实际，不轻易追随美国宏观政策周期变化。要看到，不同于2008年国际金融危机，新冠肺炎疫情以来我国未实施类似的量化宽松政策，而且经济在全球率先复苏。中美经济复苏和宏观经济政策实施并不同步，不必主动追随当前美国宏观经济政策调整。短期内，坚持稳字当先，集中力量办好自己的事，无须盲目跟随美联储货币政策调整。中短期，密切跟踪主要国家宏观政策走向，相机决策、灵活调整。美国等发达国家的货币政策转向会经历"缩减量化宽松→停止量化宽松→加息→缩表"等过程，将对包括我国在内的世界各国经济增长、通货膨胀、国际收支平衡等产生广泛的影响。要及时识别资本外流、货币贬值等风险，做好压力测试和政策预案，并相机调整国内的财政货币政策，适时、适度、适当将国外宏观政策的外溢效应纳入我国宏观政策跨周期调节的考量范围。要理顺货币政策传导机制，使金融更多更好服务实体经济。

（三）保持人民币汇率弹性，有序推进人民币国际化

一方面，继续深化汇率市场化改革，有序推进人民币国际化，提高我国在全球金融治理领域的话语权。优化外汇储备结构，提高对一篮子货币的稳定性，保持人民币汇率在合理均衡水平上的基本稳定。依托自由贸易协定和货币互换协议，鼓励和引导市场主体在贸易投资往来中使用人民币交易，逐步提高人民币在双边贸易投资中的使用比例，夯实人民币的计价结算功能。支持亚洲基础设施投资银行和金砖国家新开发银行更好发挥作用，促进区域金融市场互联互通，维护区域金融稳定。另一方面，积极参与全球金融治理，推动主要多边金融机构深化治理改革。推动IMF和世界银行进一步完善份额和治理结构，支持扩大SDR的使用，更好地发挥全球经济和金融稳定器的作用。提高全球金融安全网的充足性和有效性，加强对国际资本流动的监测与管理，建立更加稳定、更具韧性的国际金融体系。

（四）加强国际宏观经济政策协调，提升全球经济治理话语权

促进 G20 更好发挥国际经济合作主要论坛作用，加强各国财税、货币政策协同和监管协调，联手加大宏观政策对冲力度，防止世界经济陷入衰退。一是积极参与全球税制改革谈判，加强税收征管协调对接，围绕加强征管能力建设、加强税收法治、加快争端解决、提高税收确定性、通过征管数字化提升纳税遵从等，制定务实的双多边合作行动计划。二是促进各国开展金融和货币政策合作，强化与各国央行的协调与合作，建立定期议事机制，推动各国央行和金融主管部门的常态化沟通交流，加快签订银行、证券、保险监管合作备忘录，推动各国金融监管合作。三是加强主要国家之间的宏观经济政策协调，保持政策的连续性、有效性和可持续性，降低宏观经济政策调整的外溢效应。

参考文献：

［1］李晓，陈煜．美联储货币政策转向：背景、事实与应对．国际金融，2021 年 11 月．

［2］陆佳颖，郭建伟．中国货币政策对"一带一路"沿线国家的溢出效应研究——基于 PVAR 模型的实证分析．生产力研究，2021 年 8 月．

［3］何娟文，李雪妃，陈俊宇．我国货币政策对"一带一路"沿线国家的溢出效应研究——基于 16 个沿线国家的实证检验．金融理论与实践，2021 年 4 月．

［4］刘卫平，马永健．后金融危机时代美国货币政策调整对中国经济的影响［J］．武汉大学学报（哲学社会科学版），2020（73）．

［5］王晓丹，喻一文．美国国债问题透析及中国的应对策略选择．南京审计学院学报，2015 年 12 月．

［6］王健，李俊轶．美国政府债务持续膨胀对中国经济的影响及对策．经济研究参考，2013（14）．

［7］黄梅波，王珊珊．美国国债危机的根源及出路．亚太经济，2012 年 1 月．

［8］Congressional Budget Office, The 2021 Long－Term Budget Outlook, 2021.

［9］Congressional Budget Office, An Update to the Budget and Economic Outlook：2021 to 2031, 2021.

［10］Congressional Research Service, Debt Limit Suspensions, 2021.

［11］Hall G J, Sargent T J. Brief History of US Debt Limits before 1939. *Proceedings of the*

National Academy of Sciences，2018.

［12］Holtz－Eakin D，Newey W，Rosen H S. Estimating Vector Autoregressions with Panel Data. Econometrica：Journal of the Econometric Society，1988.

［13］Love I，Zicchino L. Financial Development and Dynamic Investment Behavior：Evidence Frompanel VAR. The Quarterly Review of Economics and Finance，2006.

附表 1　美国国债扩张外溢效应的实证分析

VARIABLES	（1） GDP	（2） CPI	（3） r	（4） ex
L. GDP	0. 674 ***	− 0. 0240	0. 215 *	− 4. 220
	(0. 181)	(0. 176)	(0. 123)	(7. 356)
L2. GDP	0. 338 **	− 0. 152	0. 0128	3. 983
	(0. 144)	(0. 134)	(0. 0640)	(3. 066)
L3. GDP	0. 356 **	− 0. 0138	0. 0872	1. 170
	(0. 145)	(0. 127)	(0. 0721)	(3. 069)
L. CPI	0. 713 *	− 0. 0459	− 0. 363	1. 678
	(0. 381)	(0. 320)	(0. 328)	(9. 100)
L2. CPI	0. 0429	− 0. 00947	0. 151	− 10. 25
	(0. 253)	(0. 204)	(0. 172)	(11. 18)
L3. CPI	− 0. 333	0. 296	0. 0496	3. 865
	(0. 246)	(0. 207)	(0. 199)	(5. 681)
L. r	− 0. 121	− 0. 238	0. 930 ***	− 14. 69
	(0. 416)	(0. 340)	(0. 324)	(19. 33)
L2. r	− 0. 139	0. 0937	− 0. 160	15. 59
	(0. 433)	(0. 354)	(0. 309)	(16. 15)
L3. r	0. 508	− 0. 298	− 0. 0575	− 3. 512
	(0. 314)	(0. 261)	(0. 237)	(7. 259)
L. ex	0. 00110	− 0. 000440	0. 000689	1. 359 ***
	(0. 000702)	(0. 000698)	(0. 000593)	(0. 140)
L2. ex	− 0. 00183	− 0. 000278	− 0. 000953	− 0. 618 ***
	(0. 00114)	(0. 00108)	(0. 000987)	(0. 161)

续表

VARIABLES	(1) GDP	(2) CPI	(3) r	(4) ex
L3. ex	0.00105	− 0.000740	− 0.000114	0.330 ***
	(0.00120)	(0.00107)	(0.00107)	(0.113)
L. crb	0.0405 **	0.0235	− 0.00635	− 0.0967
	(0.0184)	(0.0144)	(0.00848)	(0.595)
L2. crb	− 0.0612 ***	0.00334	− 0.00270	0.399
	(0.0193)	(0.0159)	(0.0129)	(0.813)
L3. crb	− 0.0256	0.0169	0.00355	− 0.576
	(0.0168)	(0.0116)	(0.00881)	(0.459)
L. usdebt	0.121	− 0.0437	− 0.0220	− 5.193
	(0.152)	(0.0806)	(0.0561)	(4.738)
L2. usdebt	0.373 *	− 0.137	0.00323	− 6.191
	(0.217)	(0.143)	(0.120)	(10.74)
L3. usdebt	0.191	0.00725	0.0758	4.023
	(0.150)	(0.122)	(0.0756)	(5.838)
L. usdebt * trade	0.00217	0.000108	4.72e − 05	0.0106
	(0.00567)	(0.00240)	(0.00150)	(0.0679)
L2. usdebt * trade	0.00159	0.000843	0.00193	0.125
	(0.00567)	(0.00222)	(0.00190)	(0.134)
L3. usdebt * trade	0.000196	− 0.000401	− 0.00239 *	− 0.0853
	(0.00345)	(0.00191)	(0.00135)	(0.0783)
L. usdebt * FDI	− 0.0467 **	0.0378 **	0.00472	0.430
	(0.0231)	(0.0158)	(0.0132)	(0.661)
L2. usdebt * FDI	− 0.0155	0.0177	0.00419	0.450
	(0.0177)	(0.0114)	(0.00990)	(0.506)
L3. usdebt * FDI	− 0.0100	0.000183	− 0.00208	0.516
	(0.0178)	(0.01000)	(0.00596)	(0.370)
Observations	302	302	302	302

Standard errors in parentheses, *** $p < 0.01$, ** $p < 0.05$, * $p < 0.1$。

2022 年 3 月

第二十章

日本的自由贸易区战略及对我国的启示

内容提要： 日本曾在全球 FTA 建设中处于明显落后地位，但此后受益于国内战略和政策的有力推动，2012 年以来日本在经济外交中积极推进 FTA 并开始取得明显成效，尤其是在 CPTPP 等谈判中逐渐树立起全球经贸规则制定领导者的形象并不断巩固，成为各国推进 FTA 战略的标杆之一。本文主要回顾日本 FTA 战略发展历史和背后经济政治动机，总结日本在 FTA 战略中的主要经验，并结合当前中日经济关系政治和外部环境，提出我国 FTA 战略发展的有关政策建议。

一、日本 FTA 的发展历程

1999 年以前，日本 FTA 战略发展缓慢。1955 年日本加入 WTO 前身的 GATT 后，一直是在以美国主导下的国际贸易多边体系的参与者，直到 20 世纪末都没有参与区域经济一体化组织，更没有组建由日本主导的区域经济一体化组织。这期间日本经济经历了从高速发展到泡沫经济崩溃的跌宕起伏，在全球区域经济一体化浪潮中也处于明显的落后状态。

1999—2012 年间，日本稳步推动 FTA 战略发展。1999 年日本政府发表的《通商白皮书》，首次作为官方立场对 FTA 特别是其积极作用给予关注和肯定。2000 年通产省颁布的《国际贸易白皮书》中第一次概括了日本自由贸易战略的基本思路。2001 年小泉纯一郎强势组阁后，进一步强化了对外贸易战略。2002 年 1 月 13 日，日本与新加坡签署第一个 EPA。同年 10 月，日本外务省经济局发布《日本的 FTA 战略》，成为集中阐述日本自由贸易政策的首份官方文件。2003 年日本又提出成为日后日本自由贸易战略基石的《日本加强经济伙伴关系（EPA）的政策》等重要文件，强化了以东盟和东亚为首的亚洲区域内及双边层面的自由贸易协定谈判。但是由于农业开放等问题的阻挠，这一期间 FTA 战略的执行情况不佳。

2012 年以来，日本 FTA 战略快速实施。安倍晋三再度上台后大力推进 FTA 战略。日本于 2013 年发布了《日本振兴战略》，并宣称将利用 EPA 建立"经济战略伙伴关系"，在世界范围内建立一系列的国际合作和投资法规。日本在其向世界贸易组织递交的一份文件中清楚地表明，它将成为亚太地区和更广阔地区的贸易体系的领袖。为了实现这一目标，日本加快了与亚太地区国家经济合作伙伴关系的磋商，将焦点放在了 TPP、日欧 EPA 等方面，并积极参与 WTO 和世界经济贸易体系的变革，并在全球经济和政治格局中，不断提高其话语权。《未来投资战略》于 2017 年发布，安倍更是将其策略地位提高到了一个新的"开放经济新格局"的核心，并将其引入"全面、均衡、高水平的全球规则"。在此期间，日本参与了由美方主导的 TPP 谈判，并在特朗普退出 TPP 谈判后抓住机会，快速成为推动区域自由贸易的主导者，巨型 FTA 相继快速完成谈判并生效。

二、日本推进 FTA 战略的经济和政治动机

推行 FTA 战略是日本基于其国情和历史而选择的适合自己的发展道路，也是当前日本经济低迷背景下维持和促进经济发展的有效做法。日本自贸区起步较晚，前期主要出于经济考量，参与区域经济合作。2012 年以后，在经济之外的政治考量逐渐增多，政治因素成为日本推进 FTA 战略跨越式发展的重要因素。

（一）经济层面的动机

全球 FTA 发展的大趋势推动日本政策转向。日本 FTA 战略起步较晚，前期对参与 FTA 积极性并不高。一方面，日本在 WTO 多边贸易体系下凭借其企业和产品的国际竞争力成为全球主要受益方之一，因此其主要精力仍然在多边体系。另一方面，虽然日本资源匮乏，其"贸易立国"的传统形象深入人

心，但事实上其经济内外需发展较为平衡。2020 年日本贸易占 GDP 比重约为
25.24%，明显低于世界总体的 42.05%，也低于中国的 31.56%。

随着 WTO 发展受阻和全球区域经济合作趋势上升，日本从自身经济利益
出发，逐渐开始重视 FTA。20 世纪末以来，WTO 下的多边谈判成效甚微，围
绕 WTO 的全球贸易自由化陷入停滞，且 WTO 规则覆盖面有限的缺点也逐渐
暴露出来。随着全球和亚太地区 FTA 的迅速增加，外部 FTA 内部国家间贸易
壁垒和交易成本显著降低，导致日本企业和产品的竞争力受到侵蚀。此外，
全球经济竞争集团化大背景下，日本迫切希望跟上全球经济区域一体化浪潮，
韩国等 FTA 战略的成功实施也促使日本加速推进 FTA 战略布局。

日本长期经济低迷，FTA 是促进经济增长的有效方案。日本是全球第三
大经济体，但长期结构性问题积重难返。日本面临人口老龄化的结构性问题，
是世界上老龄化程度最高的国家之一。老龄化通过降低劳动供给和生产率、
挤出投资、改变消费倾向和要素禀赋等途径减缓经济增长，被认为是日本
"失去的 30 年"的重要原因。同时，日本还面临政府债务高企、移民政策呆
板、对外开放不足、养老资产缺口庞大等结构性问题，正是这些结构性问题
的存在，导致日本经济增长速度低于其他发达国家。尤其是，自从 20 世纪 90
年代早期泡沫经济破灭以来，日本经济一直处于长期衰退之中。安倍经济学
的核心目标是使日本经济从长期衰退中复苏，因此 FTA 战略成为安倍晋三经
济政策的重要方面。

（二）政治层面的战略考量

强化对美关系。日本在 FTA 战略中突出表现了将其与美加深联系的一面，
FTA 战略的执行成为日本谋求深化对美关系的综合方案。澳大利亚 2008 年 9
月对日本发出参加 TPP 的邀请，但日本上下反应冷淡。随着奥巴马 2009 年 11
月宣布美国加入谈判的计划，TPP 成为由美国领导的项目，日本开始予以积
极回应。尤其是时任日本首相鸠山由纪夫在因美军冲绳普天间基地迁移问题
与美国关系恶化后辞职，继任首相菅直人将加入 TPP 作为改善对美关系的重
要途径，但由于受到来自农业部门的强烈反对而未能在日本政府内部形成共
识，下一届野田佳彦内阁也未能有效推进 TPP。安倍晋三 2012 年 12 月再度上
台后，坚决推进 TPP 谈判，对美关系也是重要考量，2013 年 3 月，其曾在宣

布正式开始 TPP 谈判的记者会上表示，加入 TPP 有助于加强与美国的经济联盟。自民党 2013 年通过的关于 TPP 措施的决议也明确提出，加入 TPP 将进一步深化和加强日美经济领域的联盟。

寻求经贸规则制定权和提高国际政治影响力。日本为全球第三大经济体，但并非"正常国家"，在国际舞台寻求提高政治影响力是其对外经济外交的重要目的，但其手段有限，因此积极谋求在全球经济和政治中核心地位。日本以"自由贸易的旗手"自居，更多的是实现其政治意图乃至价值取向，通过向他国输出规则，实现其政治大国愿望、塑造国家形象，提高日本国际地位和影响力。另一方面，日本是以 WTO 为核心的多边自由贸易体制的受益者。当前，美国在倡导多边贸易框架方面放弃领导地位，逆全球化和全球贸易保护倾向有所升级，在此背景下，日本认为最佳策略即为寻求维护现有的全球自由贸易规则，捍卫曾由美国领导的自由主义秩序。除了维护自身长期经济利益，也有在美国霸权衰落之际提升自身领导力的意图。

此外，日本有意与美欧构成三极共同主导国际经贸规则制定，时特朗普执政时期剧烈动荡的国际环境将使其被动走向前台，日本抓住机遇，充分发挥其与美欧价值观相同等优势，成为全球经贸规则制定中协调者和领导者。尤其是，随着 CPTPP 等一系列 FTA 的签订，日本已经逐渐取得国际经贸规则的主导权，在全球获得了更大政治影响力和话语权。

牵制中国。从地缘政治角度，削弱中国在内的其他国家主导权，并通过高标准经贸规则挤压其他国家出口市场，在经贸谈判中获得更大筹码并通过利益置换实现自身诉求。日本追求制衡中国在亚洲日益增长的实力，与中国争夺领导地位，通过创造新的全球规则与中国竞争。安倍晋三 2015 年 4 月在美国国会发表演讲时表示："我们不能忽视血汗工厂和环境负担，也不能允许知识产权搭便车。共同的价值观是 TPP 的精髓，而且 TPP 不仅关乎经济利益，也关乎安全。"

三、日本推进 FTA 战略的经验

（一）政府推动国内改革

坚定推进机构改革。安倍晋三第二次当选后，以坚定决心为配合 FTA 战略推动机构改革。在 TPP 之前，日本 FTA 谈判由经济产业省、外务省、财务省、农林水产省等部委负责，但各部立场不同而往往难以形成统一意见。安倍晋三力推机构整合，成立高规格的专门机制，使日本政府能够在 TPP 谈判中形成统一立场，以克服农业部门的强烈反对。

表1 日本 TPP 谈判专门机制

	机构	基本情况
谈判期间	TPP 部长级会议	最高决策机构,成员包括外务省、经济产业省、财务省等相关部委领导,首相在必要时参与会议。与日本贸易振兴机构、工业竞争力理事会等合作,为安倍政府提供政策建议
	政府 TPP 措施总部	主要行政机构,由专门的"TPP 大臣"担任主席。一方面,负责监督国内国际两个层面的谈判,国内协调参谋长领导下约 30 人的团队负责国内协调,谈判团团长带领 70 人的团队负责对外谈判;另一方面,设有执行委员会,其成员包括各有关部门的副部长或部长助理等
	振兴农林水产和区域总部	负责审议关于农业相关的问题,由首相担任主席,农林水产大臣担任副主席
签署协议后	TPP 综合措施总部	在谈判结束后统筹协调相关工作,负责为 TPP 的实施制定全面政策。由首相担任主席

资料来源：作者整理。

推动形成农业开放的共识和有关政策。日本农业薄弱，农村地区是日本选举的关键票仓，政府不得不优先顾及农业利益。由于担忧 FTA 冲击国内农业，2011 年 9 月曾有多达 1170 万人签名反对日本加入 TPP，日本推动农业对外开放的阻力强大。依托高效的机制改革，日本政府在多次国内谈判中通过多种措施最终与农业部门相关利益方达成一致，并推出一系列补偿方案。一是明确对农产品的保护。国会两院于 2013 年 4 月通过了关于保护敏感农产品的议案，安倍政府放弃"非例外"做法，同意将部分农产品排除在 TPP 之外。二是提出具体应对举措。2015 年 11 月，内阁官房在评估 TPP 影响后批准《综合性 TPP 关联政策大纲因应策略》，确定"新农业政策"，制定了提升竞争力和稳定经营与供给两大主轴。包括制定"以攻为守"战略，将日本农业转变为进攻型产业，提出七项具体行动计划，并设定在 2020 年前实现农产品出口值达到 1 万亿日元的目标；以及针对敏感性较强的稻米、麦类、糖类、猪肉、乳制品"五大圣域"寻求稳定经营与供应，提出四项主要措施。三是增加财政支持。如 2016 年农林水产省年度预算追加 4008 亿日元，其中 TPP 相关预算达到 3122 亿日元；加大农田水利基础设施建设力度，2015 年此项补贴预算约为 3.88 亿美元；对持续在山地耕种 5 年以上的农民进行补贴，2015 年补贴预算为 2.11 亿美元。四是推动农业改革。放松管制改革委员会提出展开农业改革的计划，包括允许私营部门进入农业部门、废除水稻减产制度等内容，以提高日本农业生产效率和国际竞争力。2017 年 6 月，日本国会正式通过了由农林水产省提交的系列农业改革的法案，被称作《农业改革 8 法案》，一项规模庞大、历时长久、目标宏大的农业振兴计划正式启动。这些法案几乎涵盖了农林畜牧业生产、流通和加工所涉及的所有领域以及相关部门和组织。

（二）在谈判中保障敏感产品并进行利益置换

逐步放开农业。日本农业敏感产品种类多，保护水平高。多年来，日本一直在通过国内补贴、高关税和非关税贸易壁垒的农业技术，以及运用各种法律、法规，通过检验检疫、政府采购等多种形式，对农产品采取多种形式和隐性的保护措施。

日本在 FTA 战略中谨慎推进农业开放，FTA 谈判对象从农业小国逐步扩展至农业大国，农产品市场准入也打破原有多种进口壁垒逐渐放开。日本将农业占经济比重低、农产品基本完全依赖进口的新加坡作为第一个签署 FTA 的对象国，并将农产品完全排除在关税减让范围之外。此后，日本逐渐与墨西哥、澳大利亚等农业大国签订 FTA，在这一过程中逐渐形成了灵活多样的保护措施。日欧 EPA 中，日本根据敏感程度对不同农产品市场准入采取了不同的方式，包括例外处理、分阶段降税、部分降税、进口配额管理等方式。其中约 74.4% 的农产品将立即或逐步降至零关税，6.2% 的农产品将维持一定水平的低关税，14.0% 的产品不降税。

表 2　日欧 EPA 中的农产品市场准入情况

处理方式	占比	基本情况
例外	14.0%	不降低进口关税;主要包括部分大米、小麦、乳制品等产品
关税配额	5.0%	增设国别关税配额;主要包括小麦和小麦产品、大麦和大麦制品、咖啡、食品添加剂、糖类食品、食用油脂、含可可的食品乳制品等
关税停滞	0.3%	欧盟对特定产品锁定日本谈判基期(2017 年)的进口关税水平;部分海藻类产品、特殊婴幼儿奶粉等
部分降税	6.2%	关税削减至较低水平;包括部分牛肉、猪肉、乳制品、食品配料等
逐步降至零关税	38.0%	分阶段将关税降至零;4—6 年内降至零的占比为 15.0%;8—11 年降至零的占比为 20.0%;13—21 年降至零的占比为 3.0%
零关税	36.4%	关税降至零;包括活动物,部分水产品,花卉,咖啡,部分食品工业残渣等

资料来源：作者基于文献整理。

围绕农业开放问题，实现利益交换。一是就关税减让等经济利益问题进行谈判。在日墨 EPA 中，日本通过降低自墨进口橙汁、柑橘、牛肉等产品的关税水平，换取墨西哥对日本猪肉配额的支持；在与智利的谈判中，日本通过撤销红酒关税换取智利减少对日本山药等产品的关税。二是就政治等问题进行利益交换。日本 FTA 谈判中的一个突出特点是以实现国际政治战略追求为目标。在 TPP 谈判中，日本要求最初提出将 580 类敏感农产品作为例外处理，后将例外数量降为 420 个，日本最后通过扩大零关税配额、逐步削减关税、实行从量税等优惠措施，再配合其他政治、外交和军事因素，终于在 TPP 中取得了共识。日欧 EPA 谈判一度接近停滞，但 2017 年 7 月谈判突然提速，双方就奶制品和汽车关税两大障碍迅速达成一致，欧盟则在特朗普担任美国总统期间全球贸易保护主义抬头的背景下，获得了日本对于其 G20 峰会上所倡导议题的支持。

（三）有步骤推进高标准经贸规则的设定

在 CPTPP 谈判中提高经贸规则主导权。日本在 TPP 和 CPTPP 谈判中的表现被广泛认为是日本外交中的巨大成功。日本谈判代表团丰富的法律知识和谈判经验是其成功的基础，但更重要的是日方在谈判中把握好了灵活处理各种情况和坚定推进目标实现的原则并获得最终胜利。灵活性方面，日本在美国退出后组织各方召开会议，明确将继续推动谈判的共识，迅速扛起大旗成为 TPP 的实际领导者；引领议题变动，提出各方能够接受的基本规则和具体方案，确定了 22 条冻结条款；积极负责协调各方利益，如在墨西哥和越南关于劳动法规宽限期的分歧上，分别会见双方代表并成功说服两国接受了折中的方案。坚定性方面，安倍晋三委派被普遍认为是强硬派外交官员的鹤岗浩二为首席谈判代表，日本在 TPP 和 CPTPP 谈判中均体现出对实现目标的决心。特朗普宣布退出 TPP 谈判后，面对国内农业利益集团提出降低部分产品市场准入水平，日本政府以其他伙伴会因此提出修改条款从而推迟达成协议为由予以拒绝。在各国达成协议的最后阶段，加拿大仍反对关于文化产品的条款，日本代表果断对加拿大施加压力，称已准备好不包括加拿大版本的协议，迫使加拿大最终接受所有条款。

层层推进高标准经贸议题设置。日本在 FTA 战略中不断探索高标准经贸规则的制定，在与美欧 FTA 中就数字经济等领域形成领先于其他地区的规则，抢占高标准经贸规则的制高点和主导权。在其推进过程中，遵循了循序渐进的思路，这一特点集中体现在数字经济领域。

表3　日本 FTA 协议中数字经济议题情况

时间	FTA	基本情况
2009 年生效	日本瑞士 EPA	开始出现在专门针对电子商务的数字贸易规则章节,此后在与墨西哥、澳大利亚的 FTA 协定中涉及非歧视待遇、电子签名、国内监管法规等内容
2018 年生效	CPTPP	主张数据跨境自由流动,提出禁止数据本地化的限制,日欧涉及跨境数据流动、源代码、个人信息保护等内容。TPP 的签订代表了全球数字贸易规则基本框架核心内容的形成,其内容全面综合,同时也形成了数字贸易的美式模板,其内容涵盖了《2013 美国数字贸易法案》《数字贸易 12 条》的国内法核心条款

续表

时间	FTA	基本情况
2019 年生效	日欧 EPA	虽整体上不及 TPP 丰富,但融合欧盟特色形成了数字贸易规则模板。允许日本与欧盟之间共享个人数据,但出于对个人隐私保护的传统,允许对"跨境数据自由流动"进行必要限制并允许计算设施本地化。此外,设定"文化例外"条款
2020 年生效	美日贸易协定	被认为是 TPP 在数字经济领域的升级版,确立了非歧视待遇、禁止数据存储本地化等 11 项内容。协定设置了数字企业平台免责条款,为 Facebook、Twitter 等公司提供了有力保护,对全球数字贸易规则执行产生深远影响。此外,协定纳入了公开政府数据的条款
2021 年生效	日英 EPA	数字贸易方面部分条款已超过日欧 EPA。协议包含的数字贸易相关条款增加了一章,超出了欧日协定范围。这些条款可确保两国间数据自由流动,保障高标准的个人信息安全,并承诺网络中立原则

资料来源:作者基于文献整理。

此外,日本还积极在多边层面谋求主导经贸规则的制定,一方面通过推广其在 FTA 谈判中形成的高标准经贸规则并巩固其国际经贸规则制定者的形象,另一方面助力其在 FTA 战略中以主导姿态获得谈判优势并推动达成有利于己的条款。2019 年 6 月的 G20 大阪峰会期间,日本提前与美欧达成共识,并借主场优势提出将数字经济治理上升为国际标准和规则的议题,并将制定数字经济国际规则的谈判框架称为"大阪轨道",充分体现出了其在全球层面制定国际经贸规则的意图。

利用经验优势和高标准模板在谈判中获得优势。在推进路线上,日本对其 FTA 战略进行排序时,TPP、日欧 EPA,其优先度均高于 RCEP 及中日韩 FTA。日本首先通过 TPP 大幅提升其在国际经贸规则制定中的话语权,随后加速日欧 EPA 谈判并顺利达成协议,进一步巩固其对经贸规则的主导权,随后才将工作重点转移至亚洲地区的 FTA。可见,日本首先与美欧发达国家形成高标准经贸规则的一致意见并纳入贸易协定条款,抢占经贸规则制定的制高点,利用在前期形成的规则模板和经验,使其在后续与其他国家和地区谈判中获得了主导地位。在 RCEP 谈判中,安倍晋三明确提出"主导 RCEP 成为高标准的协定，扩大自由和公正的经济贸易圈"，RCEP 前期谈判的核心为贸易、投资等领域，但日本在 2018 年 3 月 CPTPP 生效后开始将高标准规则纳入 RCEP 谈判，在其主导下，至 2018 年 7 月的第 23 轮谈判开始全面引入原产地规则、知识产权、电子商务、政府采购等议题。

四、政策建议

（一）大力推进 FTA 战略，加快建设自由贸易试验区

"十四五"规划提出实施自由贸易区提升战略，构建面向全球的高标准自由贸易区网络。至今，中国已签署 19 个自贸协定，涉及 26 个国家和地区，此外还有 10 个正在谈判，8 个处于可行性研究阶段。我宜进一步采取措施，全力编织一张立足周边国家或地区、辐射"一带一路"国家、最终面向全球的 FTA 网络。在稳步推进 FTA 战略布局的同时，密切跟踪当前日美同盟及 FTA 合作动向，加强研判国际 FTA 建设动向，及时对现有政策进行灵活调整。强化自由贸易试验区开发开放平台功能，有效发挥自由贸易港、自由贸易试验区引领作用，对 FTA 谈判中可能涉及的、代表未来发展趋势的国际经贸新规则进行风险测试，与国际高标准经贸规则对标对表，也为我国经贸规则自主创新和提出"中国模式"打下基础。

（二）完善机制建设，提高谈判能力

认识到自贸区战略对我国政治经贸领域对外开放的重大作用，提升 FTA 战略定位，在加强机制建设方面形成工作思路、规划和方案。进一步完善涉外经济贸易决策的协调机制，加大上层协调力度，建立并逐步完善参与、主导国际经贸新规则谈判的新机制，完善统筹参与、主导国际经贸新规则谈判筹码和相关资源的配置。科学设计参与、主导国际经贸新规则的谈判方案，优化其谈判流程。还要加快推进参与、主导国际经贸新规则的谈判体制、机制改革与创新，通过简化主管机构、明确工作职责，进一步提高参与、主导国际经贸新规则谈判的质量及有效性。建立健全智库参与国际经贸新规则的决策机制，努力培育具备国际竞争力的专家，为政府制定政策提供强大的智慧支撑。另外，坚定捍卫我核心利益，灵活应对简单条款，逐步地接纳高水

平的问题。

（三）加强沟通交流，运筹中日关系和 FTA 合作

利用各种国际多边会议机会积极进行多种形式的高层交往，重启中日两国间各种战略对话机制平台，就双边重要议题及时对话沟通。强化对日投资与贸易，鉴于国内的超大规模市场和经济恢复的良好势头，我们与日本的经贸关系将会更加紧密。应充分发挥 RCEP 正式生效的积极作用，在扩大和加深中日经贸关系的基础上，加速中日韩 FTA 的发展。另外，通过 RCEP，中国在进一步推进有关领域的改革的同时，也推动日本能够以更加开放的态度，携手推进中国加入 CPTPP，通过建立多层面的区域性合作平台，使中日双方的利益达到最大，从而促进双边关系的良性发展。

（四）积极参与全球经济治理，提高国际经贸规则制定主动权

坚定维护以 WTO 为核心的多边贸易体制，积极推进 WTO 改革。在 G20 等重要多边平台积极参与议题设置，主动提出我国立场，发挥我国引领作用，提升我国全球经贸规则制定的话语权。在数字经济等领域，对中国在国际上的数字贸易发展状况进行客观评估，有关单位之间共同做好高水平的国际电子商务规则的衔接，并根据自身安全和发展的需要，就某些涉及国家安全和数字贸易的问题，早日形成数字贸易的"中国模板"。

参考文献：

［1］李明权. 日本 FTA 进程落后于韩国的原因探析——基于农业保护的政治经济学视角［J］. 日本学刊，2015（04）：117 - 137.

［2］刘芳菲. 浅析日本与欧盟经济伙伴关系协定农产品降税模式及对中国自贸区农业谈判的启示［J］. 世界农业，2020，498（10）：97 - 104.

［3］刘向丽，王厚双. 日本对外贸易战略转变的时机选择及启示［J］. 国际经贸探索，2006（06）：22 - 26.

［4］孙丽，赵泽华. 日本依托区域经济一体化主导国际经贸规则制定权的战略分析［J］. 现代日本经济，2021，40（01）：83 - 94.

［5］王厚双，黄金宇. 贸易自由化进程中的日本农业保护政策研究［J］. 世界农业，2017（10）：10 - 14 + 32 + 236.

［6］王卓. 日本的世界自由贸易核心地位的形成、影响及应对［J］. 东北亚经济研

究，2021，5（02）：43 – 62.

[7] 张季风，王厚双，陈新，倪月菊，张玉来，姜跃春，刘轩，江瑞平，贺平，钟飞腾. 关于日欧 EPA 的深度分析：内容、诉求及影响 [J]. 日本学刊，2018（05）：1 – 17.

[8] 张乃丽. 日本的自由贸易战略转变与经验借鉴 [J]. 人民论坛·学术前沿，2019，182（22）：38 – 47.

[9] 张永涛，杨卫东. 日本主导 CPTPP 的动机及我国的对策分析 [J]. 现代日本经济，2019，38（04）：13 – 23.

[10] Aoyama R. FTA Experiments：Japan's Free Trade Leadership and China's Economic Liberalisation ［C］East Asia Forum Quarterly. 2019, 11（3）：5 – 6.

[11] Solis M, Urata S. Abenomics and Japan's Trade Policy in A New Era ［J］. Asian Economic Policy Review, 2018, 13（1）：106 – 123.

[12] Terada T. Japan and TPP/TPP – 11：Opening Black Box of Domestic Political Alignment for Proactive Economic Diplomacy in Face of "Trump Shock" ［J］. The Pacific Review, 2019, 32（6）：1041 – 1069.

2022 年 5 月

附　录

国家发展和改革委员会对外经济研究所简介

国家发展和改革委员会对外经济研究所（简称"外经所"）前身为国家计划委员会对外经济研究所，成立于1995年7月，2003年3月更为现名，系国家发展改革委下属的正司（局）级独立法人单位。外经所作为中国宏观经济研究院的重要组成部分，于2015年列入首批"国家高端智库"，是以短期对外经济形势分析和中长期对外开放战略研究为主的综合性政策性研究机构。

外经所下设办公室和综合研究室、发达经济体研究室、新兴经济体研究室、贸易和投资研究室等四个研究室，具有毕业于国内外知名高校的专业研究团队，专职研究人员28人，其中，具有博士学位25人，具有高级职称20人，入选国家发展改革委首批"发改英才"4人（委属单位共有29人），入选中宣部"宣传思想文化青年英才"2人，入选国家发展改革委"政务信息先进个人"1人。2016年，外经所获评国家发展改革委"先进基层党组织"；2022年，获评国家发展改革委"四强"党支部。

外经所作为国家发展改革委的重要智囊，与国家发展改革委中心工作紧密结合，承担多项国家层面和地方层面的重大战略研究工作，参与国家"十一五""十二五""十三五""十四五"规划以及"十三五"东北振兴规划、长江经济带发展规划纲要、21世纪海上丝绸之路核心区建设规划、更高水平开放型经济新体制等多项重大文件的起草工作，每年完成近百项中办、国办、中财办以及国家发展改革委布置的各项研究任务，研究成果每年均多次获得中央领导批示。

外经所长期跟踪世界经济、金融、贸易、投资形势，分析国际经济环境变化对我国的影响，及时提出相关对策建议；研究我国对外经济发展战略与政策，分析对外贸易、利用外资和"走出去"面临的新形势新变化，并提出相关政策建议；研究经济全球化和地区经济一体化的机制和作用，为我国参与国际和地区经济合作提供政策建议；研究协同推动我国沿海、内陆和沿边开放问题，为形成优势互补、分工协作、均衡协调的区域开放格局提出战略思路。近年来，承担了江苏、海南、云南、广东前海、辽宁沈阳、浙江义乌、舟山、河北等省市自贸试验区、综合保税区、自由贸易港、开放合作平台机制建设以及福建海丝核心区发展思路、实施方案等研究。

同时，外经所与相关国际组织和机构也保持着良好的合作关系，所内多位同志曾外派至欧盟、沙特等国家和地区从事外交工作，所内研究人员多次与中国美国商会、中国欧盟商会、韩国驻华大使馆、欧洲复兴开发银行等机构开展学术交流活动。

近期围绕"十四五"规划和中长期发展问题，外经所开展了一系列研究，如《"十四五"时期国际经济环境研究》《"十四五"时期我国有关规则等制度型开放的若干问题研究》《"十四五"时期我国扩大开放与积极利用外资思路研究》等，并参与"学习贯彻习近平新时代中国特色社会主义经济思想 做好'十四五'规划编制和发展改革工作"系列丛书的撰写工作，以及《"十四五"时期长江经济带发展规划实施方案》等文件的起草工作，对当前及中长期的国际经济政治走势、国内经济社会发展趋势及政策走向具有精准而全面的把握。

后　记

本书由国家发展和改革委员会对外经济研究所组织编写，撰写人员如下：第一章（张哲人），第二章（关秀丽），第三章（杨长湧），第四章（王海峰），第五章（金瑞庭），第六章（郝洁），第七章（李馥伊），第八章（李慰），第九章（孔亦舒），第十章（尹佳音），第十一章（季剑军），第十二章（李大伟、陈大鹏），第十三章（刘栩畅），第十四章（原倩），第十五章（郝碧榕），第十六章（姚淑梅），第十七章（曲凤杰），第十八章（陈长缨），第十九章（张一婷），第二十章（李星晨）。

今年，《中国对外经济发展研究报告（2021—2022）》由中国言实出版社出版发行。对中国言实出版社给予的大力支持，再次深表感谢！

国家发展和改革委员会对外经济研究所

2022 年 12 月